国家社科基金重大项目"西南少数民族传统生态文化的文献采辑、研究与利用"（批准号：16ZDA157）成果之一。

湖南省 2011 协同创新中心武陵山区民族生态文化研究成果之一

草原游牧的生态文化研究

罗康隆 吴合显 著

中国社会科学出版社

图书在版编目（CIP）数据

草原游牧的生态文化研究 / 罗康隆，吴合显著 . —北京：中国社会
科学出版社，2017.5
ISBN 978-7-5161-9689-2

Ⅰ.①草… Ⅱ.①罗…②吴… Ⅲ.①游牧民族—文化生态学—
研究—中国 Ⅳ.①K28

中国版本图书馆 CIP 数据核字（2017）第 001102 号

出 版 人	赵剑英
责任编辑	王莎莎
责任校对	张爱华
责任印制	张雪娇

出 版	中国社会科学出版社
社 址	北京鼓楼西大街甲 158 号
邮 编	100720
网 址	http://www.csspw.cn
发 行 部	010-84083685
门 市 部	010-84029450
经 销	新华书店及其他书店

印 刷	北京君升印刷有限公司
装 订	廊坊市广阳区广增装订厂
版 次	2017 年 5 月第 1 版
印 次	2017 年 5 月第 1 次印刷

开 本	710×1000 1/16
印 张	16
插 页	2
字 数	263 千字
定 价	68.00 元

凡购买中国社会科学出版社图书，如有质量问题请与本社营销中心联系调换
电话：010-84083683

目　录

绪论 自然生境、社会生境与
历史过程的耦合体

作为学术概念的"原生态文化"一经提出，立即得到了社会各界的认同和推广，但也引发了一连串的争议。综合对比来自各方的诘难，总可以发现，都不是导源于这一学术概念本身，而是与文字表述的准确程度相关。称为"原生态文化"，其实是一种缩写形式，为的是使行文更加简洁，但一经这样的缩写后，按字面意义去理解就会产生如下三种歧义：其一，将它理解为"原生形态的文化"；其二，将其理解为本源于生态系统的文化；其三，理解为"生态文化"的原型。

作第一种意义理解的学者反诘说，任何民族的文化在时空场域中，永远处于新陈代谢的发展演化状态，因而世界上根本不存在不变的文化，尤其到了现代化的今天，更不可能找到"原生形态的文化"了，据此认定"原生态文化"这一提法本身就缺乏科学性。更有甚者进而指出，以"原生态文化"名义推出的民族文化事项，不管是音乐、舞蹈、美术，甚至是民俗，都经过了艺术家的加工，既然经过了加工，还有什么理由称为"原生态文化"呢？值得澄清的是，"生态文化"一词自从斯图尔德正式提出以来①，在文化人类学话语圈内，一直是作为一个稳定的语义结构单元而得到了广泛的使用。其中的"生态"一词是特指生态系统，即特定民族文化所处的那个生态系统。因而将"原生态文化"理解为"原生形态的文化"，其实质在于曲解了"生态"这一术语的完整含义，将其中的"生"字不理解为"生物"或"生命"，而是理解为"生成"。很显然，

---

① 黄淑娉、龚佩华：《文化人类学理论方法研究》，广东高等教育出版社2004年版，第304页。

这里的错，不出在文字的固定搭配上，而出在理解者将完整的"生态"一词加入了新的含义，变成了"生成的形态"去使用。导致分歧的责任不在于这一概念的提出者，而在于理解者不了解"生态文化"这一术语的出处。

提出第二类诘难的学人显然早就注意到了斯图尔德的基本学术思想。斯图尔德的那本巨著书名就叫《文化变迁论》，他是把民族文化本身看成不断发展演化的社会规范体系去对待，因而"生态文化"不是修饰关系，而是并列关系，既不能理解为"生态的文化"，也不能理解为"文化的生态"，而必须作为一个整体去把握。生态文化应当是指文化与它所处的生态系统结成的那一个耦合整体。这样一来，足以引起歧义的字仅在于"原"字了。考虑到斯图尔德一再强调文化是针对所处的生态而建构起来的，文化一定会适应于所处的生态环境，那么这里的"原"字，只能理解为"原本"或"植根于"的意思，因而其正确的写法应当是"源"字，而不是"原"字。也就是说："是指原生态文化来源于所处生态系统的文化。"这些学人据此主张，与其写成"原生态文化"倒不如写成"源生态文化"为好。然而，这样的诘难不是实质性的否定。因为既然是缩写，就不可能拘泥于准确和周全。而且在现代汉字的字义中"原"和"源"在特定的语境内是可以通用的，既然可以互通，改动的必要性也就不大了。"原"和"本"在一定的语境中也是可以通用的，称作"源生态文化"对文化人类学话语圈来说，可以顺理成章，但一般民众却难以接受，更难以领悟如此表述的深意所在。同理，称为"本生态文化"也不错，但一般民族显然会感到有些不顺口，因而既然是缩写，那么不如从众，仍旧称为"原生态文化"为好。与此同时，还需要指出，"原"和"本"两个字都可以作进一步的语义引申，可以理解为"本土的""土著的""土生土长的"等，而这样的语义引申，正好和斯图尔德文化生态学的初始用意相合拍，因而称为"原生态文化"，从学术概念的本义而言，也完全吻合，因而，尽管在理解上可能会引起歧义，但仍以沿用"原生态文化"为好。

应该声明的是，第三类诘难并没有歪曲斯图尔德的本义。但斯图尔德所处的那个时代，与"古典进化论"时代的研究旨趣已经明显有别，斯图尔德当时强调的是"共时态"的研究，而不在于对文化"原型"的构拟。因而，将"原生态文化"理解为生态文化的原型，显然不符合斯图尔德强调"生态文化"概念的初衷。因为斯图尔德知道，不管是生态系统，还是植根于生态系统之上的民族文化，两者都是可变的，只不过两者的变化速度有差异罢了。正因为生态系统的变化速度较慢，因而斯图尔德是将生态系统作为一个稳定的参照体系，去透视文化的变迁，而不是探讨生态文化的原型。既然生态文化发端于斯图尔德的启用，在使用这一概念时，显然得尊重斯图尔德的原意，因而把"原生态文化"理解为生态文化的"原型"，字面上虽然言之有理，但以此提出诘难显然是多此一举。

众所周知，人类社会即使在远古时代，也早就有了民族文化的区分。考古资料明确地告诉我们，旧石器时代的各种并存文化之间，已经有了明显的区别。旧石器时代的文化和新石器时代的文化，其间的差异更是天壤之别。除了人的生物性因素外，关键在于人类所处的生态系统已经变得面目全非了。举例说，通过对旧石器时代与新石器时代地层出土的遗物作系统地对比，可以明显地感知，旧石器时代的人们所面对的生物物种和新石器时代简直不能同日而语。旧石器时代，我国大陆经常出现的"三趾马""剑齿虎"，在新石器时代，这类生物已经完全绝迹了。更重要的还在于，旧石器时代的人类和新石器时代的"智人"，虽然都属于"人科"动物，但他们分属于不同的"种"，两者之间不能相提并论。这样一来，要探究一种"生态文化的原型"，就必须具备三个前提：（1）弄清特种生态系统的起点及其特征；（2）弄清特定民族文化的起点及其特性；（3）弄清这两者耦合的起点及其耦合方式。由于这些前提都牵涉人类有文字记载以前的历史文化事项，因而直到今天也没有能力去加以界定和廓清。有鉴于此，提出"生态文化原型"这样研究的命题，在"原生态文化"的研究领域内也缺乏现实意义和可操作性。

总而言之，"原生态文化"的定义应当是指在民族文化中，针对所处的自然与生态背景做出成功适应的文化要素及其结构和功能的总和，这是民族文化中最稳定，又最具有持续能力的构成部分，同时在现代化生活又具有较大的应用潜力，因而才需要作为一个特别的民族文化内容去展开广泛深入的研究。"原生态文化"研究的重点是民族文化与自然及生态系统的耦合运行，强调共时态的系统分析探讨，特别是并存多元文化与并存多元自然与生态系统的复合运行研究。它虽然并不排除文化的溯源探究，也不排除文化传播的手段、前提、运行方式及后果探讨，但只是作为"原生态文化"研究的辅助手段去加以对待和展开必要的分析。"原生态文化"研究是一个文化人类学的新研究领域，主要是生态人类学这一分支学科去承担，并联合文化人类学其他分支学科去共同完成。

对影响文化变迁的原因，斯图尔德作了一个经典的归纳。他认为，一个民族特殊的历史过程所处的生态系统和文化的传播都会对文化的变迁发挥深远的影响。但这三方面的作用又不会同时或同等地发挥影响，而是在不同的时空场域，分别发挥各不相同的影响。各民族的"特殊历史过程"显然不是斯图尔德的独创，而是从博厄斯那里承袭而来的学统。按照博厄斯、赫斯科维茨和斯图尔德的理解，一个民族在历史上走过的特殊历程，并不是一个纯粹的时间推移过程，因而文化每前进一步，都会留下在特定"时空场域"的记忆和经验积累，并融入该民族的文化之中，通过世代积累和新陈代谢，会形成一个庞大的社会规范体系。轻易地改动这样一个体系，都会引发认同上的混乱和社会整合力的下降。因而在历史进程中，一个民族的文化决不会一成不变，但所有的改变肯定会遵循"最小改动"原则，只有按这样的方式去改变，才能确保民族文化的稳定和有效。他们的这一理解，在历史人类学理论建构中得到了有力的支持和响应。布雷戴尔主张的长时段、中时段和短时段社会事项的划分，其理论渊源就与博厄斯的"特殊历史过程"有关，而且这样的论，即使到了今天仍然得到学术界的普遍关注和认同。我们今天可以明确地区分不同的民族，其理论依据也正在于此。因而提出"原生态文化"这一概念，完全符合文化自身的历史过程。

然而，文化的"特殊历史过程"对"原生态文化"的研究又必然产生重大的影响。比如：来源不同的两种文化进入同一个生态系统一道并存与延续，每一种文化对该生态系统的适应都遵循"最小改变"原则，在已有特殊历史过程的基础上去启动新一轮的适应，那么其适应之后果肯定会各不相同。美国人类学家内亭（Robert Mc C. Netting）当年诘难斯图尔德（Julian H. Steward）过分看重对生态系统的适应时，提出的依据正是属于这一情况。

注意到所处生态系统与文化的耦合关系，是斯图尔德的独创，斯图尔德在这一理解的基础上，进而指出，技术和发明是针对特殊的环境而建构的，因而一个民族的技术和发明也具有很强的稳定性，只要它所对应的生态环境没有实质性的改变，历史上形成的技术和发明，就可以长期有效，并无须作重大的改变。他的这一思想，到了格尔兹（Cliflord Geertz）手中正式提出了"地方性知识"这一醒目的概念。需要完善之处在于，对格尔兹所提出的"地方性知识"应当进一步具体化，称为"本土生态知识和技术技能"。而这一点，正好是"原生态文化"有待深入拓展研究的广阔空间。

民族文化中植根于所处生态系统中的文化要素及其结构，之所以值得深入研究，可以从如下四个方面去加以说明：

首先，今天我们所能观察到的各种生态系统，其稳定延续的周期比任何一种民族文化都要长，这就注定了植根于生态系统的民族文化必然具有极强的可持续能力和超长时间的有效性。它不仅属于过去和现在，只要生态系统不发生实质性的改变，它还可以属于未来。因而要认知这样的"原生态文化"，发掘相关的本土生态知识和技术技能，不仅可以造福于今天，还可以施惠于后世。

其次，生态系统是人类社会赖以生存的根基。植根于生态系统的民族文化标志着对所处生态系统的整体认识水平。因而利用好这一生态系统的经验和智慧，是一笔难得的财富，是我们今天从事生态建设可资借鉴的知识总汇。失去了这种不可替代的"原生态文化"，显然无法做好今天的生态建设。

再次，一切形式的科学技术，都仅仅体现为利用资源的能力的提高，而不具备制造任何资源的禀赋。① 生态环境所提供的资源，都属于"可再生"资源，是人类生存和发展的根本性依赖。因而，植根于特定生态系统的文化，本身就是科学技术的源头。要准确地理解、认识和运用现代的科学技术，确保这样的运用能够真正地做到因地制宜、与时俱进，显然得仰仗"原生态文化"去充当指南。没有各民族生态文化与现代科学技术的有效结合，现代科学技术的潜力就不可能得到充分的发挥。

最后，人类是生物性与社会性的"二元对立统一体"，而人类的生物性显然比人类的社会性更具有稳定延续能力。因而研究植根于所处生态系

① 杨庭硕：《生态人类学导论》，民族出版社 2007 年版，第 57 页。

统的民族文化，对相关民族来说，更具有代表性和标识性，也是该民族文化的精华所在。忽略了"原生态文化"，去奢谈"非物质文化"的保护，将会成为无源之水、无本之木。加强"原生态文化"的研究，不仅是时代的要求，也是民族文化的本质所使然。

深化"原生态文化"的研究，当然具有其艰巨性。在文化人类学一百多年来的传统中，一直重点关注文化自身的特性，但对文化与所处的自然与生态背景的关系却疏于关注。即使在新进化学派圈子内，不同学人对"原生态文化"的理解也会有所差异，若不加以澄清，显然会对"原生态文化"的深入研究造成负面影响。萨林斯（Marshall Sahlins）在怀特（L. A. White）和斯图尔德已有成果的基础上，提出了"双重进化"原理①，这当然是一项创举。但他对"特殊进化"的表述却可能造成一种误导。他认为，文化对所处生态环境的适应经历的是一个从不适应到适应的横向过程，一旦适应所处的生态环境后，文化就会"特化"，而"特化"就可能会制约下一步的发展。也就是说，对所处生态环境的过分"特化"对当前是有利的，但对未来是不利的。由于他的这一理解直接涉及"原生态文化"问题。而且是对斯图尔德已有理论的延伸，因而对一般人而言，具有很强的说服力和感召力。然而斯图尔德注意到了生态环境具有很强的稳定性，但并没有作僵化的理解，对文化也是如此。而萨林斯的认识则可能使人误以为，针对生态系统的适应必然会走向"僵化"。这样的理解恰好是有害的。原因在于，生态系统是一个庞大的整体，文化对所处生态环境的适应，只是针对其中的一些要素去加以适应，而不是对生态系统中的一切都要加以适应。因而，文化适应即使达到了很高的程度，它仍然具有很广阔的适应空间，绝对不可能"僵化"。事实上，当今世界上的任何一个民族，无一不在接受异民族的影响，但这样的接受并不意味着全部都损害了对所处生态系统的适应，其中既有成功，也有失败。断言对所处生态环境的适应"特化"，肯定会制约民族文化的下一步发展，显然不足为据。我国各民族对所处生态环境的适应，确实达到了很高的水平，但这并没有制约中国各民族的现代化。揭示这一实情，对我们正确理解"原

---

① 托马斯·哈定等：《文化与进化》，韩建军、商戈令译，浙江人民出版社1987年版，第10—36页。

生态文化"，在今天更显得必不可少。

马文·哈里斯（Marvin Harris）揭示了对土地资源的利用存在着一个"临界值"，这显然是一个很有价值的发现，但他的这一发现有时也会被误用。因为马文·哈里斯是针对作物种植而言，而且是针对特定的作物种植而言。然而，对土地资源的利用，就已知的人类学资料而言，它不仅有"类型"的差异，还具有"样式"的差异①。对不同的"类型"和"样式"而言，同样的土地资源，其"临界值"是各不相同的，因而改变利用方式会造成这一"临界值"的变动。在这方面，"原生态文化"可以能动选择的空间同样很大。这就意味着"原生态文化"需要展拓研究的领域极为宽广，因而把马文·哈里斯的成果绝对化，对"原生态文化"的研究也是有害的。

塞维斯提出了有名的"地域间断"和"族系间断"原则②，这也是一个富有创意的贡献。同时也是一种容易引起误解的结论。塞维斯所说的"双重间断"是指在历史舞台上特定民族声望和权势的凸显，而不是对文化自身价值的作任何意义上的优劣评判。我们必须注意"文化相对主义观"并没有在"新进化论"中被否定掉。一个民族声望和权势的提高，并不等同于文化价值的好坏。在人类的历史进程中，"原生态文化"既可以以"显性"存在，也可以以"隐性"存在，暂时隐而不显的生态文化事项，还不等于失去其应用价值。事实上，很多远古时代的生态文化事项，在经过一段漫长时代的沉寂后，在今天的现代科学技术面前，反而得到了合理性的证明。比如：中国汉民族古代推行过的"架田"，美洲阿兹特克人的"奇南吧"（浮田），印度恒河三角洲的分水工程都是如此。在今天干旱地区的水库工程中，启用"浮田"有利于降低可贵水资源的无效蒸发，同样还能扩大资源利用的空间；而恒河三角洲的工程，在控制海水倒灌时也能发挥功效。注意到这一点，对深入研究"原生态文化"十分重要。在我国各民族传统中，很多"非物质文化"已经淡出了人们的视线，但这并不意味着它们没有价值了。随着时间的推移，形势的转变，

---

① 杨庭硕、罗康隆、潘盛之：《民族文化与生境》，贵州人民出版社1992年版，第91—100页。

② 同上书，第254页。

科学技术的发展，这些淡出了的"原生态文化"事项，也许在未来很可能大放异彩。在这一问题上，"原生态文化"的研究决不能以短时段的"成败"论"英雄"。明确这一认识，对深化"原生态文化"的研究至关重要，应当将它视为一种原则。否则的话，很多有价值的"原生态文化"会被我们忽略掉，这将会在无意中造成重大的损失。

文化传播对文化变迁造成的影响，在文化人类学历史上早就引起了前辈们的关注。但直到斯图尔德才对影响的性质和特征，作了精辟的归纳和总结。文化传播造成的影响必然具有"突发性"，影响的后果对被影响的民族而言，又必然具有"不相协调性"，由此导致的文化变迁其可持续能力往往与民族间的实力消长相关联。在此基础上，他重点讨论现代国家对国内各民族文化的影响，并因此而提出了"国家整合模式"这一全新的概念①。按照他的理解，一个多民族国家要确保其统一和有效，都要引导各民族文化接受其"涵化"，但这样的"涵化"作用也遵循"最小改动"原则，国家仅仅要求各民族改变必须改变的那部分内容，而不必要求各民族必须放弃本民族所有的文化。就实质而论，他所理解的在国家权力范围内所发生的民族文化"涵化"，本身就是一种文化的适应。因而，他的这一理论创新一直影响着美国的人类学家，并在他的后继者中，得到了很大的发展。即便是对他提出批评的内亭，批评意见的源头仍然是来自于国家权力如何影响民族文化的变迁，而不是否定对"涵化"的理解。但如果查阅我国古代的哲学思想，我们还应当注意到，与斯图尔德上述命题相类似的论述，早在两千多年前，我们的儒家思想早就有了。《礼记·王制》中的如下两句话"修教，不易其俗；齐其政，不易其宜"。其思想实质和斯图尔德的"国家整合模式"就极为相似，但表述得比斯图尔德更精练更准确。这就难怪费孝通在上述理解的基础上要更精辟地归纳提出了"中华民族多元一体格局"② 这样一种表述了。

文化传播是民族文化研究中一项极其重要的内容，但文化传播对"原生态文化"的影响，却有其特异性，不注意这些特异性，往往会干扰

---

① 黄淑娉、龚佩华：《文化人类学理论方法研究》，广东高等教育出版社2004年版，第304页。

② 费孝通：《中华民族多元一体格局》，中央民族大学出版社2003年版，第3页。

我们对"原生态文化"的认识，并在无意中造成误判。在这些特异性中，最突出的有如下三个方面：其一，影响因素具有非稳定性，它往往与特定的政权和国际国内的政局变化为转移，但受到影响的民族文化却可以在影响因素消失后，还可以按照文化的惯性稳定延续很长一段时间；其二，这样的影响除了受制于民族之间的格局外，还有很大的随机性因素存在。这样造成的文化变迁很难纳入逻辑分析的框架内去展开研究，因为文化的此类变迁，其原因与历史事件和历史人物的关系更为密切；其三，由此导致的后果不一定能够与"原生态文化"相兼容，既可能产生正面的影响，也可能产生负作用，而且这一点正好是研究"原生态文化"必须引起高度重视的难题。

　　综上所述，原生态文化研究的重点在于不同民族对所处生态系统做出文化适应的全部相关内容。由于民族文化是一个整体，因而这样的研究课题涉及文化的所有事项，其需要研究的内容极其丰富多样，文化人类学一个多世纪以来仅重点关注文化自身的习惯性传统，20 世纪 60 年代开启了重点研究在文化与自然与生态环境之间，建构可持续和谐关系的新时代。使得各民族的特殊历史过程和文化传播引发的文化变迁成为需要研究的内容，但研究的目标和内容仅是服务于"原生态文化"的研究需要。

第一章　内蒙古草原的生态文化研究

第一节　人类学视野下的"游牧文明"

有人主张界定远古文明必须有冶金业和金属的使用，必须有畜力的使用，甚至需要有相对规范和舒适的生活方式，马克思主义者还强调必须有阶级的分化和职业的分工，当然还包括较为先进的科学技术。[①] 从目前已经掌握的史料来看，游牧文明的起源应当很早，但早到何种程度无法确切回答。不论历史上曾经如何辉煌，但游牧民族文字的出现和使用则很晚，大多是在游牧民族征服了农耕民族，创造了庞大的帝国后才想到创造文字和积累典籍，而且创制文字的蓝本多师法于被他们征服的农耕民族，这就使得游牧文明的起源与进入文字记载的时代拉开了很长的时段。

至于要用密集定居的人口和严密设防的城镇建设去度量游牧文化也于理不通。这是因为游牧文化本身就是一种逐水草而牧的游动生计方式，因而在游牧文化已经定型后的漫长岁月里，几乎所有的游牧民族都不会密集定居，这种情况即使到了今天还是如此。一般每个游牧家庭都需要维持两三百只羊，每只羊需要的土地面积两到三亩，一个家户起码需要成千甚至上万亩土地。密集定居就意味着游牧的不存在。历史上，只有那些与农耕民族较量的游牧民族才有机会载入史册，但在此之前他们的游牧文化早已定型千年之久。匈奴人、月氏人、突厥人、蒙古人都是如此，即使他们已经建立了庞大的帝国，但他们的人口与所占的领土相比仍然是地广人稀。

---

① 陶伯华：《人类文明演化的十大飞跃点》，黑龙江人民出版社 2003 年版，第 110—113 页。

而且，帝国的臣民们一般不会密集在一个地方，而是分散在各地，只有他们以来如疾雨、去如飘风的方式汇集起来时，才给农耕帝国造成沉重的打击，但在获胜以后，又会星散而去。也正因为如此，很多游牧帝国在世界舞台上像走马灯一样轮番登场又轮番隐退。[①] 当他们登场时，有幸在史册上留下痕迹，然而当他们隐退时似乎无影无踪，但却可以随时卷土重来。这同样构成一种假象，好像这些游牧帝国都是从天而降，而后又悄然隐退，这就难怪西罗马的史家要将匈奴人称为"上帝之鞭"、鄂图一世将蒙古人的西征称为"黄祸"来了。游牧民族的生产方式亦是如此，以没有城市就否认他们是世界文明之一，有欠公道。最好将他们理解为隐藏在史籍背后的"另类"人类文明，他们对人类发展的贡献和农耕文明一样重要。

要对游牧民族个人生活的舒适程度和幸福感受做出评定，同样是个充满争议的话题。早期的研究者总是立足于农耕文化去品评游耕文化的得失，往往充满偏见。其后，随着中亚各帝国的兴起，特别是游牧民族征服了农耕文化后，他们自己有了说话权，评估的导向又往往要翻转过来，出自游牧民族的言论又不免要炫耀游牧文化的闲适和富足。按人类学观点来看，无论是农耕民族还是游牧民族都有其闲适的一面和艰辛、贫弱的一面。平心而论，游牧生产在劳动力的投入上，显然比日出而作、日落而息的农耕文化要闲适得多，但也寂寞悲凉得多。从产品的产出量看，游牧民族同样要比农耕民族富裕，维持一家的生计要二三百只羊，而农耕民族维持一家农户只要三四千斤粮。从财富的储存上看，游牧民族显然远远超过农耕民族。再从劳动的风险上看，农耕民族几乎无风险可言，除非是遇上了天灾，但游牧民族的劳作充满风险，在闲适中没有一点勇武和机灵，休想生存。套马、驱赶猛兽，忍饥挨饿地寻找牧场，在最平常的生计操作中都隐藏着风险，随时都可能面临性命之忧。[②]

从个人的舒适来看，农耕民族必然要拥挤在狭小的村寨中，从事烦琐

---

① 项英杰等：《中亚：马背上的文化》，浙江人民出版社1993年版，第321页。

② 侯艾君、侯爱文：《论游牧文明的当代价值及其命运》，宝力高编，《蒙古族传统生态文化研究》，内蒙古教育出版社2007年版，第125页。

机械的劳作，个人的压抑自不待言，密集生活导致的压抑感也会在农耕民族的文学作品中表现得淋漓尽致。而游牧民族却可以海阔天空、独来独往，精神的压力、环境的局促完全可以丢在脑后，可以尽情地享受闲适和安逸。在他们的文艺作品中绝对不可能有压抑而不能自拔的情调。再从他们劳作的精细程度看，农耕民族总是喜欢炫耀他们劳作的精细，并以此自诩他们的先进，但从事游牧劳作同样需要精细和周密，一个牧民必须熟悉和牢记自己的每一只羊，并熟悉每一只羊的生长状况，是否生病、什么时候需要接羔都要烂熟于心，其劳作的精细程度并不逊色于任何意义上的农耕生产。总之，就个人生活水平而言，游牧文化与农耕文化之间不存在必然的可比性，习惯于将游牧文化理解为艰苦贫困，仅仅是农耕文化的史家们流传下来的偏见。[①]

综上所述，游牧文明是人类历史进程中做出过重大贡献的文明之一，但又是一种可以感受却不容易从史籍本身得到求证的"另类"文明，迄今为止能够查到的史料总是把游牧文明的真相掩盖在史料的背后，以至于单凭史料的记载只能看到游牧文化的冰山一角。要正确地回答游牧文化的起源和发展进程，单纯依靠成文的史料总不免挂一漏万，必须借助考古学和文化人类学的资料。但借助这两个学科的资料也要遇到同样的问题，因为考古资料的解释框架很难摆脱农耕文化的干扰，即使是发掘到游牧文化的物证也很难复原文化的本来面目。文化人类学也是如此，因为文化人类学的专业人员也必然是出身于农耕文化的人多，出生游牧文化的人少，排除农耕文化思维模式的干扰同样不是一件容易的事情。但不管有多大的困难，人类学至少可以做到与游牧文化的成员面对面对话和观察，至少可以细致入微地体察游牧生活的各种细节，这对于排除偏见确实难能可贵。

游牧文明起源探讨的艰巨性上文已经做了概述，其中最关键的困难在于所凭借的史料都是立足于农耕文化去编写。[②] 如果单凭传承至今的文本史料去复原游牧文化的起源，就会在无意识中受到农耕文化意识的干扰，无法在传世史料中发现有价值的信息。同样在这样的基础上完成的考古史

---

① 暴庆五：《游牧文明对人类历史的文化贡献》，载宝力高编《蒙古族传统生态文化研究》，内蒙古教育出版社 2007 年版，第 117 页。

② 敖仁其：《制度变迁与游牧文明》，内蒙古人民出版社 2004 年版，第 346 页。

料自然无法反映历史的真实。① 基于游耕文化的特殊性，在探讨游牧文化起源时，下述三个原则需要加以认识：其一，必须承认游牧文化是一种可以独立运行的文化类型，它的起源和延续都不必依托和依附于其他文化；其二，必须承认游牧文化也是自我完整的组织体系，游牧文化的起源必须符合它自立运转这一原则，因而单种畜种的驯化成功和多种畜种的饲养都不能称为游牧文化，游牧文化的定型必然是具有多畜种的结构，能够适应于所处生态环境的整套体系，还必须有相应人群和与之相应的完整社会体制，缺一不可；其三，任何一种文化类型的形成都必然是人类社会复合运行的产物，游牧文化也不例外，不能仅仅考虑人与自然的关系，甚至包括生态环境的胁迫作用，必须重点考虑并存文化之间的胁迫作用，因为只有这样的作用才能保证原始游牧系统在较短的时间内做出跃迁发展，彻底地改变传统，创造出全新的生存方式来。与已有的游牧文化起源理论相比，我们的理论可以称为"社会胁迫起源说"。

对游牧文化起源的探讨，至今已经历好几个世纪，但总的来说并不理想。对我国史学界影响最大的游牧文化起源说导源于摩尔根，发达于马克思、恩格斯，其后又得到了我国一批学者的宣扬，这一类型的游牧文化起源学说可以简称为技术积累起源观。② 其理论依据是文化人类学的单线性进化论，基本要点在于认定游牧文化是从狩猎采集类型发展而来，最初的动因是将猎获的动物饲养起来以抵御食物缺乏的风险，也就是一个从量变到质变的线性演进过程。在这整套理论中，确认游牧文化起源于采集狩猎类型，在今天的学说水平上仍然有难以动摇的价值。

但这样的认识有一个先天不足，那就是忽视了不同文化类型之间的本质差异，没有注意到处于文化类型下的个人社会行为和心理行为会迥然不同。诚如拉法格和哈恩指出的那样，对狩猎采集类型的居民而言，他们绝不会把植物种下去、把动物养起来再消费，一定是在消费完毕以后才考虑新一轮的狩猎采集。为此，两人对技术积累起源观做出了强有力的修正，拉法格从宗教视角出发，认定原始的人们只有在进行祭祀时才将粮食埋入地下，才会去关注这些植物的发芽和结实，也才可能萌生大规模种植作物

---

① 项英杰等：《中亚：马背上的文化》，浙江人民出版社 1993 年版，第 1—2 页。

② 汪国风：《两种不同文化类型的起源》，《山西师范大学学报》2006 年第 1 期。

的动机。哈恩则指出，原始人类不会简单地留下小动物等它长大，只有在祭祀时，才会将捕获的动物圈在一个固定的范围内，让其自然生长，这样的畜群扩大以后才萌生了真正意义上的畜牧业。此修正说在当时获得了一片赞誉，对后世研究有很大的影响，然而，他们的观点仍属于技术积累起源说范畴，其中隐含着三个难以解开的死结：其一，这些行为和结果之间拉开了很长的距离，在原始人的思维方式中不可能建立起明确的因果关系；其二，宗教观与该民族的生计方式和社会制度是一个整体，从旧有的宗教信仰中不可能派生出新的信仰观来；其三，掌握了游牧动物的知识和将这样的知识组合成一个可以连续操作的谋生体系，其间存在着质的区别。事实上，有关动植物的知识，人类只要有文化和社会组织都可以获取和积累，但这样的知识不管怎样积累并不意味着形成了一个谋生体系，现在的科技人员凭借现代科学技术可以成功地养好几百匹马，但这不是游牧文化，因为养马在他那儿没有成为谋生体系。

针对处于不同社会的个人行为和知识取向的原则性差异，后来的研究者抛弃了渐变理论，转而致力于探讨游牧文化定型的动因，这就派生了各式各样的胁迫起源学说。其中包括环境变迁说、人口压力说、战争胁迫说、农业压力扩张说等。① 持环境变迁说的学者根据考古资料仔细排比了公元前 50 世纪以来中亚草原的环境变迁，认为在公元前 25 世纪以前的500 年间中亚草原极度干旱，农耕无法进行才迫使人们靠畜牧为生，并由此萌生了游牧文化。但在具体的处理上又存在分歧，有人认为游牧文化是在环境胁迫下由农业中分化出来，有人则认为不利环境独立产生出游牧文化，还有人认为是在不利环境下"组装"产生了游牧文化。上述各种观点的致命弱点在于没有注意到气候变迁是一个缓慢的过程，也是一个全局性的递变过程。因为进程缓慢，当时的各民族学习另类的方式谋生完全来得及，因而不能构成胁迫性的因素，当然也不会催生新类型文化诞生。

人口胁迫说，主要流行于 20 世纪 70 年代，当时全球性的人口爆炸引起了学术界的关注，各种学说纷起并波及对游牧文化起源的探讨。人口增长失控是否适用于远古文化，本身就是一个值得考证的问题，具体到游牧

---

① 郑君雷：《西方学者关于游牧文化起源研究的简要评述》，《社会科学战线》2004 年第 3期。

文化而言，由于这样的资源利用方式在人与生态系统、生产者之间间隔着牲畜这样一个中间环节，人口超载形成的压力最先感受到的应该是牲畜而不是草原本身。相反，环境的巨变不能养活相应的人口数，首先感到压力的也是牲畜。因而人口的压力不会直接胁迫人改变生存方式。就已有的人类学资料来看，受到人口压力时，通过文化控制人口的增长，或通过战争扩张耕地都比创造新的文化要简洁易行得多，而非胁迫新类型文化的产生。

有学人认为，农耕文化必然导致定居化和城镇化，就必然会发生狭小范围内的人口超载，最终使得其中的一部分人远离农耕区，演化为专业的游牧民。这一见解的漏洞在于，游牧文化必须是一个能够独立运转的文化体系，游牧文化的定型需要一整套的体系，而不是带着牲口走就算完成游牧的本身。更关键的失误还在于没有认知到，游牧文化的根基是对特种动物的驯化，主要是对大型成群食草动物的驯化，而且这还需要对这样的食草动物的合群控制。然而，任何意义上的农耕都不是按照这样的技术要求去积累知识和技能，简单地将牲畜带出农区不可能养活牲畜，没有这些知识，这些人的生存就没有保证。可见这样的起源学说实质上避开了游牧文化产生的关键环节，也就是驯化合群食草动物的动机，是一种本末倒置的观点。

另一类人口胁迫说则认为游牧文化萌生于农牧混合生计。要点是说，早期的农牧混合生计的地区是在沙漠中的绿洲，随着人口的增长和密集，不得不迫使大量的人口带着牲畜离开绿洲，把依靠饲养牲畜的一面放大，则发展成了真正意义上的游牧文化。这种见解规避了前一种见解的疏漏，但却将整个理论建构在一种未经证实的假说之上。当代文化人类学可以提供不胜枚举的农牧混合经营的民族志资料，但只要稍加分析后就会发现，这样的农牧混合生计，不管是农耕还是畜牧都高度成熟，而且都有明确清晰的文化传播线索，表明农牧混合是在成熟的游牧文化和农耕文化的基础上重新组装成的文化样式，因而这样的混合生计不是游牧文化产生以前的形态，而是游牧文化产生以后的形态。这种学说把结果作为原因去探讨游牧文化的起源不免本末倒置。

战争胁迫起源说的代表是汤因比，汤氏认为由于各种原因导致的战争都足以迫使远古人类谋求新的谋生手段。正是在战争的压力下当事的民族才有可能和必要迅速地改变传统的生产方式，甚至把几种不同的生产方式组装起来，创造出新的生产方式，游牧业正是在这样的背景下形成的。①然而在追究战争的起源时，汤因比也将前人的研究成果加以整合，认为气候的变迁、资源的匮乏、征服的欲望、世代的仇怨都可能诱发大规模的战争，也都可能为游牧文化起源提供萌生的社会背景。但在这一整套看似天衣无缝的论证背后，却有一个至关重要的问题需要解决，那就是控制畜群的知识、技术和技能从何而来，又如何组装？因为在激烈的战争中不可能从容不迫地学习知识、训练技术和技能。如果战争的双方事先都没有这些技术和技能，战争无论怎样打下去都不可能打出游牧文化来。就这个意义上说，汤因比注意到了社会冲突对游牧文化产生的作用，不失为一种值得发扬和继承的创见，但其疏漏在于不能回答这样一个问题：人类如何从采集狩猎中积累起控制畜群的知识和技能，以便在受到社会胁迫时，有组装新的生存方式的足够知识和技术储备。

除了汤因比之外，还有一批学者将催生游牧文化的战争具体化，代表人物是欧文·拉铁摩尔②。拉铁摩尔坚信正是中原华夏帝国的兴起并不断拓展领土，才迫使原先与华夏民族生活在一道的北方民族被慢慢地挤到长城戈壁以北，在新的寒冷、干旱的草原上才变成被迫依赖游牧为生的游牧民族。这一观点在 20 世纪中期以后影响甚为深远，在一段时间内成为西方学者认识中国历史的依据，并转而用于解释南亚、西亚的历史，乃至欧洲的远古历史。类似见解的基本假设并不新鲜，都是假定人类的文化先有农牧混合，然后才分化出真正意义上的游牧类型。

人类驯化各式各样的动植物在人类的历史长河中由来已久，源远流长。但并不是所有经人类驯化过的动植物都能支持特定的人群形成稳定的生存模式，环境也不能确保这些驯化的动植物能够持续对后世发挥影响。具体到游牧文化，真正有意义的驯化对象，仅仅止于有合群性的大型食草动物，且是便于长途迁徙的动物。没有合群性，人类耗费的精力和劳动就会太大，无法支持正常的生存。适宜于远程放牧同样重要，因为地球表面

---

① ［美］阿诺德·汤因比：《历史研究（上）》，曹未风等译，上海人民出版社 1997 年版，第 98 页。

② Herders，Farmers，*Urban Culture*，Proceedings of the International Meeting on Nomdeic Pastoralism，Cambridge：Cambridge University Press，1979.

的草场在雨量和热量、植物的生长季的分布上极不均衡，在年内和年际都存在极大的波动幅度，各类食草动物正常生长所需要的活动半径必须足够大，才能应对自然界这种配置不均衡的挑战。举例来说，绵羊的放牧半径至少需要 15 千米，牛的放牧半径要 25—30 千米，马的放牧半径要大于 80 千米。因此，不注意被人类驯化过的动物的特性，单凭宽泛的驯化事实不可能得出有意义的结果来。因为作为农业附属的家畜饲养与真正意义上的畜牧业的家畜饲养，在技术、功能和具体饲养方法上截然不同。因此，拉特摩尔的推理要成立只有一个前提，那就是原先生活在长城以内的各民族中本身就有游牧民族，中原帝国的兴起仅仅是将这些游牧民族的活动范围限制在长城以北，而不是催生了游牧文化，游牧生计早就在长城以内存在了。

文化生态学代表人物斯图尔德认为各民族的特殊历史过程、文化的传播、对生态的适应三者之间的复合作用共同对文化的演化发挥着模塑作用。若将斯图尔德的理解用于游牧文化起源的探讨，首先，需要解决的关键环节在于支持畜牧生计独立存在的有关知识和技能是如何积累起来的，这样的积累显然与相关民族的特殊历史进程紧密相连，也与对所处生态环境的适应相关联。其次，是什么样的社会胁迫促使相关民族要在短期内实现相关知识与技术的整合，在文化跃迁的前提下，改营游牧生计。这样的胁迫力，只能在当时并存的各种文化中去探寻，而不能归因于自然因素的胁迫。但文化跃迁重构后，还必须保持对所处生态环境的高度适应。最后，需要解决由此产生的游牧生计原型在以后的游牧生计中如何逐步健全和完善，这就与文化的传播直接关联了。因此，对游牧类型生计方式的认识有助于将游牧文化起源的探讨更具体化。因为按照多线进化思想，游牧类型生计不同样式的主要畜种的驯化，既不是同时完成也不是在同一地完成，而是由不同民族在不同的时间和不同地点完成，只是到了以后的历史进程中，由文化传播将畜种的驯化传播到了游牧类型生计的各个地区，并加以有效的重组，从而健全和完善了不同的游牧样式，最终丰富了游牧生计的内涵。

游牧生计所驯养的各种畜种生物特性不同，在自然界的分布区上也互有区别。游牧生计没有产生以前，远古的各民族只能把他们作为狩猎的对象，畜种不同、狩猎的手段也不同，因而远古的狩猎采集生计也肯定并存着若干种不同的样式，甚至在不同区段的同一种动物，它的生长状况和体能、体质也会有不同。生息在不同区段上的远古狩猎采集民族，其捕猎的生产工具和技术手段也会不同。这同样会导致远古狩猎采集民族文化样式的区别。以羊为例，夏天往北迁徙，冬天往南迁徙，夏季进入高原台面，冬季进入河谷，这是畜群生态的常规。在此常规的背后必然会派生出若干意想不到的变数，羊群在夏季北上的同时要产羔，母畜要产奶，畜群结构必然要发生变化，羊羔和母畜必然成为最容易猎获的对象，猎获倾向适合于单个捕杀。冬季、秋季羊群南迁，在翻山越岭的恶劣区段，羊群不仅会受到猛兽袭击，同时也是容易加以捕获的时机，而且狩猎的代价颇低，收获颇丰。只凭捡拾猛兽咬伤、跌伤和被水淹死的羊就可以积累大量食物。在受到寒冷和缺食的双重压力时，羊群自然会集中到极为狭窄的地方，特别是容易捕杀的峡谷，这时围捕可以发挥关键性作用。此外，羊群的交配季节，成熟的羊都会脱离羊群，用另类手段容易捕获，如利用诱物。由于远古的狩猎采集民族基本上是结成队群，每个队的人数有限，活动范围不大，对于靠狩猎为生而言，既不需要也不可能掌握羊群的所有特性，相对而言只要掌握一项特定技术在一个特定区段就可以确保生存，这就使得这些远古的狩猎采集民族不可能通过简单的知识积累而成为游牧民族。专门射杀羊群的人群根本不必理会羊群迁徙以后的路线；而占有羊群迁徙路线上的湍急河流的队群完全不必理会羊群越冬和交配的技术，仅仅需要把聪明才智用于从猛兽口中夺食、及时发现落伍的羊就足够谋生了。

　　游牧文化的真正产生则是受特殊的社会性胁迫而跃迁发展的产物。就正常状况而言，文化之间的碰撞和交流仅局限于狩猎采集层次，很难获得社会胁迫跃迁的机会。但先于游牧文化类型之前产生的游耕文化能为这样的跃迁机会出现提供更多的可能。原因在于远古时代的游耕文化可以推动居民的密集定居。当然这样的定居与农耕的定居完全不同，它仍然具有很大的流动性，具体到干旱草原而言，可以表现出其特异性。因为在这样的地带，离开了河谷盆地或沙丘间的"水泡"，任何形式的游耕都将无法执行，以至于远古的游耕民族哪怕是非常有限的半定居，都会碰巧阻断大型食草动物的迁徙路线和中转地。这样一来，远古民族可以凭借人口密集和严密设防的优势，凌驾于当地的狩猎民族之上，迫使他们离开这样的风水宝地，仅仅凭借各个狩猎采集民族的知识和技能的精华在熟悉的动物种群身上冒险求生,这才迫使狩猎采集民族通过跃迁发展来控制畜群为生,也就是创造出全新的游牧生计和全新的文化类型。

游牧居民生存方式的特殊性和所适应环境的特殊性使得建立在这一文化基础上的政权人口必然十分分散,注定不可能稳定,王朝之间的承接必然不连贯,在文本史料上必然表现为纷繁复杂、谱系不连贯等特征,给历史的研究造成了重重困难。但这样的困难并非不能克服,关键是要抛弃套用农耕文化历史去解读游牧历史的这一习惯做法。只要坚持文化的平等观,我们就不难看到游牧类型的文化本身难以建立高效的政权,建立这样的政权的必要性也不是很大。但在与农耕帝国的较量中,为了取得战争优势,游牧民族同样可能发育成为强大的帝国,就这个意义上说,是农耕帝国迫使游牧帝国壮大的。而游牧帝国壮大的结果又往往是给农耕帝国造成灭顶之灾,农耕帝国与游牧帝国存在互为消长的关系,两者的发展都以对方为蓝本,因而在人类的进程中缺一不可,游牧文化的贡献与农耕文化的贡献相等,而不应分高下,这样的贡献从游牧文化起源一直延伸到今天。

整个游牧文化进程积累起来的精神和物质财富都是人类的遗产,都需要认真地发掘、利用和传承。立足于这一需要去研究中亚历史,不仅具有理论意义,也具有实际利用价值。因为即使到今天还客观存在着一定数量的适宜于游牧文化的生态环境,而且这一范围在未来还充满变数,随着水资源利用量的增加,沙漠还可能扩大,人类的未来肯定会与游牧生计结下不解之缘。无论人类社会怎样发展都会有一部分人需要仰仗游牧文化生活,作为一种文化类型,游牧永远不会退出人类发展的历史舞台,因而游牧文化的起源和中亚帝国兴亡史的探讨永远不会停留在历史的尘埃中,它的现实价值永远存在着利用的空间。

第二节 蒙古族五畜并存游牧与草原沙化的治理

在我国内陆干旱草原生态系统中,由于远离海洋,年度蒸发量远远大于降雨量,加上终年有强劲的西北风吹拂,更加快了地表水资源的蒸发。这种水资源的无效蒸发不仅难以控制,而且是导致土地沙化的直接原因,因而土地沙化成了当地习见的生态灾变。土地沙化必然给当地居民的生产生活带来了诸多的祸害,还成了当地社会经济可持续发展必须加以突破的

"瓶颈"。有鉴于此，内陆干旱地区的土地沙化救治自然成了生态研究中
的重点。不同学者纷纷从自己的学术立场出发，提出了一系列旨在控制土
地沙化的建议和对策。有学者主张，只有实施生态移民，沙化的土地才能
自然恢复为草原①；也有学者主张，必须植树、种草并赋予工程技术手
段，先固定沙丘，才能将沙地改造成固定农田②；更有学者认为，生态移
民难以执行，彻底改造沙地又要耗费时间、精力和经费，因而主张实施引
黄灌溉或抽取地下水灌溉，让蒙古族牧民定居下来，从事半农半牧经营，
才有利于沙地的治理。然而，植树、种草和工程治沙等对策在内陆干旱地
区已经执行了半个多世纪，除了个别区段生态环境稍有改善外，整个地区
的生态形势并无明显好转。反而出现了一种"局部好转，整体恶化"的
趋势。笔者通过田野调查后发现，草原土地沙化其实是草原生态环境被系
统改性后而导致的恶果。而当地蒙古族牧民实施的传统"五畜"③游牧方
式，不仅可以高效利用当地的水资源，还可以加速水资源的富集和沙丘的
固定。发掘和利用蒙古族传统"五畜"游牧，可望使已经沙化的土地演
替为丰茂的内陆草原。

　　乌审召镇隶属于内蒙古自治区鄂尔多斯市乌审旗，位于鄂尔多斯高原
的东南部，也是毛乌素沙漠的东北部。④ 地处北纬39°06′，东经109°02′。
海拔为1300米左右。⑤ 全镇总面积为1600多平方公里，其中流动沙丘
（明沙）占54%，湿地（水淖、碱滩）地占10%，可利用的草场仅占总
面积的1/3。当地气候属于温带内陆季风类型，受大陆季风影响明显，四
季变化分明，冬寒夏热，冬春多风，每年都有连旱发生，强风季节风沙弥
漫，沙尘暴的发生十分频繁。年平均气温为6.3℃。年温差大，日温差也
很明显。年平均降水量为383.1毫米（1960—1974年的平均数），⑥ 降水
量的年变率较大，最高年份降雨量可达到715毫米，最低年降雨量只有

---

　　①　新吉乐图：《生态移民》，内蒙古大学出版社2005年版，第139—150页。

　　②　董雯、赵景波：《毛乌素沙地的形成与治理》，《贵州师范大学学报》2006年第4期。

　　③　文中所称的"五畜"是指骆驼、马、山羊、牛和绵羊五种牲畜。

　　④　中国科学院兰州冰川冻土沙漠研究所编辑：《沙地的治理》，科学出版社1976年版，第
21页。

　　⑤　乌审召草库伦编写组：《乌审召的草库伦》，内蒙古人民出版社1976年版，第14页。

　　⑥　牛兰兰：《毛乌素沙地生态修复现状、问题与对策》，《水土保持研究》2006年第6期。

162.8 毫米。而年平均蒸发量却高达 2241.9 毫米，约为年平均降雨量的 5.3 倍。乌审召地区经常受到西伯利亚高压气团的控制，全年中多西北风。

草原"五畜"并存的生态价值。毛乌素沙地的水资源与我国江南湿润地带水资源的存在样态很不相同。毛乌素沙地上的水不仅年季分布不均衡，而且有限的水都储备在沙丘中，并富集在"柴达木"洼地中。在毛乌素沙地上，到了干旱的年份或季节，在地面上几乎看不到一滴水。这样的环境，在长期的生物协同进化过程中，生物为了延续生命和自救，都会拼命地把身边的最后一滴水吸收到自己体内储备起来。这样储备起来的水，我们用肉眼是无法看到的，但蒙古族牧民都知道，到这个时候，只有植物体中才有水。然而草原上的植物丰富多彩，各种植物体内储备水量的多少也不等。为了能够利用不同植物储备的水度过干旱，牧民的手中，就不能不准备多种牲畜。因为牲畜种类少了将意味着一部分珍贵的水资源不能被利用。正是出于这样的考虑，蒙古族牧民认识到，要饲养畜牧就必须"五畜"并存。以便让"五畜"分别利用不同植物体中的水，才能保证所有牲畜都能度过草原供水不均衡带来的"水荒"，保证生产、生活的延续。深入调查后可以知道，"五畜"并存各有各的用处，缺一不可。

（1）骆驼。未到草原之前，笔者只知道人们把骆驼称为"沙漠之舟"[1]，是沙地和沙漠中非常重要的交通工具而已。至于骆驼和水资源有什么关系，笔者此前真是闻所未闻。在乌审召的调查期间，一连过了 10 天才第一次听到骆驼的名字。在牧民劳瑞家访谈时，劳瑞和几个乡民都偶然提道："早年在毛乌素沙地上骆驼成群，他们的父母都放养过骆驼，利用骆驼运过货。"然后他们又说："骆驼的消失是一件遗憾的事情，有骆驼在，事情会好办得多。"随着调查的深入，笔者最终注意到，这儿的蒙古族牧民喜欢喂骆驼，不仅是因为骆驼的经济价值，更重要的还在于它的生态维护价值。

骆驼的觅食对象主要是乔木的枝叶，而且光凭树枝和嫩叶中的水分就

---

[1]　葛根高娃、乌云巴图：《蒙古民族的生态文化》，内蒙古教育出版社 2004 年版，第 60 页。

可以满足生存的需要，即使一个多月不喝水，也没有生命之忧。① 骆驼的重要性在于它是一个榨水机，可以把沙地上最稀缺的水从植物体中榨出求生存。这一点是任何其他动物都不能替代的。从表面上看，它要啃食树木的枝叶，对树木似乎十分有害，但考虑到沙地水资源极度稀缺这一点，骆驼吃树叶恰好是救这些树木的命，以免在极度干旱的季节时植物会因缺水而整株死去。如果骆驼不吃掉这些树的枝叶，这不仅会导致水资源的进一步短缺，而且会使这些树木因为水资源供应不足而连片死亡。骆驼把这些嫩枝和树叶吃掉后，就可以使整株树木处于休眠状态而活下来，骆驼和树也都没有生命之忧了。所以骆驼吃树叶，恰好是物种之间的耦合共生关系。现在骆驼没有了，该骆驼干的事只能轮到牧民亲自动手去做。笔者在调查时发现，那些乔木被修剪得伤痕累累，这是人代替了骆驼，人承担了挽救乔木生命的苦役，这样的结果说起来真有点离情悖理。牧民们对骆驼的消失感到遗憾，原因正在于此。

除了干旱季节能救活乔木外，骆驼还有其他的生态价值。第一，骆驼的脚掌上长有皮膜，蹄子张开时，脚掌宽大，再陡、再容易流动的沙丘都能上得去，也就可以吃到所有沙丘上的每一株树叶，然后将粪便排到沙丘上，成为日后形成风化壳的必备骨料。其他牲畜一般都爬不了沙丘，因而也做不到这一点；第二，骆驼对水资源的缺失最能够忍受，即使在极度干旱的情况下，一个月不喝水，也没有生命之忧。加上骆驼对水源有很强的敏感性，可以把畜群带到有水的地方，确保了人和牲畜能够及时找到水，从而能保证它们的生命安全；第三，草原上有很多牧草，都是靠风传播种子。在季风的吹拂下，种子的传播是定向的，要保证植物的种子逆风传播，就有赖于骆驼了。骆驼身上有厚厚的绒毛，牧草的种子沾在绒毛上就不会轻易掉下来，即使是最干旱的沙丘，只要骆驼到过，都会把种子带到沙丘上，以便到了雨季的时候，使这些沙丘上也生长出牧草来。因此，可以说骆驼是沙地中最好的"播种机"。总之，数千年来，毛乌素沙地一直养骆驼显然有它的道理，现在不养骆驼了，牧民们都为之哀叹。何况骆驼的经济价值在市场上还在猛涨，牧民们希望养它也是情理中的事情。更重要的还在于，不喂骆驼了，沙化的土地就难以向丰茂的草原生态系统

---

① 　熬仁其：《草原"五畜"与游牧文化》，《北方经济》2007 年第 8 期。

演替。

（2）马。沙地不能没有马，这不仅是因为马善于奔跑，有利于带领畜群顺利转场，更关键的还在于配备马，也是出于高效利用草原水资源的考虑。马的行动速度很快，放牧半径一般在 30 公里左右。而毛乌素沙地到处都是沙丘，没有马带路和开路，行动迟缓的牛羊就难以转场。再加上马嗅觉灵敏，老远就能感知远方的水草，这是人办不到的事情。但蒙古族牧民能够巧妙地利用马的这一属性，才能带领牲畜顺利地转场，追得上水和草的变数，确保所有的牲畜不会缺水、缺草。

马的食性和骆驼不同，它必须仰仗鲜嫩的牧草为生，而且觅食时，是将牧草用嘴扯断食用。这样的觅食方式，不会伤及牧草的根，因而觅食后，牧草还可以为柴达木留下大量的灌木和牧草的残株。这样的残株是沙地上的保护伞，而这样的保护伞正是马在觅食的过程中培植起来的，被采食的牧草仅是休眠而已。牧草的上面部分，虽被吃掉，但地下的部分还活着，遇到雨季，牧草又会重新萌发，为马提供新的食物。

马和骆驼不同，马每天都必须饮水，因而马在吃完草后，通常用马蹄踢湿润的地表，直到踢出一个小坑来，等水自然储满小坑后，以便自己饮水。但能喝到水的不仅仅是马，马喝完水后，这样的小水坑也为其他牲畜准备了水源。这是其他牲畜做不到的事情，因为其他牲畜的蹄没有马蹄那样有力。此外，马不是反刍动物，因而牧草的种子吃到马肚子后，由于有硬壳的保护，一般不会被消化，有生命力的种子会随着马粪均匀地撒到沙地的每个角落。就这个意义上说，马也是毛乌素沙地的牧草"播种机"，特别是种子颗粒较大、种皮较厚的牧草种子，都需经过马的肚子才能长出新的牧草来。换句话说，马在吃草的同时，也在种草，而且是把草种在沙丘的边缘上，这些种子颗粒较大的牧草，也能顺利地等到雨季来临时萌发，把珍稀水资源用到恰到好处，并养活了其他的牲畜。最后，马由于运动灵活，在沙地受灾时，马和骆驼一样，都得充当开路先锋，确保人和畜群的安全转移。遗憾的是，目前的沙地，由于承包后，大家都建了围栏，马就很难正常生息了。少了马这个开路先锋，就得由人代替马充当开路先锋。人劳累不用说，效率也不及马高，特别是人不能代替马播种牧草。因而，即使人工播种，由于没有马粪作培养剂，所以也不能顺利成活。失去了马，必然会抑制草原恢复的速度。

（3）山羊。此前的研究者认为山羊觅食时，把草根都吃掉了，这才导致了沙尘暴的发生。① 到了乌审召后才知道，这样的看法，犯了个常识性的错误。原来，山羊觅食的对象是灌丛而不是嫩草，如果没有灌木丛，哪里还有山羊的存在。山羊觅食的对象是豆科和蔷薇科的灌木丛，当然也会啃柳树和榆树的树皮。但那是到了水资源极度匮乏时才会有的事情。山羊食用的这些植物含水量不高，因而山羊需要饮水，山羊觅食是将叶和杆一道吃，这样的觅食不会把灌木丛的主干吃掉，因而山羊觅食后，也会留下大量的灌木丛残株。这些残株会把落到地表的水都保护起来，不让其无效蒸发。就这一意义上说，山羊的觅食，不仅是为了填饱肚子，也在为来年的美餐储备大量的水资源。由于山羊觅食的对象是其他牲畜不吃的硬枝条，山羊采食这些植物既是对水资源的利用，也是对水资源的维护。没有山羊，这些灌木丛中的枝叶只能浪费水，而不能保护水。目前，在乌审召还有数量不少的山羊，围绕山羊的存废问题，争论还没完没了地进行着，但愿对山羊的争论不要像对骆驼那样。山羊如果在鄂尔多斯绝迹，带来的绝不是牧场的茂盛，反而是草原的萎缩，但愿骆驼的教训不要重演。

（4）牛和绵羊。和上述三种牲畜不同，牛和绵羊的取食对象是含水量高的鲜草，它们在觅食的时候都要把鲜草切断，再吞入肚中，它们无法取食坚硬的树枝。也就是说，它们利用的对象是靠沙地上浅层水长出的草本植物。这是这两种生物的生物属性决定了的水资源利用方式。牛没有上门齿，是用舌头卷起草叶后将其切断吞食，因而不能取食灌木丛，只能取食相对柔软的牧草。由于毛乌素沙地的水情很不均衡，也不稳定，每年植物的生长周期长短不一，除了莎草科和百合科植物返青早外，其他植物返青的时间都比较迟，因而这两类植物是牛和绵羊冬春之交的主要食物。其他类型的牧草要等雨季来临后才能长出，这些植物为了赶快开花结籽繁衍后代，因而一旦长出其生长速度就会很快。虽然这些植物的生长速度极快，但这些草本植物基部的纤维化也会很快，为的是在寒冷来临前完成繁殖任务。可是一旦牧草纤维化，就不利于牛和绵羊的取食，这正是牛和绵羊必须在柴达木底部放养的原因。当然牛和绵羊对人来说太重要了，牧民

---

①　葛根高娃、乌云巴图：《蒙古民族的生态文化区》，内蒙古教育出版社 2004 年版，第 185 页。

们的衣食住行都主要取自于牛和绵羊。但牛羊也有自身的缺陷，不能爬上沙丘，也不能自己找水。牧草纤维化后，又不利于取食，因而不管它们在牧民心中多么重要，它们都必须和上述三种牲畜共同生息，才能对沙地中的水资源做到充分利用。

说到底，"五畜"和各类牧草是一个整体，由于"五畜"的结构是控制在蒙古族牧民的手中，因而这样的"五畜"整体实质上是人为建构的生态运行整体。不过这样的建构是针对整个草原生态特点而来，因而不管是水草丰茂的背景还是土地沙化的背景，只不过对人的经济水平有天壤之别而已。植根在蒙古族文化的本土生态知识中，也是一种仿照生态系统的科学生存方式。因而，原生生态系统的制衡格局，在牧民建构的人为"五畜"建构中也得到了充分的体现，或者说是以原生生态系统为蓝本去谋取生存，是人控制的文化制衡结构。"五畜"的按比例建构最终打上了人与自然的文化制衡格局烙印。只有这样做，才能实现文化与生态的耦合并存，协同稳态延续。而这样的稳定制衡，核心是水资源的非均衡态分布。实现生态制衡的目的，就是要拉平水资源分布的不均衡。确保毛乌素沙地上包括人在内的一切生命都能围绕水这一脉络而连绵不断、永生不熄。

毛乌素沙地地表水资源的配置极不均衡，而且以多种样态并存，这就使得沙地上长出的植物也是多样化的，靠植物为生的动物则更需要多样化。于是，围绕水资源补给的所有生物都得面对自然选择和物种竞争的规约，最后达成稳定的生物制衡格局。在这样的生物制衡格局中，任何一种生物物种的数量都不可能无限膨胀。究其原因，还不等到它膨胀，水资源的短缺就会导致该种生物数量的锐减。因而在生物制衡格局中，说哪一种生物的数量多了会破坏生态系统的平衡，在提法上本身就不成立。即令是人类控制下的物种也不可能突破这个极限，除非人动用了其他的力量。如抽取地下水，拉平沙丘，剥掉风化壳等才是草原退化的致命原因。除了人之外，任何生物都不可能具备这样的破坏能力。土地沙化显然是人类不合理的资源利用方式导致的，只要改变人类资源利用方式，沙化的土地也就可能转变为丰茂的草原。

蒙古族本土知识的精华正在于它具有仿生性，按照原生生态系统的结构特点，用家养的"五畜"置换了原生的各类大型食草动物而已，从而既高效地利用了珍贵的水资源，又精心地维护了水资源，达成文化与生态的新制衡。就这个意义上说，认定哪种牲畜过载而破坏了生态环境，或人类利用过度而破坏了生态环境，都于理不通。具体到毛乌素沙地的水资源而言，直观的印象正在于，当前毛乌素沙地的水比以前是少多了，生物的生长量和植被的覆盖度也萎缩了，草原的载畜量也降低了，生态蜕变是毋庸回避的严酷现实，而严酷现实的背后则是水资源的浪费和短缺。其实，大气降水并没有锐减，就在 2008 年还遇上了雨水丰沛的好年成。水到哪儿去了？自然成了必须破解的秘密，而这个秘密还得从牧民的回忆入手。

在乌审召，不少牧民都回忆说："几十年前，草原上的水很多，到处都有水。"相比之下，今天的水比之于往昔，那就太少了。对此，牧民们无法解答，因为在此前，他们并没有遇到这样的情况，他们的本土生态知识对此也鞭长莫及。

往昔的毛乌素沙地水为什么会多，原因在于水资源的无效蒸发，也就是气态流失降到了最低限度。在生态环境良好的时候，牲畜消费后，会留下大量的植物残株和粪便。大量残株的存在既能使地表风速降低，又能屏蔽日照，因而降低了水资源的气态流失，地下能储备的水也就多了。大量牲畜粪便的均衡撒播，则是构成地表"风化壳"的原料，粪便降解后会将沙土粘在一起，形成"风化壳"。这样一层"风化壳"，犹如给沙丘穿上了外衣，大气降水可以渗入地下，但却不能穿过疏松的"风化壳"散发到大气中。同时风化壳还可以进一步降低地表风速，控制地表沙土在强风下的飞扬。枯枝、"风化壳"和沙丘三者的交互作用，才导致了往昔的毛乌素沙地地下水资源相对丰富，这其中，"风化壳"的效用最大。

草原的生物运行是一个自我循环的回路。沙地上的沙粒、土壤自身没有粘力因而不能结团，结团得靠有机腐殖质才行。但这些有机腐殖质，又不能光靠植物。草原植物为了自我保护，它可以"枯而不死、死而不倒、倒而不腐"。又由于气温太低，植物都不会自行腐烂。因而光有植物还不能形成"风化壳"，或者即使能够形成"风化壳"，其速度也极其缓慢。要迅速地覆盖上一层"风化壳"，需要更具能动性的力量，这就是各种食草大动物。植物中的生物能和生命物质只有进入了动物的肚子，才能被初步降解，除了支持动物生长外，不能消化的部分，还会以粪便的形式排出。经过这样的初级降解后，下一步才有可能作进一步的降解。而下一步的降解，靠的是各种以粪便为食的昆虫。在草原上，最关键的昆虫是各种蜣螂。经过两次降解后，草原上足以滋生的微生物才有可能对蜣螂的粪便进行再加工，使之更进一步地降解，这才形成了草原上难得的腐殖质。有了这样的黏性腐殖质，才能把风带来的沙土结成团，最终结成疏松的"风化壳"，给沙丘穿上"外衣"。

草原无比辽阔，要靠人的力量把牲畜的粪便均匀地铺撒在沙丘上，这是想都不敢想的蠢事。但蒙古族牧民的聪明之处就在于，他们高效地控制牲畜的比例，让各种牲畜把自己的粪便排放到需要粪便的地方。经过日积月累后，能够确保整个沙地上都能均衡地铺上一层牲畜粪便，为整个"风化壳"的形成做出符合实际需要的铺撒。这样的铺撒是根据不同生物物种的生物属性而得以实现。

说到底，牲畜的"聪明"之处在于，它在觅食的过程中，同时既制造了残株，又制造了"风化壳"的原料，从而为自己子孙后代储养了水源，也种养了牧草，使它们的后代也有吃的。而蒙古族牧民的"聪明"之处在于，懂得了草原中的水，也就进而懂得了控制草原"五畜"的比例。去确保它们的粪便均匀撒遍整个沙地，推动"风化壳"的扩大，为牲畜也为自己储备了水。往昔毛乌素沙地水多，多就多在"风化壳"的覆盖面积比今天大，地表的残株比今天多，而这一点是蒙古族牧民的聪明才智建构起来的民族生境的有机构成部分。实现这一建构的核心内容正在于，仿效了原生生态系统的制衡格局，而实现人为调控下的人地和谐。就这个意义上说，毛乌素沙地上，真正的生态脆弱环节是"风化壳"和枯草残株，谁冲击了这两个脆弱环节，最终都会导致水资源的枯竭和土地沙化，进而导致牧草和牲畜的萎缩。

时下，毛乌素沙地的悲剧正在于"五畜"并存的格局已经被打乱，仅存的牛和绵羊也被关进了畜圈。再加上人为的植树种草，企图进一步扩大植被的覆盖度。但忘记了一个不该忘记的基本事实，沉淀在畜圈中的牲畜粪便形成不了草原"风化壳"。要形成"风化壳"，得靠人力一担一担地挑出去均衡地撒在草地上，然而谁也不愿意干这样的笨事和蠢事。因而，"风化壳"的恢复也就遥遥无期。"风化壳"恢复遥遥无期，那么水资源的缓解也同样遥遥无期了，沙地的治理也就遥遥无期。植树种草当然是好事，但请不要忘记，树和草也得靠水才能成活，失去了地表残株和风化壳，光靠沙丘储水是满足不了树和草需要的。树和草盲目地种得越多，枯死的树和草也就越多。笔者在乌审召调查过程中，亲眼看到了塔斯洛家的柳树大半都枯死，原先种植的 800 株柳树，这两年来已经枯死了 500 株，仅存 300 株。至于沙蒿枯死数量就更多了。有人会说抽地下水灌溉不是可以吗？当然是可以，但打井抽水的钱从何而来，这得先行考虑；花 100 元抽来的地下水能否产生 100 元的产值，这同样也需要考虑。更重要的还在于，沙丘的储水能力终究有限，草原的降雨量也绝不可能大幅度地增加，抽地下水的结果只能导致水资源的进一步枯竭，想要在地下水上找出路，显然不可持续。因而毛乌素沙地水资源的出路还得回到原点上，得靠"五畜"并存去消费牧草，制造风化壳和地表残株才行得通，才具有可持续能力，也才代表着毛乌素沙地的未来。

第三节 蒙古高原水资源危机与文化对策

蒙古高原的中、东部主要是指对我国东北和华北北部供水的产流区而言的，由于这一产流带正好位于我国内蒙古自治区的中部和东南部，因而把它称为蒙古高原的中、东部，其范围大致包括今天的锡林郭勒盟、赤峰市、通辽市，以及河北省北部的张家口市。其地理结构大致是南部有燕山山脉相阻隔，中部至东北向西南延伸的大兴安岭南段，以及大兴安岭以东的科尔沁沙地和大兴安岭以西的浑善达克沙地。大兴安岭以东属于辽河流域，大兴安岭以西、以南则为海河、滦河和滹沱河的产流区。上述河流均承担者对我国大中城市供水的艰巨任务，特别是海河、滦河和滹沱河，由于要直接承担对北京、天津直接供水的艰巨任务，因而产流地区的水资源储养能力大小直接关系着我国北京和天津的水资源安全，无论是在政治，还是经济、军事上都具有特殊的意义。辽河的下游则是沈阳、鞍山、抚顺等老工业基地的产流区，水位和水量的变化也直接影响到我国东北南部地区城市工业和生活用水的稳定。可是，在近年来，上述各河流的水量都处于日趋萎缩的状态，而且还将持续走低。因而，这将成为我国水资源形势的高度敏感带，探讨这一地区的水资源安全具有特殊的政治意义和经济价值。

这一区域的原生生态系统大致可以分成四大片区：大兴安岭的南段，

由于地势偏高，距离海洋又相对较近，因而相对湿润，其降雪量和降雨量都较大，一般都有 400—600 毫米之间，而其东坡超过 600 毫米，西坡则低于 400 毫米。加上气温偏低，因而能够发育出茂密的森林来，一般都是针叶和落叶混交林。这样的森林结构，落叶量大，林内透光度较好，林下植物种类丰富，因而具有很强的大气降水截留和储养能力。① 早年，辽河、滹沱河和滦河的水量十分丰沛，大兴安岭这一生态系统的特点曾发挥过关键性的作用。燕山山脉海拔较高，但因为坡面陡峭，土壤偏薄，因而水资源的涵养能力较大兴安岭低，但因为其降水量稍大，因而对海河、滦河和滹沱河的供水平衡也能发挥明显的作用。科尔沁沙地在原生状况下，由于地下水位偏高，土壤的透气、透水性能很好，因而土壤的水资源涵养能力很大。在生态环境未遭破坏以前基本上是由十分耐湿的莎草科植物，但地表的"风化壳"和牧草残株因为耕作而遭到破坏后，随着地下水水位的下降才蜕变为针茅草原，并造成了土地大面积沙化，因而这儿的土地沙化，其关键原因在于是土壤中的有机物含量降低派生的产物。只要地表有机物的含量持续提升，那么土地沙化就可以得到有效控制。浑善达克沙地的原生生态系统是干旱的针茅草原，但在河谷地带则是以莎草科植物为主的湿地草原，同样是在农耕破坏了地表的风化壳和地表残株之后，这儿也蜕变成了沙地。土地沙化的关键原因是因为蒸发量大，在没有风化壳和地表残株庇护的状态下，地下水必然会大量地蒸发掉，从而导致牧草的高度日趋下降，茂密程度逐年变稀，草原的载畜量也下滑。与此同时，原先的产流区由于土壤直接暴露在阳光下，反而演化成了水资源的高蒸发区和浪费带，而这正是海河、滦河和滹沱河向北京、天津供水能力逐渐下降的根本原因所在，而这一形势的巨变都与草原的大面积推广农垦直接关联。至于蒙古高原上的都市兴建和工厂用水，表面上用水量很大，但相较当地因蒸发而导致的水资源浪费则是小巫见大巫了，因而缓解北京、天津的用水短缺，关键不在于用行政命令节约用水，其关键在于如何抑制土壤水资源的无效蒸发，强化生态恢复，加速生态区的物质与能力的转换，持续提升地表有机物的含量，这才是治本之法。

---

① 　姚孝友：《水保林涵养水源能力的计量分析》，《水土保持科技情报》1996 年第 4 期，第 48—50 页。

这一地区在历史上一直是游牧民族的生息地，事实上燕山一直充当着农牧分界作用。燕山以南是旱地农业区，燕山以北大体上都是游牧区。历史上在这一地区生息的少数民族众多。早年有匈奴人，其后有东胡、乌桓、鲜卑、回鹘、契丹、女真，最后才是蒙古人。由于这些民族在漫长的历史岁月中，一直是靠游牧业维持生计，而游牧互动不仅需要精心维护地表"风化壳"和植物残株，而且大量牲畜的存在由于能够加快有机物和能量的循环，带动生物多样性水平的提升，因而从事游牧经济可以确保"风化壳"的日趋加厚和地表残株的积累。在这样的情况下，无论是夏天的炎热，还是冬春的强风都因为风化壳和地表残株的荫蔽和降低风速的作用，从而使得地表液态水资源的蒸发可以很低。当然，也因为人类的生计能够与草原生态系统的本体特征相兼容、相适应，因而尽管降水量不多，但对大气降水能力的截留能力很强，储养能力更强。每年的降水不仅可以保证草原生态系统的健康稳定，还能使得华北平原的北部能够获得丰沛的活水资源。但是，当地表的"风化壳"和植物残株因为农耕而被清除后，大气降水虽然没有明显地减少，但却因为水资源的无效蒸发量太大，从这儿流出的河流也会因此而水量日趋锐减。近年来，由于农耕规模太大，都市和工厂的兴建又加剧了风化壳的毁损，以至于不仅水资源的涵养能力更低，随着地面建筑在阳光下的无序增温加强，不仅水资源的蒸发量更大，干旱草原的成雨条件也会因此而受到影响，近年来这儿的降雨量呈下降形势，从而加剧了当地和下游的缺水。但是，这种现象并非今天才有，在历史上，由于各上述少数民族与中央王朝之间发生过多次的拉锯战，因而由于生态破坏而导致缺水并不是到今天才出现的，在历史上已经出现，只不过严重程度不能与今天相比而已。

由于这一地区东部的科尔沁沙地地带海拔低，地势平坦，固定农垦的条件比较优越，因而早在战国时代的燕国就曾在这一地区试行过规模性的农垦。秦、汉两朝统一全国后，由于将这一地区作为北方少数民族的聚居地去对待，在这一地区的农垦反而远远逊色于河套地区，但在南北朝时，随着诞生于这一地区的鲜卑等少数民族入主中原建立政权反而带到了这一地区有了较大规模的农垦。这样的垦殖在以后一直延伸到隋唐，乃至宋代。其中，最值得注意的是宋代时，长期控制这一地区的契丹和女真两个民族，它们在控制中国北方，建立政权后，由于经济中心转移到了农业，从而使得在它们的老根据地也不可避免地发展固定农耕，而且这样的农耕往往是以投下军和投下州的名义，由控制这些"军"和"州"的契丹和女真贵族招募，甚至是俘虏汉族居民前来耕种，因而垦殖的规模比任何朝代都要大。在13世纪，由于蒙古人兴起后，很快扭转了这一格局。由于成吉思汗将上述地区封赏给了他的兄弟做世袭领地，因而这一地区很快又全部恢复为畜牧区。元朝还在这儿建立了上都，元朝皇室所用的牲口都产自上都地区。更值得注意的是，此前的各游牧民族王朝尽管也有执行农业屯垦的实力，但是由于畜牧业在国家经济当中仍然占有重要地位。此外，皇室贵族还要从事大规模的围猎活动，以至于整个大兴安岭南段在漫长的历史岁月中，基本保持着原生生态系统的面貌。这与燕山地区不同，由于燕山距离北京太近，华北平原的用材如若在燕山采伐距离很近，因而燕山的森林保存不如大兴安岭那么完好。这是由来已久的实情。

　　另一个值得注意的事实是，元朝退出中原后，继起的大明王朝开始时也曾多次北伐蒙古高原，但不久后就转而重建长城沿边固守。在这样的格局下，明朝的统治者和军民的将帅都意识到大兴安岭南段大片原始森林的存在具有不可估量的战略防御价值，只需要在森林中设防，那么彪悍的蒙古骑兵就很难直接威胁到长城，因而整个明朝修建北京城所耗费的木材宁可不畏艰险到西南山区采伐，也不愿意轻易地砍伐大兴安岭南段的山林。这种状况到了清朝还得到延续，但不是为了防止蒙古人的南下，而是将其改作清朝的皇家猎场使用。皇家猎场被放弃，则是19世纪末到20世纪初的事情了。今天，周围山岭上不见树木的张家口，及其周边地区在一个世纪以前却仍然保持着温带森林生态系统的原貌。

　　应当看到在这一地区发生了严重的水荒，其成因并不久远。大致而言与19世纪末期的闯关东，以及20世纪初的开放皇家猎场和蒙古旗地，允许汉族居民租地开垦而酿成的后果。在草原森林地区实施固定农耕，对这一地区而言可以导致如下四个方面的重大变化，而且每一种变化都直接与水资源的储养、截留直接相关。

　　其一，开辟固定农田必然会导致森林的毁损和草原地表"风化壳"的破坏，其结果会使得土壤直接暴露在阳光下，这就会导致夏季土壤温度和底层大气温度的无序增高，从而极大地升高了水资源的蒸发量，因而在高蒸发量地区如果不是实施覆盖式的农耕种植，那么都意味着会在无意中浪费水资源。随着水资源的匮乏，这样的水资源浪费已经到了非抑制不可的地步，就会引发生态灾变。

其二，地表的有机物含量越高，土壤水资源的截留能力也就越强。森林生态系统之所以能够高效地储养水资源，其关键就在于地表有丰富的有机物堆积，地面上有多层次的植被覆盖，因而在树下的温度会偏低、湿度会偏大，从而不仅土壤、植物残株能够发挥水资源的截留、储养能力，就连林下的空气也具有抑制蒸发，储养和再生水源的能力。农耕以后毁掉的不仅是森林和草原的植被，同时也得以牺牲水资源的涵养能力为代价。

其三，从事农业耕作，为了便于操作不管是有意还是无意，都会焚毁植物的残株。这样做对提高农业生产效益有价值，但地表有机物含量却降低了，不仅对大气降水的截留和储养不利，同时还会使得土地暴露在强烈的风蚀作用之下，诱发土地的沙化和水资源的极大浪费，因而改为固定农田的使用对水资源而言有三重损失：不仅农业本身用水量大，派生的土壤盐碱化加剧和风蚀作用加强都会耗费大量的水资源。地表有机物的降低更是使得土壤直接降低对大气降水截留、储养的能力。

其四，农业耕作在这一地区是阶段性的耕作，耕作集中初春，收获在秋季，冬季则抛荒。由于耕地是季节性使用的，因而地表的植被也是季节性的存在。冬季和春初，在这一地区是强风干冷季节，失去植物庇护的表土在强风的作用下，很快就会导致土壤的沙化，对水资源的截留和储养能力更是明显下降。在历史上，科尔沁沙地和浑善达克沙地都是最好的牧场，而今却蜕变成了沙地，这正是在这一地区不适宜固定农耕的有力证据。如果要想缓解华北北部和东北南部的水资源供给紧张的局势，要强化对这些沙地的生态恢复，并大力控制固定农垦用地乃是最关键的措施。

由于这一地区在历史上的有限农耕大多数由少数民族政权去招募汉人来实施，因而农垦的规模和农垦的方式都与河套地区很不相同，因而生态蜕变为时甚晚，但蜕变的势头却非常迅速。事实上，在日本侵略中国期间，日本满铁株式会社在这一地区的调查表明，在科尔沁一带，当时草原的草情还非常好，夏季草高还超过汽车轮胎高度，也就是至少在 120 厘米以上。其产草量应当相当于当前的三倍。到了今天，科尔沁已经成了真正意义上的沙地，沙丘随处可见。而浑善达克沙地已经蜕变为真正意义上的荒漠草原。至于大兴安岭南段的原生森林到了今天已经荡然无存了。面对着这样的快速巨变，学术界争议很大。有的认定主要是气候变迁，降雨量减少导致的后果；有的则认为这是因为古代残留的冰川已经彻底融化干涸而导致的地表缺水；还有人认为这与农垦地的扩大直接相关；而更多的人则认为是过度放牧的结果，或者是认为砍伐森林的结果。以上见解虽然各不相同，但各种原因之间的内在联系到底是什么，目前却很少有人加以认真、严谨地去讨论。

对生态恢复对策的争议更大。目前，占主导地位而且已经开始实施的观点是，在这些地区只有停止一切形式的利用，生态环境才可望得到恢复。而绝对禁止放牧的做法则集中体现为"围栏封禁"和生态移民等，将牧民迁入城市，或者把牧民集中在固定地区，凭借人工栽培草地去饲养奶牛。其分析的逻辑依据正在于将人和牲畜的存在理解为生态恢复的对立物去加以认识，将对立物拔除，生态也就能够自然恢复了。当然，对上述观点持有异议者为数不少，但他们的观点却得不到认同和实施，而这正是当前本地区生态建设成败的关键所在。

上述对策和主流观点与事实相左的要害在于科尔沁和浑善达克沙地，几乎集中了现在仍在实施畜牧的蒙古牧民人数的一半以上，而且这些牧民在土地承包时，都争着要承包沙地。如果沙地真的是无可救药的话，那么牧民争先恐后地承包沙丘那就得不到合理的解释了。为此，要揭示上述主流观点的偏颇，关键就要得听一听来自蒙古牧民们本土知识、技术和技能调查报告。蒙古族牧民一致认为沙丘并不可怕，沙丘在冬季不会连片积雪，而且冬天比非沙丘地带相对还要暖和，牲畜容易越冬。此外，沙丘内极为湿润，在生长季也能够生产出相当的牧草来。尽管看上去很稀疏，但供养有限的牲畜却并不困难，而这正是他们敢于承包沙地，并争着承包沙丘地带的认识根源。蒙古族牧民有一半集中在这两片沙地也说明沙丘具有很大的利用潜力，对畜牧而言更是有利。说它荒凉，利用价值低下是基于农垦的视角而下的结论，这样的结论根本不适应于游牧，仅仅是因为我们的草原决策潜含着一个没有说出来的意识，那就是认定农业比畜牧先进，畜牧业的未来必须让位于农业，因而在决策时我们才会不自觉地用农业经营的需要去强加于一切不适宜农耕的生态系统，并在实际的决策中左右了决策的思路和取向，最终才表现为认定这些沙地是不可救药的荒地。然而，如果换一个视角，从自然演替的规律和当地牧民的角度去思考，那么对当地的发展决策的思考和落实就肯定不会是一样的了。

从自然演替的规律看，这两片沙地中的沙砾肯定不是畜牧或者农耕的产物，而是地质史演替产生的产物，而且这些沙砾在这一地区的存在肯定比人类的历史要早得多、长得多。也就是说，在人类没有到达这儿之前，这些沙砾就早已存在，但所有能够反映其历史过程的记载都一再表明这一地区曾经是优良的牧场，东胡、乌桓、鲜卑、契丹和女真人的兴起都得益于这儿的优质牧草。这就足以证明，这些沙砾的存在不仅不是祸害，反倒是优质牧场所植根的土壤基质，而沙砾暴露出来并形成沙丘则只能理解为是草原蜕变后的景观。既然如此，我们的对策应当是让生态得到恢复去掩盖这些沙砾，而不是把沙化的责任归咎于过牧。既然数千年的畜牧都没有导致土地的沙化，今天的畜牧也不应当成为土地沙化的主要原因。事实很清楚，如果目前畜牧真的已经过度超载，那么无须我们做生态移民，这儿的蒙古族牧民早就迁徙他处了，更不会抢着争夺承包沙地了。从牧草到牲畜再到人，有机物和生物能要经过三道转换，而人则处于转换的顶端，因而人对生态变迁应当是最敏感的。人能够住得下来，这至少表明当地的生态环境还没有恶化到山穷水尽的地步。现在仅仅是因为看到沙丘出现就大规模实施生态移民，显然为时甚早。

再看草原发育的生态过程，科尔沁和浑善达克沙地的形成显然是在人类社会形成之前就已经完成了的。在没有人存在的年代里，动物和植物必然是相依为命地在这一地区存在，而且是它们的共同合作才形成并延续了这儿的丰茂草原。如果我们今天把人和牲畜都迁走，而当地的野生动物又因为人类的长期活动则早已绝迹，人和牲畜迁走以后，剩下的则只有草了。只有草的环境显然与草原的形成史相左，因为它不是植物与动物并存的状态，而是植物缺少动物的存在形式。没有动物的存在会连带发生若干不利于生态恢复的缺陷，蒙古族牧民对此本来就已有成熟的认知。

首先，他们认定草原长出来的草没有食草动物去加以消费，"风化壳"就不可能形成和加厚，地表植物的残株只会干枯，但却难以降解，因而无法对暴露的沙地发挥很好的庇护作用。在这儿强烈的风蚀作用下，这样的强风还会把这些枯草连根带走。因而，没有牲畜的存在当地就不具有活性，如果用科学的术语来解释就是生命物质和生物能的转换受阻，转换的效率明显下降。

其次，他们还认为牲畜等食草动物与牧草之间既存在着相互制约，又存在着相互依存的关系。很多牧草的种子要靠动物的活动去传播，没有牲畜也没有人，致使很多牧草的种子因此而无法传播，草地要想恢复就更加困难。当代生态学早就讨论过生物协同进化原理，蒙古族牧民虽然不懂得协同进化理论，但他们的理解却符合生物协同进化的原理。但要把牧民和牲畜迁出正好意味着我们否定的不仅是蒙古族牧民的传统知识，同时也否定了现代生物学协同进化理论。事实上，在这两片沙地上，现存的牧草物种在生物性上已经高度特化。有的需要通过牲畜的消化道，以牲畜粪便为培养基才能够正常生长；有的植物种子又必须依靠动物的毛发去携带，其种子才能得到传播；有的种子虽然可以借助风来传播，但落地后停留在干旱的沙土表面也会因为得不到水分而无法发芽，要靠牲畜的蹄子去践踏，使是它深入沙土，接触沙土中的水分才能正常地发芽、生长。

此外，一些植物的种子需要昆虫才能传播，但养活这些昆虫除了这些植物外，牲畜的粪便也是必不可少，更何况有些昆虫正好是要与大型食草动物相伴生的。如果把人和牲畜都迁出了沙地，其实质是打乱了目前可以自然运行的生物链，从而切断了进一步生态恢复的可能，对生态恢复有害无益。

最后，只有在大型食草动物存在的情况下，牧草的生长才能得到有效的控制。如果没有牲畜的存在，牧草在条件相对好的时候就会拼命地疯长。然而，草原的气候变化反复无常，处于疯长状态的植物一旦遇到干旱的年份就会枯死；但是如果有大型食草动物的存在，由于食草动物总是把那些鲜嫩部分采食掉，而纤维化的部分往往会以休眠的形式存在。如果遇到持续的干旱和强风，这样疯长的植物反而会被干死，大型食草动物的计划采食对牧草的生命反而是有益的。光看见牲畜吃牧草，就认定牲畜是牧草的大敌，这显然没有道理。既然在人类来到地球之前，食草动物和草原本身就已经存在了，那么我们今天有什么理由非要把牲畜迁出草原呢？即令是真正过载，那也是把少数牲畜消费掉就可以了，何必又要搞生态移民呢？事实上，游牧业几千年来既然是逐水草而居，那么有了水就必然会有草，有了草，牲畜就会来。既然沙丘出现后，牲畜还能够待得住，活得下来，这就说明它还有水，也还有草，那我们强行把牲畜和人迁走，这种做法不是在违反自然规律吗？违反了畜牧业的原则吗？

　　我们必须承认牲畜也有求生的本能，草原到底有没有水，牲畜应当比人类更清楚。事实上，硬要把牲畜强制性地赶到没有水，没有草地地方去，牲畜自己也会逃离的。而蒙古族牧民的聪明之处正在于他们是有意识地去利用牲畜对水草的高度敏感性，而跟着随牲畜去寻找水草，这才使得蒙古族牧民对草原水情的了解，比其他民族成员要强得多、准确得多。既然蒙古族牧民都在争夺沙地和沙丘的承包权，那么以生态移民的方式把他们迁走就显得站不住脚了。

　　对沙丘的认识也必须尊重蒙古族牧民的见解。蒙古族牧民都说，沙丘外表干，内里却是很湿润的。沙丘与沙丘之间的洼地，也就是蒙古语所称的"柴达木"必然有水沁出来。蒙古族牧民都知道，在这样的区段不仅能够长出丰茂的牧草，而且长出的都是苔草一类的极端耐湿的牧草，而沙丘的坡面长出的才是耐旱的沙蒿一类的牧草。因而，所谓的"柴达木"往往是最适合放牧牛和绵羊的地方；而沙丘坡面长出的坚硬牧草则是作为山羊的草料使用，而柳树、榆树和杨树等高大乔木才是骆驼、牛羊的饲料，如果要用这些高大乔木的树叶喂养牛羊等，人类就必须代劳，将这些高大乔木的枝条砍下，牛羊才能取食。蒙古族牧民看来，修剪乔木不是破坏生态环境，反而是在维护生态环境。他们说，草原上仅存的水都会富聚到树木中来，因而一旦遇到干旱，树木储积的水不够用时，树木将枯死无疑。修剪树枝，在遇到干旱时才能保住这些植物的命，它来年才能够萌发，同时更是为了节约水，他们不希望乔木长得过高，反而希望乔木在一两米左右就长成球形，这样的长势才是最节约水的。而且，他们还认为，在干旱的草原上树木必须长得很稀疏，长得太密就都得死。这样的观点当然与湿润地区的民族的观点不相同，但是他们的观点绝对正确，因为逐水草而居不仅体现在畜牧业要转场，也体现在对牧草的具体维护上。蒙古族牧民认为在干旱的草原上，不管是草、树，还是灌丛，都会很自然地长成球形，这样才是最节约水。草原上的植物大多长得十分低矮，他们认为植物只有低矮，才能够最节约水。只有到了深秋时节，草原很快要降温了，牧民才允许草长得更高，为的是储备饲料，冬天好用，更重要的还在于由于水情好，地下水已经用不完了，这才允许草长得高，而且他们总是根据牧草的高度和产量去规划牲畜的越冬头数。这样的规定同样是另一种形态的"逐水草而居"。

与牧民的上述观点相反，当前我们在这一地区实施的生态建设恰好违反了当地自然属性的本底特征。总希望乔木要高大才壮观，要茂密才美观，而且对人有遮阴作用，而且还想当然地认为只有种植密了才能够抑制草原上强烈的风蚀作用。这一切恰好都错了，而且简单的物理学原理就足以证明其错在何处。

首先，植物越高，它对地表的覆盖率就越小，水的蒸发速度就会更快。在极度缺水的草原上，让树长得太高，其实是在无意中放大对水资源的浪费。让树木长高，而不长成球形，同样意味着是放大水资源的蒸发总量。

其次，草原的强风和已经沙化的土地是沙尘暴频繁的根源，但是抑制沙尘暴不能靠高大的乔木去阻挡，因而树越高、越密，它需要承压的风压就越大，高大乔木就很容易被吹断，根本说不上抑制作用。相反，如果植物长成球形，或者是匍匐在地表，那么尽管风可以从它上面刮过，但是贴近地表的风速，由于有了植物的庇护，却可以趋近于零。从人站得高度看，风速好像没有降低，但是贴近地表的地方其实风速已经降低了，也就带不动沙土了。在强风下能够被吹走的沙子也就仅限于沙丘顶端的沙砾被吹走，而有植物覆盖的沙砾是吹不走的。因而，植物越低，抑制沙尘暴的功效反而越大。

此外，有稀疏、稍高的球形灌木或者乔木存在，也有它的好处，因为长成这样的植物，其所承担的风压不大，绝对不会被折断，强风只能是绕过它们而走，会在背风面形成涡流，强风携带的泥沙和牧草种子反而会在此类植物的背面沉淀下来而不会成为沙尘暴。只有这种参差不齐的植物相互匹配，抑制沙尘暴才是最有效的。那种想把植物种成像一堵墙那样去堵住沙尘暴，这才是纯粹的想当然。

最后，植物越贴近地表，越长出球形或者半球形，在植物的荫蔽下，贴近地表的空气其湿度才可能相对较大，也才能确保牧草不会因干旱而枯萎。因为，在这样的情况下，蒸发出来的水蒸气由于有了植物的覆盖而气温偏低，这样才能高效抑制水资源的无效蒸发。到了晚间，还可能形成很多的露水，帮助植物度过干旱。在天然情况下，草原上很少能够长出高大的乔木，这本身就是自然界的法则，是生物自救的表现，是生物与环境相互协调的表现形式。如果违反这一已有的生态景观，在干旱的草原要维护高大的乔木长期存在，那么不管是作为人行道树，还是作为防护林都是错的，因为这样做不仅浪费大量的水，而且还需要投入大量的人力、物力和财力去加以维护，更重要的是，这样根本控制不了沙尘暴的作用。它们的唯一价值只能是让南方人顺眼。

总之，目前在这一地区实施的生态建设和生态维护，尽管用心良苦，人力、资金、技术都大量投入，但成效却不理想。原因在于，这样的做法既违反了当地的自然环境本底特征，又违反了生物的自我救护本能，还违反了生态环境之间的协同进化原理。因而，这样做不仅不能发挥期望的生态维护功效，反而浪费了可贵的水资源，而避免这种浪费的办法，蒙古族牧民早就知道，只是我们不愿意向蒙古族牧民学习他们的本土知识罢了。

目前，在这一地区的生态恢复中，最需要改变的观念在于不能将沙丘视为祸患，而只能把沙丘的存在和移动理解为生态演化的必经过程。蒙古族牧民对这一理解十分到位，而对南方的稻田耕作区的汉族居民而言，却难以接受。这样的分歧不加以调整，生态建设必然要走很多的弯路。事实在于，沙丘之所以会堆成波浪形不仅是物质与能量运动的必然结果，同时也是在为下一步的生态恢复准备客观的无机条件。因为，呈波浪形的沙丘具有富聚水资源的功能，能够支持耐旱植物的生长，通过这些植物对动物的供养，使得牲畜的粪便得到积累，进而发育为"风化壳"和地表残株，最后才能形成真正的肥美草原。其作用原理大致如下。

首先，沙丘是因为风的吹动而自然堆积，堆积的结果必然表现为越接近沙丘顶端，越接近表面的沙砾越大。这就会使得一旦有降水，哪怕是点点的降水，甚至是夜间形成的露水都会以液态的形式穿越表层的粗砂缝隙而进入沙丘内部，而白天太阳的暴晒只会使得沙丘表面的沙砾升温，而沙丘内部却不会升温。沙丘内部和沙丘表面之间又没有"毛细管"相连接，或者说是粗砂切断了"毛细管"，从而使得进入沙丘内部的水分很难被蒸发掉了。沙丘表面的粗砂事实上发挥了一个"止回阀"的作用，液态水只能进不能出。这样一来，富聚的水就会顺着沙丘在沙丘底部沁出，支持耐湿的莎草科、十字花科等牧草生长。而沙丘的坡面却允许耐旱的牧草生长，因为耐旱的牧草可以将其根部渗入沙丘内部吸收水分。因而，只要有沙丘就肯定会有牧草，而且有食草动物半生的状况下，牧草会逐年变繁茂。相反地，如果强行将沙丘拉平，必然会导致粗砂和泥土的混合，"止回阀"的作用因此而消失。随着地表与地下"毛细管"的相贯通，进入地下的水就会沿着"毛细管"源源不断地被蒸发掉，因而决不能因沙丘看上去不雅观而人为地去将沙丘拉平，拉平了反而是在损害生态安全，因为它会毁掉生态恢复的可能。

其次，对沙丘的移动也不能简单地理解为灾害。沙丘在移动的过程当中，会将风的动能消耗掉，使得地表的风速降低，这对于储积水资源而言只有好处没有坏处，而且沙丘的移动事实上是一个牧草播种的过程。草原上的牧草种子都非常细微，很多都要靠风力传播，质地较轻，当风绕过沙丘的时候，地表的风速要降低，结果风携带的牧草种子就会沉降下来，同时又会被地表接踵而来的沙土所掩埋。这样牧草种子只有落到较为湿润的沙丘内，或者是沙丘与沙丘之间的洼地，并且有沙土浅埋才能正常地萌发和生长。当然，也是因为沙丘的流动才会使得粗沙都富聚在沙丘表面，沙丘也才因此而成为干旱地区的"小水窖"和"小水库"，草原也才能有生命。至于沙丘会掩埋农田和住房，那是事实，但既然沙丘要移动，那为何要修筑固定住房和农田呢？因为，在已经沙化的土地上，最佳的产业不是固定农耕，而是游牧业。不顾自然界的本底特征去实施，那只能是自找苦吃。蒙古族牧民要么住帐篷，要么住在高岗上，沙丘在移动威胁不到他们，这样一来问题不就迎刃而解了么？

最后，沙丘的移动还能发挥地表结构的调整作用。它会使得原先沙丘的内部暴露出来，使得原先的洼地被填掉，但由于风速和沙砾是定数，因而不管怎么移动沙丘所占的面积和蒙古语俗称的"柴达木"会移位，但所占面积的比例却不会发生变化，而土地的生物利用起到了明显的轮歇作用，确保露出来的"柴达木"都能够长出相对茂密的牧草来。而且，对这样的移动对乔木也无害，它只是埋掉树干，树梢还是可以长得出来的。相反，树干没有暴露在空气中反而增强了高大乔木的抗旱能力，因而将沙丘作为祸患去看待，企图靠人力去削平沙丘，或者强行阻挡沙丘移动，那么事实上是损害了未来自然生态恢复的潜力，所投入的人力、物力和财力其实是无效的，甚至是有害的。当然，如果是固定的工程建筑那又得另当别论，比如公路、铁路等，为了保持它们的畅通，铁路两边需要加紧防护避免沙丘掩埋。如果不是这样的公共工程，允许沙丘在一定范围内的移动恰好是最好的生态建设选择。

今天的科尔沁沙地是蜕变后的产物。目前，科尔沁沙地的牧草针茅草占据着主导地位，这显然是因为地下水迅速下降后迅速蜕变的产物。鉴于科尔沁沙地海拔很低，又背靠大兴安岭和燕山山脉，上游水资源的补给极为丰富，因而如果生态环境良好，其地下水水位应当很高，而呈现的生态系统应当是湿润草原，而不是针茅草原。湿润草原的代表植物应当是莎草科、菊科和豆科等植物，而且由于地下水水位高，而气温又偏低，牲畜的粪便降解很不充分，因而在贴近地表的部分不是形成"风化壳"而是形成积累很厚的泥炭层。泥炭层一旦形成，植物残株和牲畜粪便也不会形成酥松的"风化壳"，而是成为苔藓类植物着生的温床，因而在湿润地带的地表会长出厚厚的苔藓层来。这样的苔藓层由于过于致密，一方面可以将水长期扣留在地下；另一方面又因为透气性能不好而无法长出高大的乔木来，致使整个草原都是以耐湿的牧草为主。这样的牧草含水高，纤维化程度低，因而是牛马等最后的饲料。这样的景象在靠近西拉木伦河的区段表现得更为突出。河岸台地的地下水位都要比河面还要高，原因在于地表的泥炭层和苔藓类植物将地下水封闭在地下，不能沿着河岸直接流入西拉木伦河，以至于只要人为打通苔藓层和泥炭层，地下水会像喷泉一样涌出来。这样的景象在20世纪60年代的翁牛特旗还能够看得到，在古代则更是如此，地下水位还将更高。也正因为草原的生态结构如此，那时的西拉木伦河和辽河的水位比今天要稳定得多，只有在海拔较高的区段才会有针茅一类的耐旱的禾本科植物连片生长，因而满铁株式会社在这里调查的时候，说这里的牧草超过120厘米以上是完全可以理解的。

地下水水位的下降也是与农垦相关联的。影响最大的农垦是在清末，统治科尔沁的旗主们为了增强实力，也纷纷招募"闯关东"的汉族移民开垦草原为农田种植水稻。开辟水田需要翻动泥炭层和苔藓层，为了提高产量，甚至还需要焚烧泥炭层，以便增加土壤的通透性，有利于稻根的延伸，因而早年开辟稻田时，根本不需要灌溉，地下水的沁出就足以满足水稻生长的需要，只不过只能种植那些耐寒的水稻品种。这样的水稻品种虽然产量不高，但是稻米的质量却特别的优良，仅仅因为当时仍然是以畜牧业为主，水稻种植仅仅是为了满足王公贵族的奢侈生活，因而稻田规模很小。

辛亥革命以后，盘踞东北三省的奉系军阀张作霖同样是为了增强军事实力的需要而通过各种手段收买、引诱王爷们出让土地，这才导致农田耕种面积迅速扩大。当然，由此而引发的另一个重大问题是地下水水位迅速下降。其结果是使得以后开辟的稻田无法自流灌溉，要么就修水利工程灌溉，要么就只能作旱地使用。这才使得高粱和大豆等的产量，随着时间的推移而高出了水稻产量，而正好标志着地下水水位的飞速变化。与此同时，高海拔区段的针茅迅速向低海拔区段蔓延，原先的湿润草原才逐步蜕变为干旱草原，然后在大量弃耕的背景下再蜕变为沙地。整个蜕变的关键环节就是地下水水位的下降。而其下降的关键原因就在于地下千年沉积下来的泥炭层、苔藓层被清除掉了，因而丧失了封堵地下水资源的能力。与此同时，西拉木伦河的水位也迅速下降，而且水量的季节性波动也越来越大。这个过程的持续推进，因而导致干旱草原从高海拔区段逐步向低海拔区段推进。同时，不仅水田面积萎缩，旱地面积也在萎缩，最后即使是旱地也得靠 "起垄"① 的办法才能正常种植。

浑善达克沙地的情况与科尔沁不同。由于大兴安岭阻挡了暖湿气流，因而在历史上它就是以针茅草为主的内陆半干旱草原，仅仅是在河谷坡面才表现为湿地草原，而这样的湿地草原同样具有封堵地下水的作用，也发挥着稳定滹沱河流量的作用。浑善达克沙地的蜕变时间与科尔沁沙地相近，蜕变的原因也是蒙古族王公出让土地招募汉族移民实施农耕开始的，而大规模的旱地耕作则是以奉系军阀和直系军阀交替控制这一地区开始的。在这两片沙地的农垦推进过程中，都曾经引发过蒙古族牧民与张作霖、冯玉祥等军阀的冲突，嘎达梅林的起义就因此而发生。而这样的大规模草原屯垦则是在抗战前后达到了高潮，并由此而种下了以后沙丘复活的恶果。不同之处仅在于浑善达克沙地降雨量偏少，因而地下水水位下降的速度更快，生态蜕变的速度也更快。蜕变后，沙丘和土地沙化也更其严重，今天的浑善达克沙地，即令是针茅一类极为耐旱的牧草也难以正常生长了。但是，不要忘记在清朝统治期间，皇室所用的优质羊肉、牛肉等恰好是产出于浑善达克沙地一带。那时代表着一个草原相对丰茂的时代，和今天的产草量锐减的荒漠草原显然不可同日而语。也正因为浑善达克沙地

---

① 起垄：种地之前，把犁插入土中，用畜在前面拉犁，犁过之处，划出一道沟，回过头来再平行划出下一道沟，沟与沟之间即起一条垄。

的生态蜕变，特别是"风化壳"的消失，这才使得有限的降水无法在地下储积，因而草原的返青不断地推迟，而靠草原供水的滹沱河则因此而水量日趋锐减。

目前，这些河流几乎看不见明水常年流进华北平原了，这对于北京是一个极为不利的水资源挑战，而挑战的酿成恰好是大规模农垦派生的恶性后果。但是，目前为了要缓解北京地区的用电，因而又不得不在首都修筑大型的火电站。其结果会使得有限的水资源在草原上就被消耗掉，既供养不起锡林郭勒草原，也无法供给起北京的用水。这样一来，对北京地区而言，用水与用电在我们手里面制造出来的矛盾，而缓解这一矛盾的核心问题正在于如何恢复破损的"风化壳"。解决的办法，只能是回到游牧去。因而，探寻农田、游牧、工矿三者之间的兼容自然成了解决北京水荒和电荒的关键。总之，不管是游牧、农耕还是工矿，三者都必须厉行节水，否则的话任何办法都无法解决北京地区的水荒问题。其中，无序地抽取地下水应当必须采取果断措施加以终止的重大问题。

大兴安岭南段由于海拔较高，降雨量相对丰沛，而土壤的通透性能又较好，地下水水位又偏低，这就为高大乔木的生长创造了极为有利的条件。在历史上，大兴安岭南段森林一直茂密，正是得力于这一天然的地理结构优势。当然，与历代少数民族王朝始终将这一区段定位为皇家猎场直接相关联。明朝为了边防的需要而维护这一林区的稳定存在。清代恢复为皇家猎场后，由于禁止了一切形式的垦殖，森林植被更其丰茂。从清代"木兰秋狝"历次的记载看，这一地区能够猎获的猎物不仅种类繁多，而且数量惊人，其经济效益并不低。但是，要维护这片林区的存在，不仅要取决于皇家的意愿，还要取得蒙古各部的支持。到了清末时，由于清廷内忧外患不断，关内的人口压力又迅猛增加，最终才使得清廷不得不放弃皇家猎场，听凭汉族移民开垦为农田。据相关记载，"木兰秋狝"作为皇家猎场开辟之初，不仅砍伐森林获利优厚，而且农田种植一年，可以三五年吃不完，甚至十年吃不玩，猎获的野兽更是让这批新到的汉族移民发足了财。

正因为如此，辛亥革命后，这里成立直系军阀和奉系军阀交相争夺的风水宝地。大兴安岭的林区也真是在这样的背景下而被彻底摧毁，森林生态系统也就突变为干旱草原，再加上流水和重力的复合侵蚀作用下，地表开始呈现为千沟万壑的景象，并直接影响到森林生态系统的恢复。同时，强烈的风蚀作用，这才引发了大兴安林南段也成为沙尘暴的策源地之一。对水资源而言，大兴安岭南段的森林生态系统的消失，直接导致了海河、滦河和滹沱河供水量的锐减，华北平原北部的持续干旱，虽然表现在华北平原，而其成因却与大兴安岭森林的消失直接关联。与此同时，大兴安岭森林的消失还导致西拉木伦河和滹沱河总水量的下降，并因此而加速了这两块草原的土地沙化。

综上所述，这一地区水资源短期内的锐减，绝不是简单的降雨量减少，或者是冰川消融的结果，也不能简单地理解为用水量的增加。其关键在于流出这一地区的河流上游区段，水源储养能力的迅速下降。

如果要治本，首先就得改善当地的生态系统，以提高水资源的截留和储养能力。而改善生态系统的关键就是要放大最能节水的产业，也就是畜牧业，缩小损害水资源截留和储养能力的固定农耕，或者代之以有利于截留和储养水资源的覆盖式农耕。工矿企业的用水则需要节约，但不必禁止。对大兴安岭的南段，其首要任务是尽可能地恢复森林生态系统。只有做好这些，东北南部，华北的北部供水形势才能得到明显地改善。

其一，鉴于这一地区水资源最大的浪费渠道是无效蒸发，因而最紧迫的任务在于要想尽一切办法控制水资源的无效蒸发。而对大兴安岭南段山地而言，控制的关键是要尽快地恢复森林生态系统；对科尔沁沙地则是要尽快地恢复草原生态系统；对浑善达克沙地而言，关键是要抑制无序地开垦和丢荒，尽可能稳定针茅草原。这两片沙地的水资源无效浪费都得靠地表"风化壳"和残株去抑制，因而第一步的决策必须科学进行草原承包和"网围栏"，对已有的耕地能够退耕还牧的尽可能退耕还牧，暂时不能退耕还牧的旱地则需要力争实施覆盖式种植。所种植的作物品种应当尽可能低矮，最好是匍匐类作物。鉴于科尔沁沙地比较适合种植大豆，应当尽可能扩大大豆的种植面积，降低玉米种植规模；对浑善达克沙地而言，除了种植耐旱的低矮作物外，还需要混种牧草，以便在非耕作区实施农牧混合经营，逐步用畜牧业置换农业，以利于"风化壳"和地表植物残株的加厚。

其二，大兴安岭南段林区的森林生态系统恢复不应当简单地直接种植乔木，而应当实施复合式退耕还林，也就是先混种牧草和农作物，然后再退耕，变成牧地。然后针对牧草长势较好的区段，相机种植在当地适合生长的较大的乔木,应当移栽较大的苗木,而且需要分小片移栽,多乔木树种混合移栽。并在苗木的成活区实行围栏保护,苗木的行株距要相对的拉大,必须确保树与树之间能够形成小片的草地。这样的移栽办法不仅可以确保不要过快的退耕,以便在地表较快地形成风化壳,活化土壤,以利于乔木的生长。同时,稀疏的乔木抗风蚀、减低风速的成效更好。最后是这种林草结构更有利于野生动物的栖息和多物种的并存,能够较好地发挥生物之间的相互制衡作用。育林后,其管理成本很低,而成林效果则又很理想,下一步森林神态系统的加密、加厚都可以靠自然生态系统的自我演替和自然选择去实现,就不必要去投入人力和物力了。但不能退牧,只要牲畜不直接伤害树木,可以一直放牧下去,直到树木长大,牧草减少时才陆续降低载畜量以加快林木的生长,使之形成类似于疏树草地生态系统的景观。在这样的情况下,"风化壳"可以不断地加厚,树木的生长也不会受到影响,本身就可以发挥截留和储养水资源的能力。至于以后要将林木恢复到一个什么样的密度,则视水资源储养的需要为转移,不必追求全部退为森林,因为在这样的自然背景下,树、草并存,"风化壳"的加厚速度就会更快,水资源的截留和储养能力会比单一的森林更大,更有利于缓解北京和天津,以及辽河下游的水资源匮乏。

在整个森林生态系统的抚育过程中,如下四个方面需要坚持:

一是不能种植单一物种的乔木,并尽可能地选种当地已有的乔木为主,而且需要多物种复合种植,因而这样就更有利于动物物种的多样化发展,也有利于物质和能量的快速转换。这不仅使得森林病虫害维护的成本降低,而且"风化壳"加厚的速度很快,提高水资源储养能力的成效更其明显。

二是必须坚持草和树并存,尤其是在初级阶段更是要坚持这一原则。如果全部种上乔木,没有草地与之相匹配,大型食草动物就无法存在,生命物质和生物能的转换就会大大降低,大量的枯枝落叶堆积得不到及时的消费,本身就是一种极为不正常的生态现象。考虑到这一地区季节性干旱严重,强风日数太多,冬春之交极度干旱,大量枯枝落叶的堆积是一件极为危险的事情。不要说人们会无意掉下火种,就是森林中的自燃都会使得我们的生态建设努力功亏一篑。当年的大兴安岭大火,学界对此做了各种各样的总结,但就是很少有人注意到那次大火发生的另一个重要原因首先是生态失衡。各种食草动物急剧减少，枯枝落叶得不到及时消费，也是森林火灾的根本原因之一。同时还会使得风化壳难以加厚，最终导致即使树成活了，它们的生长速度也会很慢，而且发病率很高，其维护成本必然增加。而且树和草并存种植，使得整个生态系统参差不齐，这对抑制沙尘暴也更为有利。

地表的土层厚薄不均，在土层薄，地下水水位低的地带，即使种了树暂时也是无法长大的，种活了也不能发挥水资源的储养能力。而这一区段最好长期护草，专供畜牧使用，靠"风化壳"和地表残株提高水资源的截留和储养能力，效果也更其明显。同时，树种的选择也要尽可能选用落叶乔木，要充分运用乔木的落叶去加厚地表的"风化壳"。

三是除非是有条件形成连片的森林的区段都需要保持相当数量的食草动物。在野生动物缺少的情况下，绝对不能够停止放牧，因为没有牲畜的配合也不能加厚"风化壳"，乔木的落叶会被强风带走。真正形成森林后的区段，如果野生动物数量还不够，还得匹配人工饲养的动物才行。大型食草动物不能进去的情况下，也需要引进小型兽类和禽类，确保每年长出的生命物质尽可能地转化为粪便，以便提高对水资源的截留与储养。随着水资源储养能力的提升，林木也才能快速生长，最后达到荫蔽的效果。一般情况下，必须保持林、草并存的格局。

四是不应当奢想乔木已经成活就不允许毁损与采伐。乔木被其他动物利用是一种正常的状态，也是生态恢复的常态，而且在恢复初期，地下水水位不稳定，土壤的环境也不稳定，乔木即令成活也会生长很慢，同时还要受到缺水、凝冻、积雪、强风等的威胁。任何乔木在这样的情况下，都得经过磨难才能顺利成活，因而不仅要有动物配合，如果遇到极度干旱的年份，还需要人工修剪，而不是想办法灌水。人工修剪不仅成本低，而且也容易保证树木不会因干旱而枯死。适度的牲畜采食对树木本身也无大害，受到积雪、凝冻等危害而折断的树木，不必重栽，而是要使它尽可能的就地再生。这样的树木虽然不能长成用材树，但它的存在不管是长成球状或者是丛生状都可以为其他乔木的正常生长铺平道路。即令是在自然状况下，也不能保证每一棵树都成为"栋梁之材"，更何况是人工林呢？这也是自然界的常态，人工去恢复森林也必须要允许非正常状态的乔木残存下来。特别是要提高水资源储养能力而做的生态恢复，树长得不高反而是好事，因为这样的树对水资源的无效蒸发的抑制能力更强，但是应当相信最终总会有些树长成参天大树的，到那时储养水源和提供建材就可以两不误了，但不能为了产出用材树而不允许不健康的树继续存活下去，因为自然环境下的森林发育不可能做到这一步。靠人力去强行要每一棵树都长成用材树，不仅成本大，而且也达不到截留和储养水资源目的。

上述三个方面的核心是"仿生式"的森林生态系统恢复办法。不管是多物种复合引种，还是森林与草地并存，林木并存，还是不健康的树与健康的树的并存都是自然界森林生态系统恢复时的常态。遵循这样的常态，生态建设的成本才能降低，水资源的维护成效才能明显，最终的恢复成效也才更其理想。与此同时，目前所采用的"一刀切"单一树种种植办法，林区绝对禁牧的办法都是靠人力去强行改变森林恢复的规律和常态，而这正是当前森林恢复达不到理想目的的所在。不改弦易张，生态恢复的成效终究会徘徊不前。

其三，今天的浑善达克沙地已经从针茅草原蜕变为荒漠草原，但即令如此，荒漠草原也仍然是一种正常的生态系统，或者说它是一种必然经历的过渡性生态系统。它对人类的利用而言虽然极端不利，但人类却不可能简单的超越这一过程，只能够想办法加快它的演替，使它尽快恢复有较大利用价值的针茅草原，而实现这一生态演替的关键是地表"风化壳"的加厚和地表残株的加密。要做到这一步的治本之策不是靠人工找水、浇水，因为人类能够提供的水极为有限，成本极高，根本满足不了草原演替的需要，因而加快恢复的最佳方案同样得遵循生态演替的规律，得靠食草动物的存在将每年长出的鲜草消费掉，仅留下纤维化的残株，然后牲畜的动物粪便和昆虫、微生物等一道形成"风化壳"。随着"风化壳"的加厚和对大气降水截留能力的提升，牧草的高度才能逐年提高，最后才能够恢复为丰茂的草原。

有鉴于此，对浑善达克沙地根本不需要实施"围栏封禁"，更不需要把牧民迁走，只需要控制载畜量就够了。同时，为了"风化壳"的加速形成，放牧的密度接近饱和反而更为理想。如果能够实施在冬季的草原上自由分散投食，将其他地方的有机物分散到沙地中去，通过牲畜觅食去加厚"风化壳"，草原的恢复就可以得到更快地提升。因此，对浑善达克沙地而言绝对不能退牧，反而是要加牧，即使是从外面引进饲料实行饱和放牧对草原也是有利的，但引进的饲料最好是纤维含量高的"原生饲料"，而不应当允许引进工业化生产的混合饲料。混合饲料的营养虽然好，但那是对圈养牲畜而言是有利的，对于需要凭借它们去加厚"风化壳"的牧放性的饲草动物而言是没有意义的。因为，靠混合饲料养大的牲畜所排放的粪便纤维素含量很低，对形成"风化壳"的价值不大，更不能实现替草原播种的目的，绝不能因为为了减少劳动力的付出而草率从事，在饲草缺少季节投撒工业合成饲料。投撒这样的工业混合饲料只能作为救急，而不能作为常态使用。

另一种处置办法也允许抽取地下水。在实施带状和星点状的小片草地，用人工灌溉的办法实施草原恢复。这样做的目的，是要在极有限的区段内可以产出较多的牧草，但长出的牧草鲜嫩部分都要求在当年就得让牲畜把它们消费掉，使之尽快形成"风化壳"。这样实施的小片灌溉种草带，就可以成为只需要少量代价，就可以发挥"滚雪球"的核心。通过牲畜的采食和排便去加厚周边地区的地表"风化壳"，只要滚动的趋势形成，草原也就可以迅速加快恢复。

再者，对已有固定耕地的处置办法需要遵循逐步缩小的原则。已经丢荒的土地就应当改用为牧场，不允许再次垦殖。对分散在草原上并不连片的耕地则要求立即实施免耕，不允许再次翻动土地，但是可以点播农作物，使农作物和牧草混合生长，由此而导致的农产品减产，国家可以实施计量农业补贴，减产多少就补贴多少。秋季收割也必须及时，收割后一律改做牧场使用，来年耕种时也不允许犁翻，只允许点种，直到地表"风化壳"的形成为止，再彻底退耕还牧。经过这样的耕作制度改革，也就是实施免耕后，也允许他们抽取地下水，但不允许他们实施中耕除草，必须确保农田中的杂草成为牲畜的饲料。有了这样的制度保证，抽取地下水才会受到节制，耕地单纯追求经济利益的势头才能得到遏制。播种的作物尽可能推荐丛生状、匍匐状等作物，藤蔓类的豆科植物最好。收获时，作物的秸秆留在田中不允许焚烧，得等待牲畜来消费，而且不许使用大型的农业机械去操作。推行上述免耕措施后，即使不退耕也能有效地发挥提高水资源截留和储养能力的实效，并有助于下一步草原生态的尽快恢复。同时，需要向群众宣传这样做是控制沙尘暴的最佳方案，享受政府的补贴是完全正当的。为了确保农业和牧业实现土地资源的有序轮歇交替使用，应当鼓励农牧民结成互助合作实体，以便双方都获利，又能使双方都有所节制，草原生态恢复和水资源截留和储养能力的提升才能有稳定可靠的社会制度保证，其间的农牧效益分享也才趋于合理。

对常年固定使用的农田，则要求尽可能实施覆盖种植，不管是农作物秸秆覆盖，硬质的沙覆盖，或者是鹅卵石覆盖都行，也可以实施塑料薄膜覆盖，但必须责成相关农户处置好废弃的塑料薄膜。鉴于这样的固定农田区，水源较好、海拔较低、气温较高，因而农作物的选择仍然要以藤蔓类作物为主，也应当鼓励实施牧草和农作物混合种植，也要鼓励收割后尽可能用作牧场。即使不能用作牧场的耕地，作物的秸秆和田中长出的牧草都要责成农户及时收割，打包后出售给牧民作冬饲料，决不允许就丢焚毁。为了保证作物秸秆能够尽可能多的进入荒漠草原了，政府部门可以实施交通运费补贴。事实上，只需要实施覆盖种植，其节水效能就十分明显了。有效的覆盖种植在这样的固定农耕中，基本上可以做到不再抽取地下水后也能够获得稳产。为此，有关部门也应当对实施覆盖种植的农户实施农业补贴。其补贴理由在于，它不仅自身节约用水，而且还能够提高水资源的储养能力，因而完全有正当的理由以水资源为节约的名义实施补贴。同时，也要有相应的政策规定，允许把作物的杆蒿按照公平的价格转让给牧民使用，以此保证在更大的范围内"风化壳"能够持续加厚，逐步实现这些固定农田单种牧草也能够获得理想的收入。这对草原生态恢复更具强大的制度推动力。等到草原基本恢复后，保留一定数量的覆盖种植农田，对草原的维护有益无害。同时，这样还能够支持都市的稳定。

因而，在浑善达克沙地的生态恢复绝对不能片面地理解为只准畜牧不准农耕，即使到了生态完全恢复后，保留一定数量的农田，不仅有利于生物多样性水平的提高，也有利于水资源储养形式的多样化，以及更有利于多元文化的并存。这一指导思想从启动生态建设起就应当充分考虑到，以免造成不必要的浪费和思想上的混乱。不仅是农田，连小片的树林也需要相机恢复，当然恢复的办法也应当与内地的农田区的树林恢复不同。它不宜恢复为茂密的树林，恢复的终极目标只能是疏树草地生态系统。乔木可以允许它长成大树，但树与树之间必须留足距离，确保其间的草地能够稳定存在，即使水源特别好的区段，允许恢复为小片的树林，但树林都不宜过高，最好发育为低矮的丛生状树林，高度应当确保骆驼能够自然采食，这样才能使得维护的成本降到最低。树林的密度也以稀疏为好，而树种构成也以多样化为佳。这才有利于降低风速和抑制沙尘暴。

浑善达克沙地如果要实施人工种草，不应当沿袭目前的做法。无论是实施飞机播种，还是抽取地下水灌溉种草，对生态恢复的效用都不明显，相应的成本投入基本上都处于浪费。事实上，对已经荒漠化的干旱草原而言，由于生态系统已经改性，实施人工恢复就得换用另一套恢复办法，也就是适用于荒漠草地的恢复办法，而不是一般性的草原恢复办法，实施飞机播种，只适用于没有彻底蜕变前的受损草原，已经蜕变了就不能再用这样的办法了。原因在于对典型的针茅草原而言，由于稳定生长的牧草已经高度适应于这样的生态环境，经过长期的系统进化后都会表现为凭借风力和大型食草动物去传播。为此，这儿所长的牧草种子不仅颗粒小、重量轻、附生了很多的"羽毛"和"翅膀"，以利于种子借风力传播。与此同时，种子都有硬壳，确保种子不会被动物消化，随着粪便排出后还能够重新发芽生长。正因为如此，草原蜕变为荒漠干旱草原后，自然存在的植物都具有这一生物属性。

然而，由于地表已经荒漠化，表层土壤在太阳的照射下极为干燥，甚至是被砾石和沙砾所覆盖，种子无法入土，即使入土也不能接触有水层，即使萌发也会枯萎，何况这儿的植物种子太小，本身难以入土，也不允许它们入土太深。它们要重新发芽只有三种可能：一是动物践踏，使得它们入土，并接触有水层，而且深度又能确保它们的叶子尽快露出地表，它们才能萌发，并长成植株；二是经被动物吞噬后，形成动物的粪便，并随从粪便排到适合的湿润地带，靠粪便做培养基，也能够顺利的萌发成活；三是被风卷起，遇到地表植株或者石头的阻碍，导致风速减轻而沉降到地表，接着又被不断往下掉的沙尘所掩埋，这也可以获得再生的机会。但是，不管属于上述的哪种情况，用飞机播种，或者人工撒播都不能创造更多的萌发和生长机会，以至于像这样的投入往往会成为无效的投入，不能发挥加快生态恢复的作用，因而用当地的牧草恢复生态就必须要么完全遵从自然规律靠风和牲畜去传播种子，要么就只能在很小的地块内为种子提供灌溉条件和生存条件，靠人力播种才能再次萌发。

当然，靠人力灌溉播种只能是小规模的星点状恢复，如果在这种干预下恢复，实行滚动式扩大的态势，那么加速草原的恢复也是可能的。如果无力投资，那最好是遵循自然规律办事，在草原上保持一定数量的牲畜和人，让牲畜去为这些植物播种，逐步扩大草地生长面，逐步加厚"风化壳"。如果要选择更有效的人为干预的快速生态恢复，那么就不必选用当地已有的牧草物种，而应当选用另一类型的牧草物种。

鉴于在这样的荒漠草原，牧草种子已经高度特化，在正常状况下，其产籽量都很大，但是其成活率却很低，要加快这儿的生态恢复，最好选用如下几类牧草物种。一是带有块根的草类，可以靠块根移栽成活的耐旱物种，比如菊科和豆科的植物物种。这样的牧草在移栽时耗时较大，但是已经种活以后就可以几十年靠地下茎发芽，而其种子也可以繁殖，而且靠地下根系的水资源储积也能抗拒季节性的干旱。持续推行的种植下去，牧草的恢复就会形成只会进、不会退的态势，持续的滚动下去也就可以加快草原的恢复。二是选种或者移栽耐旱的灌丛类植物，即使实施有限的灌溉帮助它成活都是很有价值的，因为一旦成活就可以永远生长下去，不断地为针茅草提供荫蔽，创造生长的条件，靠阻挡风而截留风中所携带的牧草种子，因而种活一株就可以带动一小片牧草的成活。三是也可以引种真正的沙漠植物，如梭梭草①等，即使动物人工灌溉，确保种一株活一株。由于这样的植物在极度干旱的环境下自行存在和繁殖，也能确保生态恢复的加快。当然不管是引种上述哪种作物，都必须保持牲畜的存在为前提，没有牲畜的存在即使成活也不能滚动式恢复，遇到干旱还可能枯萎。

总之，人为的正确干预完全可以促进生态恢复，但是如果干预不正确则要阻碍生态环境的恢复。因而对待浑善达克沙地的恢复，上策是正确的人工干预，尽可能正确地加大投入，从而造成草原的滚动式的恢复态势。中策是不加干预，任其自然恢复，但是保持人和动物的存在。下策则是失误的干预，或者是为了局部好而实施的干预。遗憾的是，目前所执行的这些生态恢复方案，都是属于下策。

对浑善达克沙地已建的工厂，由于对水资源的占用已经成了暂时无法改变的事实，对环境的污染也是预料之中的后果，因而不必苛求立即停产

---

①　梭梭草是一种耐风沙、抗干旱的小半乔木，它不仅能防风固沙，更重要的是其庞大的根系能庇护一种珍贵的药材植物——肉苁蓉寄生在自己的根部。大面积种植不仅能起到治理生态的功效，而且经济效益极为可观。

转产，只要具有较为理想的经济效益都应当维持下去，但却应当有正当的理由为日后的草原生态恢复贡献力量，而且他们做出贡献的形式也不允许拿钱了事，而是要使他们的责任具体化。举例说，火力发电厂排放的大量废渣就不允许任意乱堆放，工厂有责任将这些废渣成型，要么形成鹅卵形，以便充当地表的覆盖材料，要么形成条块形，可以树立在地表节制风速和风向，以促进本地牧草的再生。事实上，目前采用的要求他们深埋以免影响观瞻的做法，仅是考虑治理，不考虑到生态的恢复，其成效并不理想。如果按照上述方案制成覆盖材料，成本不会增加，但对草原的恢复更加有利。草原恢复后，这些固定垃圾都可以掩埋在"风化壳"之下。这样去消除工业污染似乎更理想一些。对工厂排放的液态废物也需要考虑就地为生态恢复服务，不能无节制地往下游排放，也不要随便注入地下，而是尽可能在地表脱污，使之通过植物形成有机物。尽管这样的有机物不能作饲料用，但作为地表的"风化壳"覆盖材料还是可以用的，只需要将具体物质脱毒后就应当把这样的液态废物用于液态恢复。

此外，对工厂用地需要严格加以控制，机动车辆只能在公路上行驶，不允许在草原上开行，以免对"风化壳"造成破坏而导致更其严重的"风化壳"损害。已经暴露出风化槽和风化沟的地方应当用块状固体废料填塞。如果所有的工厂都能够如此的负起责任来，那么矿山开采结束后，生态恢复做起来就会容易得多和快得多。当然，就终极意义上来说，在锡林郭勒盟这样的干旱草原上，兴建大型的耗水企业和人口密集的都市需要慎之又慎，最后是把耗水企业和密集的都会兴建在江河下游，以便获得较好的水源补给。也就是要将浑善达克沙地定义为水源的产流带和节约带，而不是作为大量用水带来使用。开采矿山仅是一种迫不得已的需要，因而需要坚持尽快开采，尽快结束的原则，单是为了经济利益的目的而建厂，不应当将锡林郭勒盟这样的地带规划进去。因此，现有的厂矿应当坚持只能减不能增的原则。对工厂的用水也必须严格实施计时和计量，将水资源的消耗纳入成本预算，以此目击自己恢复草原的生态建设。

其四，科尔沁沙地的生态恢复。其难点不在于技术本身，而在于要处理大量的社会既成事实。众多都市、工矿企业、大型农场的普遍存在不仅是当地水资源形势日趋恶化的导引，也是恢复生态水资源平衡的实质性障碍，不排除这样的障碍，起码对这样的障碍做到有效地控制，那么真正意义上的水资源管理就无从谈起。

科尔沁沙地所处的区位水资源本身较为丰富，如果不是人为的浪费，特别是在无意中的蒸发浪费，支撑工厂和大型农场并不困难。目前的困境正好处在我们是用最浪费水的方式去使用这儿的水资源，是采用南方丰水带的都市建设模型在这儿兴建都市，是用南方的旱地耕作办法去建设这儿的农场。当然，这不是有意而为之，而是此前缺乏深刻认识的产物，因而对这样的地区与其把已有的农场和工厂迁走，倒不如将它们改造成节水型的农场、工厂和都市，并尽可能保持较多的牧草，对我国水资源匮乏的缓解效用更其明显。其具体的对策理应包括五个方面：

首先，对目前已经证明不适合农耕的地带，都应当实施退耕还牧、退耕还林，都市、工厂、道路等不必要的占地也应当还草，特别是闲置多年的土地都必须立即实施退耕还草，而且要责成这些土地的主人负责，而且不允许今后继续再扩占土地资源。

其次，对已经还牧的地带，或者是至今都还在放牧的畜牧带，应当实施补贴，务使草原用地继续保留下来，为水资源的储养发挥效用。为此，需要撤掉"网围栏"，停止土地承包，恢复传统的游牧生计方式，并允许牧民将老人和小孩安置于城市，年轻人实施游牧。为了加快草原的风化壳形成和加厚，鼓励牧民靠畜力手段将都市有机废物和农作物的秸秆转移到草原做饲料，或者直接作为"风化壳"原料来源，以便加快高海拔区段地表"风化壳"的加厚速度，去推动大气降水截留和储养能力的提高。这种做法需要制度化，需要对农牧民实施补贴，也要动员工矿企业和都市居民配合。对境内的沙丘不必强制固定，最好是通过畜牧业渐进式发展，去控制沙丘，并在沙丘上长牧草出来。

再次，对大型农场需要做全方位的政策引导，一方面鼓励他们进行节水种植，如起垄种植、覆盖种植；种植藤蔓类、匍匐类或者是丛生类的农作物，尽量少种高秆一类的农作物，在农作物生长的后期，应当有计划地在耕地中撒播牧草种子，以此增加地表的覆盖度，并提高有机物的产出水平。另一方面，要鼓励他们将农作物秸秆用于"风化壳"的形成和加厚，可以利用农场的冬闲改作牧场，也可以将作物秸秆出售给牧民作牲畜饲料。再一方面，如果相关的技术研究成熟后，最好实施免耕种植，并确保耕地过渡到真正意义上农牧两用。

此外，都市、工矿企业、交通沿线的零星地块则应当规划为蔬菜的用地，对这样的土地资源才允许抽取地下水，或者配套水利设施，目的仅止于满足当地居民的生活需要，而不应当片面追求经济效益而过分地占用水资源。另外，已有的工矿企业都必须实施严格的水资源配给和计价、计量用水。对耗水过大的企业需要考虑外迁，对矿山开采则需要严格控制时间，最好做到尽快开采完，尽快关闭，但又要同时责成相关企业为生态恢复负起责任来。同时，科技人员还需要加强节水的产业研究，尽量降低已有企业的水耗。

最后，对已有的都市管理必须坚持尽可能节水的原则，所有城市污水都应当纳入人工的水循环，尽可能地使废水在当地发挥生态恢复效益，支持城市景观林木的生长。人行道和都市景观用树，都应当根据所在地的生态特点尽量选用适合本地的对水依赖较少的树种，树形尽可能低矮。对城市的规划应尽可能将雨季和积雪融化时的水通过地下水道储存在地下，以便缓解旱季缺水，也就是要让城市的配套设施也发挥出节水功能，尽可能拉平大气降水的波动。储积在地下的水还能够对下游发挥补水的作用。通过上述五个方面的努力，只要能够持之以恒，草原生态系统的恢复在短期内都有望实现。

内蒙古高原的中部和东南部，是辽河、滹沱河、海河和滦河的产流带，当地各生态系统对大气降水的截留与储养能力的高低直接关乎华北北部，特别是京津地区，以及辽河平原的水资源补给。然而，在漫长的历史岁月中，这一地区的水资源从未明显地短缺过，其关键原因在于这一地区长期由游牧民族所控制，农业垦殖的规模极小，因而截留和储养大气降水的关键生态结构——地表风化壳和植物残株未经受大面积的损伤，进而使得虽然降雨量不大，但满足下游的水资源补给却绰绰有余。

到了明代，出于国防的考虑，明朝廷一方面听任大面积的草原由蒙古族各部所控制；另一方面又致力于保护大兴安岭南段的森林，以便作为拱卫京师的防线，而这正是整个明代北京和辽河水源极为丰沛的政治军事原因。

进入清代以后，清廷继续安置蒙古族各部于草原上让他们从事畜牧生产，并将大兴安岭南段划定为皇家猎场，在客观上发挥了非常有利的生态恢复作用。到了清代末年，随着国内外压力的增强，出于内忧外患的胁迫，清人不得不默许大量的汉人闯关东、走西口，对这片地区的生态维护开始脱空。进入这一地区的汉族移民从蒙古族王公手中租赁或是购买土地从事农垦，再加上清廷开放了皇家猎场，从而导致整个地区的生态改性，草原开始蜕变，森林面积锐减，草原和森林对水资源的储养能力逐步丧失。

进入民国以后，北方各军阀都致力于利用这一地区的土地资源屯垦养兵，最终造成了整个地区的土地资源利用脱空。经长期积累后，最终酿成了当代的生态灾难和水资源匮乏。科尔沁的湿润草原，在 20 世纪蜕变为了科尔沁沙地，浑善达克草原则蜕变为荒漠沙地，大兴安岭的林区则蜕变成了针茅草地。随着地表"风化壳"和植物残株的消失，经强烈的风蚀作用后，最终导致整个地区的水资源涵养能力基本丧失。最后表现为立足这一地区的主要河流水位和水量都持续走低，甚至断流。

缓解这一地区的水资源匮乏，维护京津地区水资源的稳定，其根本对策是要恢复和提高这一地区水资源的涵养能力，而提高涵养能力的根本对策只能是退耕还牧、退耕还林。只有沙地表面的植物覆盖度比例加大后，才能有效地抑制水资源的无效蒸发，才能提高土壤对水资源的涵养量，下游才可能有充足的水资源。要做到这一步必然要牵涉众多的政策问题，都需要做配套调整，但又必须考虑到政策的连续性和当地人民群众的实际生活需要，因而相关的政策的调整在执行时也必须保证十分稳妥，最好是采用过渡式的手段。通过一段时间的农牧兼营、林木兼营，再配合政策的倾斜和经济的支柱，逐步遏制农田的扩大和抛荒。至于具体的退耕措施，则需要遵循"仿生式"的退耕办法，要配合人力的有意识干预，力图加快生态恢复的进度。

第四节　民族文化与水环境资源供求优化

在地球上的各种无机资源中，水无疑是一种极为特殊的无机资源。其特殊性在于地球表面，水资源可以以液态、固态和气态三态并存，而且三态之间还可以互相转化。同时，其存在形式又具有多样性，既可以以液态的形式停留在地表，也可以涵储在土壤和岩石之中，甚至成为生命体的构成部分而存在，甚至还可以以无机的形态成为各种岩石矿物的构成成分而存在。由于液态水中所含物质的不同，水还可以区分为淡水和咸水。固态的水同样可以多形态并存：既可以成为冰川、浮冰，又可以以霜雪的形式降落到地表，也可以以永久冻土的形式涵储在地下的土壤中。也正因为如此，人类社会才可以通过各种技术手段，对水的三态转换和利用做出一定限度的控制和加工，以满足人类的需要。因而，人类对水资源而言，具有一定程度的可控能力，这是作为资源状态水的第一个突出特点。

人类的生物性需求和农牧业生产的需求，其主要消费对象是淡水。与此同时，人类赖以生存的陆上生态系统对水资源消费的对象也主要是淡水。这就使得人与所处的自然生态系统之间，必须对当地的淡水资源加以分享，保持一种两者间的供求优化，否则的话，民族文化与所处的自然生态系统都会一损俱损、一荣俱荣。而淡水资源在地球的水资源总量中，所占的比例极为有限，仅占全球总水量的2%。于是，就人类社会不断发展的需求而言，必然表现为欠缺性；但就具体的不同地区、不同民族的分享而言，又会表现得有丰、有歉，而且是丰中有歉，歉中有丰。为了谋求淡水资源的稳定，任何民族都得在开源与截留同时做出努力，从而使得民族文化与水资源环境的适应，总会与当地的淡水资源供给发生直接或者间接的多重联系。人类所需的淡水资源，始终存在着供求不平衡的矛盾，这是地球水资源的第二大特性。

人类和陆上生物最需要的淡水资源，在时空分布上具有很大的可变性。具体表现为淡水资源的再生在时空分布上极不均衡，途径具有多样性，比如大气降水。大气中水蒸气凝结为露水和霜，冰雪的消融等都是淡水资源再生的来源。从储养的形式看，淡水资源的时空分布也不均衡，一些地区的土壤淡水涵养能力极高，而岩石则无法储养淡水。生命物质和生物体也具有淡水储养的能力。最后，淡水还可以以江河、湖泊等的形式在地表得到存储。淡水资源的净化在时空分布上也不均衡，这是因为不同地区的土壤和岩石可溶物质的含量各不相同，淡水流经或者储养在不同的地区，水中的可用物质成分会发生很大的改变，致使水质会变得纯净度不同，而人类利用的标准则是纯水。因而，纯化度不同的水都被视为净化度不高的水。

此外，不同地区生长的植物和动物，由于要与淡水资源发生物质和能量的交换，因而对水资源净化的作用也各不相同。有的生物和生态系统有利于水资源的净化，而有的则具有反作用。在什么样的环境下有利于水资源的净化，什么样的环境而又不利于水资源的净化，在时空分布上同样不均衡。

同时，人类对水资源的利用需求，也会随时空而异，随民族文化而别。具体到个人而言，在不同时空场景下，在不同民族文化中，满足生产生活所需的淡水资源供给可以称得上是天壤之别。有的民族，每人每年消费上万吨的水还觉得水不够；而某些民族成员，每年两千吨左右的水还显得有余。总之，淡水资源如果从人类社会的标准出发，表现得极不均衡，这是地球水资源的第三个特异性。

地球淡水资源的上述三个特性，最终会使得人类社会的可持续发展受制于淡水资源。在一定限度内，人类可以控制淡水资源的储养、再生、利用和净化，但另一方面，每一个民族都会感到这种控制力满足不了人类的需求。因而，水资源供应的非平衡状态是民族文化和它所处的自然生态系统都需要共同面对的永恒主题。

水资源是人类社会和生态系统共同需要的关键资源，这已是学术界的共识，但民族文化和它所处的自然生态系统，两者都具有优化其所处水环境的禀赋，则至今尚未引起人们的高度关注。各民族成员与所处自然生态系统之间，围绕着水资源还会达成互惠、共享的制衡格局，则是到了近年才引起学术界的注意。因而，认真探寻水资源在民族文化与所处自然生态系统之间的流动、互惠与共享，显然可以为我们提供优化水环境，缓解水资源匮乏的有益启迪和借鉴。

各民族所处的水环境都互有区别，但他们都具有优化水环境的禀赋，则是各民族共有的文化属性。随着人类社会科学技术的不断发展，不同的民族都分别发展起了各具特色的水资源优化技术和技能，可以影响到当地水资源的储养、再生、利用和净化，使当地的水环境更有利于该民族的生存和可持续发展。然而，其优化的标准却要因民族而异。沙漠民族将纯净的淡水存储在地下，放置在没有上釉的陶壶中，甚至是存储在牲畜皮做成的皮囊中，为的是保持饮用水的清凉和干爽。这是他们理解的最优水环境，这是一种尽量不让水见天的水环境。而滨水的民族则相反，他们总以为流动的江河、平定的湖面、随时可以汲取的淡水才是最为理想的水环境。他们向往的是森林茂密、流水环绕的风水环境。不难看出，他们追求的是一种暴露在光天化日之下的淡水存储方式，并把这样的方式理解为他们心目中最为优化的水环境。我国北方的蒙古族非常喜欢薄雪覆盖的草原，因为这样的雪可以解除草原的干旱，牲畜可以靠雪来越冬，但积雪过后牲畜不能觅食却是他们心目中的"白灾"，也就是非优化的水环境了。[①]而生息在我国南方的哈尼族，则习惯于生活在整日烟笼雾锁的高山雾雨带，并对雾滴进行截留，使之形成高山清泉，用于灌溉梯田，进而形成了以森林—村寨—梯田为主体。[②]雾雨带相伴的优化水环境，更是彰显了"人与自然和谐相处"的"人类文化遗产"的文化符号。

需要指出的是，上述四个民族中的优化水环境，并不是纯粹自然状态的淡水分布[③]，而是各民族利用自身民族文化，有意识加工和改造的次生产物。不管是修筑地下水窖，还是修筑堤防，都必然包含人类的聪明才智。规避"白灾"，规避浓雾天气对水稻生长的负作用也要靠蒙古族和哈尼族的民族文化作出有效的适应。因而，水环境的优化不是一个纯粹意义上的文化选择，而是一个通过文化适应而获得加工和改造能力的问题。

各民族所处的生态环境也具有类似的属性。一个稳定存在的自然生态系统，并不完全仰仗外界环境的稳定去获得自己的可持续能力，而是靠生物自己的力量，特别是生物之间的相互依存制约关系去规避外界环境的波动，弥补无机资源的短缺，它们其实也是靠自己的力量优化属于自己需要的水环境，并在这样的优化水环境中获得可持续能力。

常识告诉我们，在一片茂密的森林中，森林内的风速要比外界低得多，气温和湿度的波动幅度也要小得多。于是，那些怕日照、怕强风、怕干燥的动物和植物可以在森林中安全栖身。也就是说，森林生态系统内部有它自己建造的优化水环境。具体体现为：地下淡水储养的稳定、大气湿度的稳定，森林生态系统也才能保持多样性、稳定性和可持续性。

寒漠草甸生态系统的不利因素显而易见。一年当中的绝大部分时间，水都以固态形式而存在，即便是到了盛夏时节，地表都还有残冰，地下都

① 方钧：《白灾及其防御》，《民族苑》2007年第2期。
② 李子贤、李期伯：《首届哈尼族文化国际学术讨论会论文集》，云南民族出版社1996年版，第15页。
③ 马翀炜：《文化符号的建构与解读——关于哈尼族民俗旅游开发的人类学考察》，《民族研究》2006年第5期。

还有永久冻土层，而任何绿色植物要正常进行光合作用，只能利用液态水，而且气温不得低于12℃。从表面上看，这里的水环境对绿色植物极其不利，但寒漠草甸生态系统也有自己的办法，它们借助有机物的残渣，在地表形成厚厚的泥炭层和腐殖质层。在生长季，这些泥炭层和腐殖质层就形成了一个绝热带。在日照下，腐殖质层可以升温到12℃以上，但热量不会往下传递，下方的永久冻土层因而不会受到影响。这才使得草甸植物可以在这些腐殖质层中顺利生长、结实，给寒冷的高原带来生机。它们能够活下来的诀窍，其实是自己建造出来的。因为，它们不是长在土中，而是长在"前辈"的尸体形成的腐殖质层中，而这些"前辈"的尸体则是在为自己的后代制造了一个可以让绿色植物成活的优化水环境。其他的例子无须多举，因为，不管是什么样的生态环境都具有自我优化水环境的禀赋。

民族文化优化水环境和所处生态系统优化水环境，这两项优化能力的叠加，最终使得民族文化与所处生态系统都围绕着水资源的共同需求而达成了一种微妙的制衡关系。在这一关系中，双方都需要的淡水资源，其实都始终延续着有序的流动。当某个民族感到水环境不佳之时，他们除了靠社会的力量外，还要依赖所处生态系统的力量去富集水资源，包括采食含水多的食物，用植物的残株实施覆盖，避免水资源的无效蒸发，甚至是从生物体中直接榨取水源等，手段方法千姿百态。与此同时，人类为了自身的生存还要为其他所需要的生物营造优化的水环境，各民族发明的各式各样的灌溉工具和手段就是为了让它们去发挥这一项功能。就此而言，有限的水资源其实是在民族文化的支配下实现于生态系统和相关民族社会之中，做有序的流动。反过来，生态系统也是如此。生态系统内部为了自己的需要而优化的水环境不仅满足了它自己延续的需要，也成了相关民族获取水资源的正常渠道。

森林生态系统在稳定延续后，都会在地表形成厚厚的腐殖质层，并养活各式各样的土壤中的动物和微生物。这些动物会在地下打洞，结果会极大地提高单位面积对大气降水的储养能力。而在森林生态系统的周边，也就因为有了生态系统自我优化水环境的能力，而成了相关民族打井取水、开沟引水的最佳选择对象。在干旱的内陆沙漠，土壤中的水几乎都被那些耐旱的植物榨干了。干旱地带的游牧民族却可以从容地靠牧草中所含的水分养活自己的牛羊，靠草原凝结的露珠去滋润土地，而他们自身则可以凭借牲畜的快速移动，逐水草而居，以确保本民族文化的稳态延续。其实，他们利用的也是荒漠生态系统自我优化后的水环境。

湿地泽生生态系统目前已经被学者们正确地定义为地的"肾"，因为它具有净化水体的功能，而这样的功能恰恰是人类社会水环境优化的关键指标。[①] 因而，处于泽生环境的各民族不管他是有意还是无意，他们既是在利用泽生生态系统优化水环境的成果，同时也是在凭借他们的文化维护泽生生态系统的稳态延续。相关民族文化既是在为自己优化水环境，同时也在为他所处的那个生态系统优化水环境，而泽生生态系统的作用刚好与人类社会的行动达成互补。淡水资源就在这样的有序节制中，流动于民族社会和生态系统之间。区别在于，人类排出的是废水和污水，而生态系统馈赠相关民族的则是净水。

与所处的生态环境相比，民族文化显然具有更强的能动性。因而，它不仅可以分享生态系统优化水环境的成果，有时还能为它所需要的生态系统优化水环境。我国黄土高原上各民族的砂田建构和水窖配套就是如此。近年来，有人做过总结，认为建构砂田不仅可以提高大气降水的截留能力，还具有抑制液态淡水无效蒸发的作用，更具有在地下储存前一年的大气降水，留给春旱时给作物使用的储养功能。此外，抗拒风蚀、防范土壤盐碱化、抑制有害生物的生长等，也是砂田建构不可替代的价值。[②] 而做出这一切努力的目的，无非是要在极度干旱的高原台面上，建构一个属于相关各民族所需要的人造的固定农耕生态系统。而这样的生态系统能够得到稳态延续，全仗相关各民族为它提供了一个自然界本来不存在的水环境，离开了相关各民族的呵护，当地就不可能有农田生态系统，只能以荒漠草原的方式存在。但是，这些民族建构砂田的终极目标还是希望从砂田农耕生态系统中间接地获取水资源，其实是在为自己优化水资源。

民族文化与所处生态系统之间的水资源流动形式多样、方法各别，真可谓说得上是不胜枚举，其原理却是相同的。民族文化与生态系统优化水

---

① 周红菊：《湿地净化污水作用及其机理研究进展》，《南水北调与水利科技》2007 年第 4 期。

② 戈敢：《中国压砂田的发展与意义》，《农业科学研究》2009 年第 4 期。

环境能力都是有限的，双方之间却可以通过水资源的流动紧密地结合在一起，从而各自都提高了优化水环境的能力。为了揭示这种能力的增长空间，我们显然需要针对不同自然水环境去解读某些有代表性的水资源优化供求实例。

自然界并不存在最优化的水环境，不仅对不同的生态系统是如此，对不同的民族文化也是如此，而生态系统与民族文化为自身而优化水环境却始终是有限的，而且这样的有限性优化，如果不能做到真正的因地制宜、因时制宜、因人制宜，那么就会造成欲益反损的悲剧，优化就会转变为欠缺。

云贵高原的东南缘是我国侗族同胞的生息区。这儿的水环境可以总称为温暖、湿润类型，因为这儿的年均气温超过 15℃，年均降雨量超过 1200 毫米，年蒸发量则不大于 1000 毫米。生息在这儿的侗族凭借"稻鱼鸭"共生农耕模式和稻田、鱼塘的联网布局，在液态水最容易流失的坡面上，创建了立体的人工河网泽生生态系统。这不仅因此而获得了对大气降水的极大截留能力，并且还获得了在高海拔区，地表大规模储养水资源的能力。侗族的传统文化在优化自身水环境的努力中，获得了令世人称慕的成就。[①] 也惠及了周边的生态系统，提高了坡面的生物多样性水平，加大了森林草地的大气降水截留和储养能力。与此同时，凭借森林生态系统的多层次结构，加大对气态水转化为液态水的再生能力，更由于他们的稻田和鱼塘是尽可能的实现水资源的就地小循环，因而流出侗族社区的水资源都是经过了净化过后的优质水资源。尽管他们对水环境的优化也是有限的，但毕竟做到了既满足自身的需要，又能发挥稳定江河水位，惠及江河下游的作用。

可是，这样的水环境优化只适用于这一特殊的水环境地带，如果把这一套做法移植到干旱地带，那么由于干旱地带蒸发量远远超过降雨量，其结果只会导致浪费水，而非节约水。况且这样一套水环境优化体制自身也无法正常延续，更不用说惠及他人了。同样的情况还会在侗族生息区出现，如果仅仅是出于追求短期经济利益的需要而轻易地改变侗族的水环境

---

① 罗康隆、杨庭硕：《传统稻作农业在稳定中国南方淡水资源的价值》，《农业考古》2008 年第 1 期。

优化体制，那么后果同样是欠缺，而不是优化。比如说，如果要让侗族的高山梯田在冬季排干积水，改种小春作物，而不继续养鱼，那么从经济利益看肯定可以增加收入，但导致的后果却是悲剧。当"泡冬田"被排干后，我国南方地区刚好进入旱季。这样一来，稻田就再也无法通过地下水的渠道给珠江供水了，那么珠江中下游的缺水就会更其严重，海水倒灌会更其频繁。这样的损失是有限的小春作物无法抵偿的祸患，它将会导致珠江沿岸的大面积停产。而侗族居民在来年的春天，再来储水种水稻，不仅田中喂养的鱼受损失，放鸭的季节也要缩短，更严重的还会导致稻田未能及时栽插的严重后果。

可见，靠各民族文化已经实现了优化的水环境，是一个亚稳定体系，它会牵一发而动全身，细微的改动都可能会引发既损人又害己的水环境危机。不把握好优化与缺失之间的辩证统一关系，我国即将面对的水荒将会来得更快，受害会更惨重。

在云南、贵州、广西三省区毗连地带，自然界的水资源再生能力很强，年均降雨量都在 1000 毫米以上，而蒸发量在生态环境良好的情况下，可以低于 1000 毫米。在生态环境破坏后，随着地表岩石的裸露和气温的上升，一旦形成干热河谷，年均蒸发量就可以超过降雨量的 6 倍左右。[1]更由于这儿的地质结构都处在喀斯特的峰丛洼地发育阶段，随着溶蚀作用的加强，地下溶洞日益扩大，地表的基岩就会随着时间的推移而缓慢的塌陷。日积月累之后，就会形成地下伏流、溶洞纵横交错的情形，地表则是土石相叠和土石混杂的结构。这样的无机背景几乎不具有对大气降水截留、储养和再生的能力，可贵的水资源都深藏在地下的伏流和溶洞之中，地表则呈现为干沟和盲谷，以及陡峭的石山。但当地发育出来的生态系统却具有顽强的生命力和水资源优化的禀赋，它们可以凭借大量藤蔓类植物的存在将地表的基岩和砾石覆盖起来，有效降低底层大气的温度，并提高藤蔓类植物覆盖下的空气湿度，从而在岩石的表面也可以发育出厚厚的苔藓层来。正是凭借这样的水环境自我优化才使得丰沛降水中的 1/5 以上可以被苔藓层所吸收，有效地支持了其他植物的生长，最终使得几乎不见土

① 段爱国等：《干热河谷主要植被恢复树种水分利用效率动态分析》，《北京林业大学学报》（自然科学版）2010 年第 6 期。

的石山也能够发育出茂密的常绿阔叶林来。当然，在这样的常绿阔叶林中，占生物总量 1/3 以上的植物是藤蔓类植物、匍匐类植物和灌丛，因而，应当把它们正确的称为亚热带季风区常绿阔叶藤蔓丛林。

这样的生态系统对当地的苗族、仡佬族、彝族、壮族和布依族而言，几乎是给他们提供了支撑民族文化延续的水资源。离开了这样的原生生态系统，当地的水环境就会季节性的呈现为内陆干旱水环境。而当地各民族对所处生态环境的适应，则表现为尽可能的实施不动土的资源利用方式，并且精心地维护藤蔓类植物和苔藓类植物的存在。这不仅保持了藤蔓丛林的稳定，同时也是为了各民族可以廉价地获得地表液态水，当然也因为地表水资源容易欠缺，因而他们的文化建构也才具有明显的节水倾向。在此，民族文化对水环境的优化主要不是通过技术手段，而是借助生物手段去实现。

相关各民族的传统文化就本质而言，是当地水环境优化的屏障，一旦当地的民族文化在外界的干预下被扭曲，那么不合时宜的资源利用方式就会切断藤蔓丛林生态系统的"脆弱环节"，也就是那些必须稳定存在的藤蔓类和匍匐类植物一旦被人为清除，那么已经取得的水环境优化成果就会毁于一旦。苔藓类植物一旦失去了藤蔓类植物的庇护，就会在强日照下枯萎，从而失去了对大气降水截留的能力。更由于基岩、砾石逐步暴露在强烈的日照下，地表温度会迅速攀升，基岩表面最高气温可以升到 75℃，距地表 1 米左右的气温最高可以上升到 45℃—50℃。[①] 幸存的水资源会大量的无效蒸发掉。高大的乔木为了自身的安全而加大蒸腾，超额消费水资源，最后就会导致整个藤蔓丛林生态系统会像雪崩一样迅速萎缩，蜕变为低矮的灌丛，甚至是荒草坡。这不仅使得其经济利用价值丧失殆尽，人和动物在干旱时都得面对脱水的危险，目前已引起学术界密切关注的喀斯特石漠化山区的灾变就是因此而酿成的。在这一过程中，不仅原先优化了的水环境蜕变为水资源的欠缺，相关的藤蔓丛林生态系统和民族文化也一并受害。优化与欠缺，其差距仅仅是一个"脆弱环节"被扭断。而扭断这

---

① 田红：《喀斯特石漠化灾变救治的文化思路探析——以苗族复合种养生计对环境的适应为例》，《中央民族大学学报》（哲学社会科学版）2009 年第 6 期。

个"脆弱环节"，也就是清除那些藤蔓类植物，对于人类社会而言，几乎是轻而易举，但结出的苦果人类却没有力量去彻底修复，还得借助当地的民族文化去推动生态环境的自我更新，还得回到原点上重建可以稳态延续的藤蔓丛林生态系统。也就是重建优化的水环境才能获得既保证当地水资源的需求，又惠及江河下游的双赢成果。

我们最近一次2015年对该地区的调查，就亲身体验到了当地行政官员发自肺腑的愧悔——前些年大力推行退耕还林政策的时候，我们悔不该没有据理力争种植适合当地生长，又有经济价值，当地乡民也能娴熟利用的经济树种是构皮树，而是动员各族乡民种上了林业部门配给的杉树、柏树和松树等旱生类树种。现在退了耕，植了树，可是树就是不长大，成了名副其实的"老头树"，就算是长大了也没有经济价值。如果种上了构皮树，一个县的构皮树完全可以是饲养、编织传统造纸等的原料。林不会毁，而经济效益却可以上亿。很显然，他们的愧悔还仅仅是停留在经济的亏损上，还没有进一步注意到由于没有配种藤蔓类植物而导致了种植这些柏树等旱生类树种，即使是种活了，也长不快、长不大。当地各民族的本土知识告诉我们，松柏一类的旱生类树种，对地表不能构成有效的荫蔽，又不能为表层挡风，水会干得很快。即使成活后也只剩下孤立的乔木，地下长不出草来，更长不出苔藓来。相比之下，当地土生的葛藤、桐油树、构皮树等，由于树形可以形成丛生状态，能很好地荫蔽地表。这不仅可以支撑其他树木成活容易，长得快，还能确保地下发育出苔藓层来，泉水和井水在旱季时都不会干涸。在他们的愧悔背后，其实是一种对各民族本土生态知识的漠视，也是对当地原生生态系统的无知。不难看出，优化与欠缺往往表现出天壤之别的后果。

我国内蒙古草原原来是蒙古族的牧场，而作为牧场利用的草原生态系统也有自己的"脆弱环节"，那就是地表的风化壳和牧草残株。蒙古族牧民一直在教育儿童，不要轻易地挖土。这表明他们都深知生态系统"脆弱环节"的存在，当然，当这个"脆弱环节"没有被人为切断以前，人们很难正确的评估它的不可替代价值。其原因在于我国的蒙古草原不仅降雨量小，而且降雨量大多集中在深秋，而在春夏极度缺雨的季节还要经常遭逢强风的袭击，自然界的水环境很不理想，蒙古族牧民也曾因此而逐水草而居。但是一旦随着草原生态系统积累了"风化壳"和地表残株后，水环境就可以得到最大限度的优化。深秋的集中降雨可以轻而易举的穿透风化壳，渗透到地底下储备起来，确保牧草在春季时提早返青，而且可以获得较大的产草量。这是因为，牧草事实上是长在"风化壳"上，牧草的根是扎在"风化壳"荫蔽下的表层土中，而"风化壳"既是大地的降温剂，又是抑制液态水资源无效蒸发的保温壳，还可以给牧草提供养分，更能够降低地表风速，抵御强烈的风蚀。其结果会使得哪怕每年仅有 250 毫米的降雨量，也可以形成肥美的草原。水环境优化既是草原生态系统自我完善的产物，同时也是蒙古族文化精心维护的成果。① 民族文化与草原生态系统之间，其实是一种相互依存的共同体关系，而水环境也是在这样的共同体中维系了草原生态系统的稳定和民族文化的发展。优化是两个方面共同作用的结果。

　　然而，目前草原水环境也存在着一些欠缺。时下，从行政官员到专家学者，都默许大规模的开采地下水资源，或者是提黄灌溉。他们解释说，建构高效的集约农牧业，可以减少游牧的人口和草原上的牲畜数量，这样一来，蜕变的草原就可以得到恢复。或者说，把大部分的蒙古族牧民集中在城市之后，草原的人口压力和牲畜压力就会降低，进而草原就可以自然恢复了。有的人甚至认为，将蒙古族牧民全部以"生态移民"的方式搬出草原，草原才能够出现恢复生机。② 这些理由可以说是似是而非的欺人之谈。因为这些解释忽略了一个关键环节，那就是集约农牧业的需水量比传统的游牧业的需水量要高出几十倍，都市人口的用水量比蒙古族牧民的用水量还要高出 150 倍。填补用水的缺口只有一个来源，那就是提取地下水，或者是提取黄河水，而这样用水的结果就会导致整个内蒙古草原地下水位的下降和地表蒸发量的剧增，这既阻断了开源之路，又关闭了节流之门。

　　草原生态系统的蜕变因之而加速，黄河的断流也将会愈演愈烈，华北平原终究会因为水荒而败落。不管是对我国广阔的西北干旱草原，还是对三江源的寒漠草甸生态系统而言，自然界的水环境都不理想，而当地各民

---

① 谢景连：《少数民族传统生态智慧在生态灾变救治中的价值》，《怀化学院学报》2010 年第 4 期。

② 杨牡丹：《生态移民工程与蒙古族文化变迁》，《内蒙古科技与经济》2008 年第 21 期。

族的传统文化却能够在水环境的优化方面做出杰出的贡献。如果仅仅是为了表面上的经济发展，而轻易改变世代积累起来的资源利用方式和与当地水环境相匹配的生态系统和民族文化，那么优化与欠缺只是一念之差。

我国是一个人均贫水的国度，即将面临水荒。为了确保我国经济社会的可持续发展，对水资源实施开源与节流具有决定性的意义。自然水环境、生态系统水环境、民族文化水环境三者之间的时空构成要素千姿百态，相互作用的后果更是变幻无穷，以至于什么样的资源利用方式和生活方式有助于水环境的优化，或者有害于水环境的优化都要因地制宜、因时制宜、因人制宜、因民族文化而制宜。因此，归纳传统生计中的节水技术和技能，探明这些农耕体制在优化水资源结构方面所能达到的潜力，已显得至关重要。笔者在此抛砖引玉，希望通过这样的探讨，使有识之士意识到推出水资源人类学新理念的紧迫性。

第二章　青藏高原的生态文化研究

第一节　青藏高原的文化生态问题

由于历史和自然各种因素综合作用的结果，人类对青藏高原的认识至今尚处于起步阶段。由于世人对青藏高原的生态环境所知甚少，对青藏高原的民族文化所知也有限，因而不管从其中哪一个视角去探讨青藏高原的学术问题都可以丰富人们的认识拓展人类的视野。然而，立足于我国学科体制和教学体制而言，文化生态问题无疑是一个亟待深入探讨的研究领域，而且是直接关乎我国国计民生的重大研究领域。

文化生态是生态民族学的核心概念之一，它几乎与这门边缘学科相生相伴。20 世纪 60 年代，民族学新进化论代表人之一朱利安·斯图尔德最早启用了这一概念。其基本含义是，一种民族文化对其所处的自然与生态环境必然具有适应能力。于是，在民族文化与所处生态环境的相互磨合中，两者会不由自主的结成相互渗透、相互支撑的密切关系，最终表现为文化与生态结成一个紧密的"共同体"。斯图尔德正是从这一概念出发，去解读文化变迁的动因及结果，写成了具有里程碑意义的名著《文化变迁论》，其后就在这一理论的基础上孕育出了文化生态学。

从某种意义上说，斯图尔德的后继者基本上都沿袭了"文化生态"这一核心概念，其差异仅表现为对文化生态的理解和界定存在着一定的差别罢了。萨林斯重点关注"文化生态共同体"在生态适应上所做出的表达，并将这样的表达定义为"特殊进化"，再将他所称的特殊进化与怀特所提出的一般进化相结合，提出了"双重进化理论"。塞维斯则是重点关注"文化生态共同体"对社会组织的影响和作用，揭示生态与环境要素对前国家形态的制约作用。拉帕波特则是从文化和民族的视角出发，重点揭示文化如何能动的掌控生态环境的变迁，能动的缓解与周边民族的紧张关系，凭借文化的正常运行，去求得人与自然和其他民族关系的和谐。人类学家内亭则是重点关注"文化生态共同体"对所处社会环境的适应。这些前辈的研究工作就实质而言奠定了"文化唯物论"的基础，使马文·哈里斯得以从哲理的层面去揭示"文化生态共同体"的实体性，并反诘了列维－斯特劳斯认定文化是人性表达的已有提法。总之，在近半个世纪的民族学发展历程中，"文化生态"概念一直扮演着举足轻重的角色，生态民族学已经成了21世纪民族学研究的一个主要方面。

遗憾的是，由于生态民族学正式引进到中国，并得到基本推广远远滞后于世界上的发达国家，从而使得"文化生态"一词在今天中国的学术界虽然频繁得到学人的征引，但不同学人对这一术语的理解却相去甚远。有的学人将它理解为特定民族文化所依托的环境总和，有的学人则将它理解为民族文化所涉及的生态问题，甚至将它理解为民族文化必须遵循的生态学法则。他们都是将这个术语中的"文化"作为修饰语去对待，而将"生态"一词作为中心词去理解，却没有注意到这一术语从提出之日起，文化与生态是并存的两个系统，"文化生态"一词要表达的概念恰好是这两个系统的整合。也正因为对这样的基本术语理解尚存在着差距，因而时至今日，中国有关文化生态问题的研究至今还未步入正轨。对青藏高原这一特异地域空间而言，其所达到的水平更为担忧。当然，立足于这样的现实，选定青藏高原作为文化生态研究的突破口，恰好是一种最佳的明智选择。

由于历史和自然背景存在着诸多的特异性，以至于非青藏高原出身的学人对青藏高原的生态属性总不免存在着这样或那样的偏见，总是不自觉地将青藏高原的生态环境视为荒凉的不毛之地。对青藏高原生态环境的观感好奇，胜过了实质性的把握。除了陌生之外，更关键的原因在于，他们认知生态背景在内地通常都是通过相关文化去把握各地生态系统的差异，但到了青藏高原则不同。由于他们不仅对青藏高原的生态环境陌生，对生息于青藏高原的各民族及其文化更陌生。民族文化在生态的认知上帮不上忙，直觉产生的偏差得不到及时的匡正，以至于无意识的观察失误会在不自觉中被放大。

从历史上看，由于认识青藏高原与我国近代历史息息相关，而这一特殊的历史过程又具体表现为将青藏高原视为贫穷落后，亟待开发的地区。这样的社会观念定位也在无意中左右了科学工作者研究青藏高原自然与生态问题的思路，使他们习惯于从开发的视角，去定位青藏高原自然与生态的属性，而他们所理解的"开发"又深深打上了内地开发的模式。也就是说，打上了汉民族为主的文化生态偏见的烙印，以至于研究的结论大多体现为如何规避青藏高原的不利因素，而不是能动的去将所谓的不利因素转化为有利因素。要改变这种研究思路上的偏颇，最彻底、最可靠的做法莫过于从青藏高原各民族的价值观和生命观出发，去认识青藏高原的自然与生态系统属性。不过，要做到这一点，目前还有很大的难度。需要等待新一代青藏高原各民族学人的成长。时下，可行的补救办法只能是尽可能的让我们的自然科学工作者认识和了解，哪怕是最初步地了解青藏高原的民族文化也大有裨益。在这样的背景下，倡导青藏高原的文化生态问题研究，显然具有不容忽视的现实意义。

对青藏高原各民族传统文化的研究起步甚早、成果丰硕，做出的贡献也令人瞩目，但与此同时，我们也不得不承认此前所做的研究工作较多地偏重于历史与宗教的研究，较多的关注社会转型的研究，但对于青藏高原各民族对所处环境的适应性研究却深感不足。时至今日，对青藏高原各民族传统生计的合理性和必然性，始终缺乏系统的探讨，甚至是职业的民族学研究者也往往违心地承认青藏高原上生产效益太低下，难以支撑现代社会的发展，因而更乐意将青藏高原称为"处女地"、喻为"圣地"或视为"净土"，而不愿将他们理解为人类创造力的卓越表现，这与青藏高原各民族的文化显然存在着很大的差距。

众所周知，一切民族文化的价值仅仅表现为对已有资源的高效利用和精心维护，而不可能替人类创造任何意义上的资源。青藏高原各种自然与生态环境的特异性，仅仅是民族文化可资利用的对象，也是必须维护的对象。鉴于文化与它所处的自然与生态系统都是可以长期延续，而且都是具有生命属性的自组织体系，那么文化与所处生态环境之间，经过长期共存相互磨合、相互渗透之后，它们最终都能结成辩证统一的整体。在这样的情况下，从民族文化中可以直接窥见当地自然与生态系统的各种特异性，而这样的文化构成部分就是斯图尔德所称的"文化内核"。与此同时，当地的生态系统就其实质而言，已经不是纯自然的生态系统了，不管是当地各民族利用这样的生态系统去打猎、放牧，还是农耕，人类的社会存在都会在潜移默化中，持续不断地加工和改造他赖以生存的生态系统。其结果总会使得当代所能看到的青藏高原各类型生态系统，从表面上看，似乎是天生的，但若就实质而言，却是特定民族文化长期加工和改造的产物。在这样的生态系统中，已经深深地打上了民族文化的烙印，生态系统的属性就足以昭示相关民族文化的特点。

今天，青藏高原上生物物种的改变更其明显，很多内地的动植物已经在青藏高原"安家落户"。与此同时，青藏高原的特有物种也被引进到了内地。这一切都充分表明，我们今天所能够看到的青藏高原生态景观绝不是纯粹意义上的自然生态景观，而是文化生态景观或是人为的次生生态景观。立足于这样的认识去开展有关青藏高原文化生态的研究，就民族文化生态而言可以深化对青藏高原各民族传统文化的认识和理解；从生态环境的角度看，也有利于把握当代青藏高原生态环境的特性，特别是它的文化属性。这对于今天，乃至未来青藏高原的生态维护而言，显然都是不可或缺的基础性研究。

一段时间以来，我国学术界对"文化生态"这一概念的理解客观上存在着诸多的偏颇，但在我国的经济发达地区，由于现代化的进程极为迅猛，文化传播的频次和规模都达到了空前的水平，民族文化与所处自然生态系统之间的共生关系，由此而变得极为错综复杂，展开专题研究时，需要排开的干扰因素太多、太难。如果不经过长期的积累和深入的交流与沟通，在我国经济发达地区展开卓有成效的文化生态研究，总会感到极其艰难。

相比之下，同样是因为历史与自然各种因素综合作用的结果，青藏高原各民族的传统"文化生态共同体"所蒙受的外来冲击就要小得多，文化与生态的耦合对应关系会表现得较为明晰，而且容易把握。直接的观察和分析，再加上规范的田野调查，一般都可以排除不利的干扰因素，确保资料的准确可靠和结论贴近实情。这将意味着在青藏高原展开文化生态研究是一个理想的研究场域，而且是我国当前开展此项研究工作的理想突破口。

青藏高原的生态安全对我国整体的生态安全，由于区位特殊而始终要发挥屏障作用，对我国领土完整和国防安全也会发挥屏障作用，青藏高原的自然资源对我国未来发展又会发挥着潜在的支撑作用。然而，不管是哪一项屏障功能的发挥，都得以对青藏高原各民族文化生态的把握为基础。只有把握了这些土生土长的"文化生态共同体"的属性，对青藏高原的资源利用、生态维护、社会发展也才能符合当地的需要，也才能做到真正意义上的因地制宜、因人而异。正当我国其他地区飞速发展的同时，及时的开展青藏高原各类型民族文化生态的研究已经到了刻不容缓的时刻。

第二节　藏族传统游牧方式与"中华水塔"的安全

三江源是中华民族的"水塔"，也是藏族长期生息的地区。藏族的传统生计方式与"中华水塔"的保护密切相关。藏族传统游牧采取"多畜并放"、"转场浅牧"方式，其有效地规避了三江源区域的生态脆弱环节，确保了高寒草原的生命线——覆盖在整个草原表层的泥炭层和腐殖质层，以致稳定了长年冻土带。但半个世纪以来的草场产权更替与"网围栏工程"的推进，严重地冲击了其生态脆弱环节，引发了生态灾变，危及到了"中华水塔"的安全。这不能不引起世人的关注。

关于三江源区域的生态建设和灾变救治问题，大部分自然科学研究者都致力于采用现代自然科学技术的方法来实现，并已研究出不少成果。如有学者指出，在 GIS 平台上，以卫星遥感信息为主要信息源，同时结合气象资料、高程、土壤类型等资料，对生态环境进行监测与综合评价，是实现三江源区域生态环境建设最为有效的方法。[①] 采用现代自然科学技术，需要投入大量物力、财力及掌握该项技术的人力。采用自然科学的方法，忽略了当地原居民的生活及生产智慧。在投入使用过程中，若出现小失误，就可能导致截然不同的结果。

依靠国家行政政策法规对三江源区域的生态建设和救治，则是社会科学工作者的基本思路。从这一思路出发，希望依靠国家法规政策的制定，强调政府部门应在该建设中加强行政职能。保护三江源地区生态环境的对策有加强宣传，提高生态保护意识，加强管理，防止人为破坏，加强规

---

① 石磊、马俊飞、杨太保：《基于 GIS/RS 技术的三江源地区生态环境建设的研究》，《水土保持研究》2005 年第 4 期。

划，约束各种开发行为等。① 这些研究考虑到当地原居民的利益，但注重的只是一种政策层面上的强化，没有提出用具体的操作技术来解决。国家的行政力量代表的是一种比较普遍的决策，而在特殊区域会有特殊的情况发生，若用一种普遍的方式试图指导特殊的情况，容易产生误导。

也有部分人文学者关注藏族居民的传统文化，研究倾向于藏族居民的精神、宗教等方面。有的学者提出以积极肯定的态度尊重和挖掘藏族传统文化的价值，使其得到发扬光大，是保护当前高原生态环境的需要，也是创造新的生态文明的需要。② 有的学者强调从藏族居民对神山崇拜的宗教理念出发，为当今保护自然环境，维护生态平衡产生积极影响;③ 部分生态人类学研究者认为，需要把生态人类学理论应用到西藏草地研究。④ 可以从青海藏族的生态现状和传统生态知识分析检索，论证本土人群的地方性知识在生态治理中的意义;⑤ 有的学者从藏族居民最基本的牛羊粪燃料出发，看到藏族居民资源利用方式的特殊性。⑥ 他们的研究尊重藏族文化与生存环境之间的关系，注重的是一种精神层面上的地方性知识，但忽略了藏族为了自身生存和发展的需要，不断地改造其所处自然生态系统而形成与其所属的自然生态系统相适应的技术体系，即藏族传统的生态知识与生态智慧。

我们认为，在一个区域生活的民族为谋求其生存，在千百年来形成的与其所属自然生态系统相适应的地方性生态知识，能有效规避该生态系统的"脆弱环节"。当把它投入到该区域的生态恢复建设中，并与现代自然科学技术相结合，对当地的生态建设可以发挥不可替代的价值。事实上，藏族的传统知识在保护三江源水资源方面一直发挥着关键性的作用。

藏族游牧"多畜并放"、"转场浅牧"的特殊价值。长江、黄河、澜

---

① 张世丰、袁晓伟:《三江源地区生态修复与环境保护初探》,《中国水利》2005 年第 19 期。

② 南文洲:《从现代生态伦理学的发展看藏族传统生态伦理在现代社会中的作用》,《青海民族学院学报》2004 年第 4 期。

③ 尕藏加:《论迪庆藏区的神山崇拜与生态环境》,《中国藏学》2004 年第 4 期。

④ 白玛措:《生态人类学与西藏草地研究》,《中国藏学》2005 年第 4 期。

⑤ 马晓琴:《地方性知识与区域生态环境保护——以青海藏区习惯法为例》,《青海社会科学》2006 年第 2 期。

⑥ 先巴:《生态学视阈中的藏族能源文化》,《青海民族研究》2005 年第 3 期。

沧江源头地区通称为"三江源"。① 在这一区域生活的主体民族是藏族。历史上的三江源曾是水草丰美，湖泊星罗棋布、野生生物种类繁多的高原草原草甸生态区，被称为生态"处女地"。② 该区域内独特的地貌类型，丰富的野生动物类型，多姿多彩的森林与草原植被类型和秀美的水体类型，构成了亮丽的风景。另外，三江源区域气候环境独特，人类活动稀少，许多处在海拔5000米以上的地区，至今仍属无人区。这样的生存背景，既为一些古老物种躲避第四纪冰川提供了天然避难所，也为一些特殊物种免遭近代人类的毁损提供了庇护。

三江源区域是我国最大的产水区，每年向黄河、长江、澜沧江下游供水600亿立方米。③ 据我国水文部门测算，黄河总水量的49%，长江总水量的25%，澜沧江总水量的15%，均来自三江源区域。特别是黄河，几乎近一半左右的水量得由三江源区域提供。因而，该区域是三江全流域最重要的水资源供给地，这里被誉为"中华水塔"，名至实归。④ 三江源区域不仅是青藏高原最重要的生态功能区，也是中华大地的生态屏障，是孕育华夏民族的生命之源。三江源区域生态环境的变化，会直接影响到长江、黄河中下游，乃至我国一半以上土地的生态安全及东亚生态环境的稳定。

藏族居民习惯于实施多畜种放牧。藏族居民放牧的畜种有牦牛、黄牛、绵羊、山羊、盘羊、骡子、驴、马等。尽管三江源的高海拔草原，饲草资源相对单一且质地坚硬，但牧草的构成仍然具有一定的多样化水平。而不同的牲畜对牧草的采食又各有偏好。牛、羊在牧场吃草时，是分片区的。它们往往是先把这一片区的草吃了，再到下一片区，等这些草长出来时，又来这一片区吃，这样循环流动。藏族居民实施的多畜种放牧就是为了尽可能让各种不同的牧草得到牲畜的均衡采食。这不仅有利于均衡的消费牧草，关键还在于控制了某一种牧草或因长得过于茂盛，而打乱整个草原牧草的平衡。

---

① 《三江源自然保护区生态环境》编辑委员会：《三江源自然保护区生态环境》，青海人民出版社2002年版。

② 陈进福：《三江源区生态保护与建设的思考》，《青海科技》2006年第6期。

③ 胡玉婷：《三江源地区的生态危机与保护建设战略探索》，《青海科技》2006年第1期。

④ 《三江源自然保护区正式成立》，《人民日报》2000年8月20日。

藏民深知能够支持草原牧草生长的不是土壤，而是来之不易的腐殖质层，任何一种牧草都只能是在这一层薄薄的腐殖质层中扎根生长。任何一种牧草过于茂盛都会抑制其他牧草发芽生长的机会，最终导致草原产草量的下降，牧草残株的减少，进而影响到腐殖质层的积累。为了使放牧和第二年的牧草培育有效地结合起来，他们就必须得同时喂养多种牲畜。也就是说，他们在谋取生存所需的物质与能量的同时，也在精心地维护着草原生态系统的多样性。如此一来，当然也就很好的做好了维护泥炭层和腐殖质层的逐年加厚工作。

三江源地区由于海拔太高，地下存在着永久冻土层，以至于其生态系统与其他地区完全不同。众所周知，所有的植物，特别是高等植物只有在气温超过12℃才能促进植物正常的生长发育。更值得一提的是不仅地面要达到12℃，地下也差不多要保持这样的一个温度，地下如果低于这个温度，植物的根就不能完全吸收水分和养料，以至于抑制植物的正常生长。然而，三江源地下存在着永久冻土层，致使土壤的温度即使是在夏季也很难以维持12℃。这样一来，即令土壤中有水也有无机养料，但因为温度太低，植物的根系不能正常吸收，故而导致植物很难正常生长。这正是永久冻土层发挥着终极制约作用的结果。所以，在三江源很难找到高大植物，即令是牧草也长得极为低矮，一般在20厘米以下，而且，草质极为坚硬很难被牛、羊消化。加上植物的生长周期在一年中只有短短的90天左右，每亩地一年中形成的有机质也就极为有限，因而在三江源养活一个羊单位需要的草场面积往往要达到50—60亩。如果是位于河谷滩涂地带的草场，由于永久冻土层相对较低，牧草生长得较好的可以长到40厘米左右，因而牧草较为丰富，比高海拔地区多得多，这样的滩涂地带自然也就成了冬季草场。而海拔4500米以上的高海拔地带，由于牧草低矮，产草量低，只有在盛夏时节才能利用，自然也就成了夏季草场。

生活在三江源区域的藏族居民，都有自己的草场，各村的草场连成一片，并远离村落位置。从海拔3900米的坡脚开始，一直到海拔4500米这一区域，整个山都是草场，当地藏族居民称其为"德青卡"。2010年7月中旬，笔者正在青海玛多县做田野调查，恰逢草场花开时节，有10多种草本植物正在开花。在"德青卡"，除长有草本植物外，还可能长出一些针叶灌丛。这些针叶树生长的最高海拔点有差不多4470米，海拔最低点也有 4420 米左右；长得最高的针叶树也仅有 2.89 米高，而最矮的则只有 1 米左右；最粗的，其胸径也就 19 厘米左右，而最矮的还不到 3 厘米。在"德青卡"，海拔 4360—4500 米之间，有一小片区域生长着高 40 厘米左右的灌木，当地人称其为"湿热"，主要用来引火和做扫把。在这个季节的雨后，草丛中会长出几种蘑菇，其中，一种是全白色的蘑菇，一般用来食用；而另外的蘑菇则有毒不能食用。五六月份时，在这儿的草甸上还会有少量的冬虫夏草生长。在"德青卡"，除牧民自家喂养的家畜外，还有狼和高原鼠等野生动物出没。高原鼠习惯于在草地中打洞居住，与兔子一般大小，以草根为食。其天敌是狼，羊的天敌也是狼。

三江源地区牧草长得最好的区段显然莫过于黄河的河谷盆地一带。原因是这儿海拔稍低，永久冻土层稍低，而温度又稍高等有利因素，更关键的是这儿有着更为丰厚的腐殖质层，所以，单位面积的产草量较之其他地方来说是要高得多。以此类推，海拔越高的地方，产草量就越低了。如果夏季草场返青的时间推迟，那么他们的放牧策略就必须紧跟季节走。一般情况下，气候回暖后冬牧场肯定先返青，其他地方随着海拔的升高而次第返青。照理，藏族居民应当是哪儿有青草，牲畜就往哪儿赶，然而，他们却不会贪恋冬牧场，如果在冬牧场的逗留时间稍长，牧草积累量就不够，下一个冬季牲畜就难以过冬，所以，一旦返青就要转场。随着返青的区段不断地爬升，牲畜也不断地往高海拔区段赶。到了深秋，它们差不多到了最高的海拔区段。这样一来，海拔较低的地方的牧草就得到了更为充分地生长和积累，以便使牲畜能够更好地过冬。

不能过于贪恋优质草，而是要抓紧消费劣质草，这正是藏族传统文化对环境适应的最精巧手段之一。原因正在于，如果不争取多消费劣质牧草，优质牧草的量就会减少，冬天牲畜就难以过冬，严重的话可能还会导致牲畜大批死亡。从这一策略出发，藏族居民放牧牲畜就成了极为艰辛的劳动，每天要走几十公里，但也只能这样才能使草原产草量逐年递升，在经济获得发展的同时，草原也得到了很好地维护。

藏族居民从藏历 4 月 10 日开始上山放牧，8 月十几才下山，在山上需要待 4 个多月。在山上的牧民又分为两种，一种是在山上修筑固定房子的牧民，这种牧民只有牛，而没有羊。牛放在山上，不需要人看管，牛不会跑到很高的区域去，要不然牛会有高原反应。佐通村的藏族居民就属于按这种方式放牧的牧民。他们在海拔 4200 米左右的地方修筑了土房子，土房子只有一层，而且还筑了围墙，形成院子，并在院子里种上青稞。这种青稞是成熟不了的，人不能吃，等它长到半生不熟时割下来储藏，作为牛羊越冬的饲料使用。另一种是在山上搭建帐篷的牧民，他们搭建帐篷，是因为他们有羊，羊放在山上需要人看管，羊要到处乱跑，而且即使羊跑到很高的区域也不会有高原反应。最麻烦的是牧区中有狼活动，它们要吃羊。羊如果有人看管的话，狼就不敢接近羊群了；如果没人看管，狼就会袭击羊群。这种牧民需要迁徙，20—25 天就要迁徙一次，一年要迁徙 5 次左右。他们每年迁徙的地方都是固定的，而且每户牧民搭帐篷的地方也是固定的，也都有水源。

对牧场而言，不管是冬牧场还是夏牧场都实施浅牧。所谓浅牧就是在放牧的过程中驱赶牲畜快速移动，务使牲畜像偷吃东西一样大口吃食，迅速走开。这样一来，牲畜也就是仅将牧草最鲜嫩的部分取食，从而使得当年长出的牧草至少有 30% 以上保留了下来不做消费，以便给地表留下更多的植物残株，进而保证地表的腐殖质层逐年不断增加。如此，草原也就能越来越好的延续下去。同时，在快速移动的过程当中，牲畜的粪便会遍撒于草原之上，这也就成了草原腐殖质层加厚的有机物来源之一。

藏族居民在世代的经验积累中，深切地认识到泥炭层和腐殖质层对草原的特殊价值。因而，他们在生产生活过程中，绝对不会轻易地触及泥炭层和腐殖质层，但同时又得保证牛羊肥壮，马匹成群才能维持正常的生活。于是，藏族传统文化的适应策略表面上看极为粗疏，深思之后才发现，其实质却是如此的精细。

草场所有权变迁对草原生态的影响。在我国青藏高原地区，不可持续的土地利用方式，引发了水土流失、草地退化、土地沙化、地质灾害等生态问题。因而，对三江源草场在历史上土地的利用方式进行反思是有很重要意义的。三江源草原退化到今天这样虽然有其历史背景和时代特点，但我们必须汲取前人的经验和历史的教训，并从现在开始就得着手为我们的失误支付代价，以便修复受到毁损的生态系统，做到生态修复与脱贫致富相兼容。三江源草场退化的人为原因，归结起来主要有如下五个方面：

（1）草场所有制的改革。在 1957 年以前，草原多为当地头人所占有。那时是按照历史的传统，由头人去主持草原的利用。1958 年开始建立国有牧场。其后草场的使用权经过多次变更，直到 1983 年对草原执行牧民"草场包干、牲畜作价归户、定额提留"的牧场责任制。但据我们 2009 年在玛多县调查的情况发现，草场并没有完全下放到牧民手中，县直各机关仍然掌握有不少的牧场，就连学校也有自己的牧场。而这些所谓的"机关牧场"几乎都是山谷或河谷的"冬牧场"。这里牧草优质，水源丰富，距交通线或城镇又比较近。这样一来，"机关牧场"的牲畜就不用转场到遥远的夏牧场，一年四季都停留在冬牧场里。这样的放牧形式，极大地破坏了草原的利用结构。使得原本是牲畜过冬的栖息地，成为一年四季的放牧地。这不仅减少牲畜的冬季草料，给牲畜的过冬带来了严峻的挑战。最关键的是，由于在冬季草场长年累月地放牧，使得这里的草原退化十分严重，直接导致草原沙化。一旦草原沙化，地表失去了保护层，高寒冻土层就会向下退缩。这对高原水资源的稳定造成了巨大的威胁。近年来，三江源所发生的各种生态灾变都与这种不合理的草原权属关系有着直接或间接的联系。

（2）"草库伦"的建设。在 20 世纪 70 年代的"牧业学大寨"中，从内蒙古草原传入的"草库伦"建设是造成三江源草场退化的另一个人为原因。据不完全统计，当时玛多县所建的"草库伦"主要在哈拉滩、擦擦尼却、少角卡拉、吉特昌膀、措哇尕泽、参术措等一带河流滩地，总面积达 0.73 万公顷。当地牧民告诉我们："土墙的做法就是用板子先夹好，然后再往里边放上，夯实打紧就可以了。这些土墙都是在附近就地取上。"依照牧民的话进一步分析，我们可以得出这样的一个结论：这样的取土方式就会把地表的泥炭层或者是腐殖质层给挖出来建构墙体，毁坏了牧草生长的根本依赖，至此之后，牧草再也长不出来了。更为甚者，在把这层永久冻土层的屏障给破坏之后，温度直接渗透到永久冻土层，冰水融化，永久冻土层下陷，水越来越往下流，因而导致地下水位降低，河流、湖泊干涸。地表日趋干旱，牧草无法正常生长，草场沙化也就在劫难逃了。

（3）矿产的无序开采导致了生态环境恶化。民族地区存在着对资源的粗放性开发问题。比如，在资源开发环节存在着掠夺性、无序性与低效性开发现象。在矿产资源开发中，采富弃贫、采厚弃薄现象俯拾即是，而这样做的结果，直接缩短了资源的可持续开采。三江源矿产资源丰富，各种有色金属遍及三江源草原，是我国的一大宝库。合理开发和利用这些资源能够给当地的经济发展，人民生活水平的提高带来巨大的便利。然而，一旦不合理地开采就会给当地生态环境的正常运行带来巨大的影响，不但危害当地经济社会的发展，也破坏了当地的自然生态环境，更是给我国二、三级阶梯地区的生态安全，尤其是水安全带来严重威胁。在查阅相关文献后发现，三江源曾在20世纪80年代大量无节制、无规律地开采黄金、煤矿等，给当地的自然生态环境带来了致命性的破坏。由于煤炭、黄金等通常深埋在永久冻土层以下，开矿就必须挖翻永久冻土层。这样一来，不但地表的腐殖质层给破坏了，永久冻土层也遭到严重破坏，三江源草原生态系统的"脆弱环节"就蒙受了致命的摧残，故而草场出现沙化也就在劫难逃了。

（4）农业的不合理开发。在三江源的一些河谷滩涂地带，藏族居民还是可以种植一些农作物的，比如青稞、豌豆等，这给当地居民的日常生活带来了更多的保障。然而，过度地、无节制地开垦河谷滩涂地带，同样会给当地的自然与生态环境带来巨大的影响。我们在鄂陵湖畔发现大量的黑土滩地，据当地乡民介绍说，这样的黑土滩地不但已经不能耕种了，而且还会污染水质。如今，在鄂陵湖畔到处布满了这种黑土滩地，治理黑土滩地同样成了治理三江源生态环境的重要难题之一。

由于20世纪80年代，有好几十万外地人一窝蜂地涌进三江源开矿。他们要生活，当地人就种粮食、喂牛羊卖给他们。为了便于将牛羊卖给他们，藏族居民喂养牛羊时不再往山上赶，只是停留在湖畔、河畔等冬牧场地区，而夏牧场却没有得到充分地利用。过度地、长时间地占据和使用着冬季牧场，如此一来，导致了冬牧场和夏牧场极度的不平衡。时间长了就导致黑土滩的出现，而且还严重影响了草原生态系统的平衡。而藏族传统农耕文化追求与自然环境的相适应、相协调，因而，我们必须要尊重自然，谨慎地、有限度地开发农业资源，以确保草原的"风化壳"和泥炭层不受到冲击，所以，这儿的农耕必须实施轮歇。那种照搬内地固定农耕模式的做法，显然是一个深刻的教训。

（5）"网围栏工程"的生态副作用。鉴于某些专家认定，我国草原退化的主要原因是草场过牧所致，于是，有关部门着手在草原上推行围封禁牧的"网围栏工程"。我国首先从内蒙古大草原开始了规模宏大的围栏，然后蔓延到青海、新疆、西藏等草原地区。到目前为止已经投资了 170 亿元。但由于这个"围封计划"投资过大，国家无力全部承担，于是，政府出台了"三三制"政策，即中央财政出三分之一，地方政府出三分之一，牧民出三分之一。这样一来，中央财政和地方政府可以通过预算划拨就行了，但牧民的三分之一就得靠牧民饭碗里掏了。牧民就只能从银行贷款，为了抵债，牧民就必须出卖大量的牲畜，或者是直接从牧民的每年政府补贴中扣除。这样一来，牧民从以前的富有逐渐地蜕变成了穷人，其所积累的财富，就在这样的围栏过程中消耗殆尽。

围栏也不是完全没有好处，其唯一的好处，就在于解决了牲畜"混群"的问题。长期以来，牧区的牧民在放牧牲畜时，都是混合在一起的，这样一来，牲畜的发情，并不总是在自己所牧养的牲畜群里进行，往往也与别人家牧养的牲畜交配。这样一来，这样交配所生产的幼崽，往往会有些争论，这在一定程度上引发了牧民间的矛盾。"围栏"以后，各家的牲畜都在自己家的围栏内放牧，于是"混群"现象很少发生，争夺牲畜幼崽的现象获得了解决。

但是，在草原上围栏以后，新的矛盾又出现了。由于将草原按照冬牧场、夏牧场的放牧需要，以人口的多少来划定草原面积。草原面积划定后，就用铁丝网围起来。这样一来，整个草原的围栏就有如蜘蛛网一般。但自己家冬牧场与夏牧场不可能连接，总是被别人家的牧场所分割。在牲畜转场时，不免要经过别人家的牧场。要经过别人家的牧场，就得撤毁围栏，踏坏别人家的草地。由此而引发的矛盾并不少于"混群"所引发的矛盾，这已成为牧区难以调解的社会纠纷。

为了缓解这样的矛盾，政府开始在牧区划出牲畜转场的"通道"（围绕草原周边开设通道）。但这样的通道往往不是牲畜转场的捷径，与传统放牧相比，至少要多出几倍的路程。为了实现牲畜的转场，汽车运载牲畜，在草原上成了一个新生的事物。用汽车来实现牲畜的转场，时间虽然较快，但其所带来的后果不仅加重了牧民的经济负担，而且对草原生态也多有不利。首先，牧民使用汽车，不仅需要一大笔钱购买或者租赁汽车，更是要源源不断地购买汽油。牧民放牧所得的收入，差不多都变成了汽车的尾气。其次，这样的转场通道在草原诞生后，沿途的草原"风化壳"就会被汽车撕成碎片，失去"风化壳"保护的草原就必然退化。土地沙化后，一旦起风，沙尘四起，严重地破坏了草原的生态环境，致使汽车所过之处都会变得寸草不生。

上述 5 个方面的原因，其实是在经历了漫长的过程后，才被研究者注意到，而在执行这些政策的时候，人们并没有意识到，而仅是更多地看到相关政策的积极作用。因而可以说，青藏高原生态环境的恶化，其实是在无意识中积累起来的，而在没有执行这些政策之前，生态环境之所以能够保持健康，恰好是因为当地的藏族居民凭借他们世世代代积累起来的经验，节制地、合理地利用草原的结果。而我们在制定相关政策时，却对这种世代积累起来的本土知识的积极意义不够重视，这正是我们值得反思的教训。

高寒草原的破坏对我国水资源安全的危害。近年来，黄河下游持续断流，黄河上游也出现了断流，生态环境呈恶化趋势。1997 年，黄河断流多达 7 次，总计断流 226 天。断流河段 704 公里，河口 300 多天无水入海，仅山东省就已造成的损失达 135 亿元。其断流原因就是三江源区域冰川退缩，土地沙化，源头水资源储备减少。1998 年，长江流域暴发全流域性特大洪灾，也与三江源区域植被破坏，地表蓄水能力下降、水土流失加剧等因素相关。在三江源区域，目前已经暴露出严重的生态问题，亟待我们去思考、去解决。

我们知道，在寒漠带的草场结构中，客观存在着一个"脆弱环节"，那就是覆盖在整个草原表层的泥炭层和腐殖质层。所谓泥炭层是早年未被动物消费掉而留下来的植物残株所形成的有机复合物停留在地表，在不断加厚的过程中，微生物又来不及降解它们。于是，底层有机物由于不能直接接触空气，再加上气温偏低而严重脱水，形成了"炭泥"，这些"炭泥"与没有降解的有机物等混合在一起形成了泥炭层。不要小觑这一泥炭层。由于其结构比较酥松，因而可以充当地表和地下永久冻土层之间的绝热层，确保泥炭层以上的地表在夏季时温度可以维持在 12℃ 以上，以便能够维护牧草的根系正常发育。也就是说这个泥炭层的深度越深，植物的根系也就能长得越深。牧草的根扎得越深，对水分和无机养料的吸收就会更多，植物也就生长得更加旺盛。相反地，如果泥炭层遭到了破坏，导致地表的温度偏低，牧草的根扎不下去，那么牧草由于得不到充足的水分和养料，因而也就无法正常生长。这将直接导致草原产草量下降。就这个意义上说，我们必须懂得三江源的牧草就其实质而言并不是长在"土中"，更不是扎在"土中"，而是长在泥炭层或者是腐殖质层中。这与外界的人所理解的"土中长草"不一样，因而，外界的人很难理解这样的泥炭层到底有什么样的价值，但当地的藏族居民对这一点却认识得极为精准。他们深知一旦破坏了这个泥炭层，地表就长不出优质的牧草出来，草原失去了牧草的覆盖，地表就会沙化。而且，这些泥炭层也不是一朝一夕形成的，而是千百年来、千万年来不断积累的产物。一旦毁坏了泥炭层，就等于毁坏了整个草原的生命。一旦草长不出来，牛羊就挨饿，牛羊挨饿，人也就难以存活。

除了泥炭层外，地表还有一层腐殖质层。有泥炭层的区段，其上方有一层厚薄不等的腐殖质层；在没有泥炭层的地方，地表也还有一层腐殖质层。所谓腐殖质层就是植物的残株或者是牛羊的粪便堆积而成的一层土壤有机物结构。值得注意的是，在三江源，由于年均积温太低，植物残株和牛羊粪便很难降解，更是难以彻底地降解。一个草根也许10—20年还能保持原来的样态，即使是牛羊的粪便，也有可能永远不会腐烂，而是形成"粪石"。10—20年后还是能够保持原样，坚硬如石。随处可见的"粪石"，是这儿的奇特生态奇观之一。

腐殖质层的作用和泥炭层一样，只不过腐殖质层更加酥松，绝热性能更好，而且在降解过程中还能散发出生物能，对保持土温还能发挥关键性的作用。腐殖质层在三江源分布面很广，以至于腐殖质层成了整个草原的生命线。尤其是海拔在4000—4500米的地段，地表解冻的时间只有短短的40天左右。即使是解冻了，土温也很低，牧草很难以吸收水分和养料。但只要有腐殖质层的存在情况就不同了，它能够吸热，白天可以把地表温度支持到12℃以上，这就可以支持植物根系的正常生长了。如从这一理解出发，三江源的牧草也不是长在"土上"，而是从腐殖质层中长出来的。腐殖质层越厚，牧草就长得越好、越高；腐殖质层越薄，长出的牧草就越低矮，产草量也就越低；在完全没有腐殖质层的地方，也就可能寸草不生了。进而可以明白腐殖质层不是一朝一夕形成的，它需要地表的植物残株及动物的尸体、粪便等年复一年缓慢积累，哪怕是1厘米厚度的腐殖质层都是几十年甚至是上百年积累起来的。腐殖质层一旦毁损，那整个草原就会面临荒芜，难以恢复。

　　最为关键的是，随着泥炭层的破坏，高原寒漠带永久冻土层就必然会升温，地表水就会往下渗透，或者被高温蒸发到大气中去，导致地表水稀缺。但这儿的牧草都是根系很浅的牧草，种子发芽后，如果不能接触水源就会枯死。因而，哪怕是最肥沃的冬牧场，只要泥炭层被毁坏，都会变得寸草不生。如果遇上强风，被毁坏了泥炭层的区段，沙上都会被强风刨出一个深坑，而且不断地扩大，最后造成原先丰美的草场变成了不毛的沙地。在高海拔坡面的腐殖质层被人为破坏后，也会导致这样的情况。目前，整个三江源地区土地沙化严重，其实不是土壤自己在沙化，而是人为的剥掉了土壤的保护层，制造了草原的悲剧。而某些人把罪责归咎为自然原因，这是一种十足的欺骗性逻辑，可以欺骗人，但是欺骗不了大自然。如果不想办法修复泥炭层和腐殖质层，大自然就将会一直报复人类，直到人类醒悟为止。

　　因而，在生态人类学中，将三江源的泥炭层和腐殖质层称为当地生态系统的"脆弱环节"。人类的行为举止如果冲击、破坏了这个"脆弱环节"，那么整个草原生态系统就会彻底蜕变。对三江源而言，一旦触碰了泥炭层和腐殖质层，就会导致整个草原的产草量极度下降、萎缩，甚至寸草不生，进而导致土地的沙化。常识告诉我们，一旦出现这样的悲剧，人们得等待上百年以上才有可能重新利用这样的土地，真可谓"毁之甚易，重建至艰"。同时，三江源的草场一旦退化，那么，可贵的水资源就不会是往下游流了，而是直接蒸发到天空，或者是渗透到地底下，黄河的断流也就会愈演愈烈，三江源地区牧民的生活也会每况愈下。从这一视角看来，草原风化壳和泥炭层不仅是三江源地区的生态屏障，也是我国主要江河的生态屏障，更是我国水资源安全的生态屏障。这个生态屏障的存废，关乎主要江河中下游的每一个人的生活，任何人都不能对此等闲视之。

　　生态人类学是探讨人与自然相互关系的一种方法论。人类与自然的关系，是相互作用相互影响的关系，人类对于自然的适应、保护和利用，是这种关系的主要表现形式，人类可以认识自然规律，并根据自然规律开发和改造自然从而求得生存和发展。① 因而，生态系统"脆弱环节"的存在，并不代表生态系统就难以恢复，关键在于如何从该区域生活的藏族居

---

　　① 尹绍亭：《人与森林——生态人类学视野中的刀耕火种》，云南教育出版社 2000 年版。

民的传统生态智慧与生态技能中找到适用的应对方法。只要办法适宜，生态环境的恢复即使在所谓的生态脆弱地带同样可以收到明显的成效。

我们面对三江源区域生态系统的"脆弱环节"，首先必须把三江源区域划分为无数小区域，从这些小区域生活的藏族居民的传统生计方式入手。这里有许多他们赖以生存了几千年的科学和有用的生态智慧与技能。只有很好地对其加以发掘和继承，并与现代科学技术相结合，才可能避开"脆弱环节"，创造出切实可行的，独特有效的生态救治与恢复措施。而如果完全脱离和无视他们的优秀传统智慧与技能，盲目地进行"文化移植"，生搬硬套外来经验，并滥用不成熟和不完善的科学技术，那么，三江源区域的生态救治与恢复不仅无法做好，而且还会给当地藏族居民带来更大的生态灾难。

生态人类学渴望提出一种较为可行的救治方略，那就是在当地藏族居民中发掘他们传统的生态智慧和生态技能，并借助现代科学技术使这些生态智慧与技能升级换代，以此诱导各民族传统文化面对新的形势和背景，也能完成文化重构，建构起能持续运行并有助于当地生态复位的新型文化。

各民族地方性生态知识中所包含的生态智慧与技能，就其实质而言，是相关民族对自身与所处生态系统之间制衡互动过程进行认知，并将这些成果积累下来的结果。[1] 不仅藏族有其地方性生态知识，在其他民族中同样有该民族的地方性生态知识存在。借助各民族的地方性生态知识进行生态建设，不仅能解决复杂的生态难题，而且还能找到生态恢复的便捷途径，避免了烦琐的技术操作。同时，对现代科学研究也具有重要的参考价值，提高现代科学技术的利用效能。采用现代自然科学技术与地方性生态知识相结合的办法在区域内进行生态救治，能更有效地针对该区域自然生态系统的特点，避开该自然生态系统中的"脆弱环节"，在较短时间内找到该区域生态救治措施。当然，地方性生态知识也不是万能的，它具有区域性限制的特征，因而，在民族地方性生态知识的发掘、利用和推广中，要严格把握好其使用范围，避免地方性生态知识被误用。

---

①　杨庭硕等：《生态人类学导论》，民族出版社 2007 年版。

第三节 藏族传统生计与黄河源区生态安全

近年来，不合理的资源利用方式冲击了黄河源区生态系统的脆弱环节，引发了该地区一系列的生态灾变。于此以黄河源区第一县——青海省玛多县为个案，采用生态学和人类学相结合的视角，对其生态环境和藏族居民的传统生计进行了考察，指出藏族传统生计能够有效规避当地生态系统的脆弱环节，实现了生态环境高效利用与精心维护的兼容。从根本上解决黄河源区的生态安全问题，因此应当重视藏族传统生计的保护、发掘和利用。

青海省玛多县被称为"黄河源区第一县"。20 世纪 70 年代，该县曾经是全国边远藏族牧区最富裕的地区之一。据当地老人回忆："当年的牧民，上县城买食品都是成袋地往家扛，连烧火取暖用的牛羊粪都用毛毡盖着。那日子，真的是比蜜还甜。"近年来，不合理的资源利用方式冲击了该地区生态系统的脆弱环节，引发了一系列的生态灾变，由此也引起了众多学者和决策部门的关注。随之而来的多种生态救助机制虽不断付诸实施，但效果未尽人意。中国藏族牧区曾经很富裕的人群，如今要么走上"生态移民"之路，要么沦为"生态灾民"。"一方水土已经养活不了一方牛羊，更养活不了一方人"。对此有必要做出深入反思，笔者也因此与玛多县结下了不解之缘。

2009 年 7 月和 2010 年 8 月，由吉首大学人类学与民族学研究所师生组成的调查队伍两次来到玛多。这两次田野调查，基本上围绕该地区的生态环境与藏族传统生计展开。调查主要以参与观察和访谈为主，也进行了相关的实地测量，包括"草库伦"墙体遗迹测量、鄂陵湖区探方测量、山坡草甸坍塌测量、不同草甸土层厚度测量等。本文引用的数据和文字资料均来自这两次田野调查及当地乡民提供的文本资料。调查发现，藏族传统生计的发掘和利用是恢复黄河源区生态的重要凭借手段。如果忽视了藏族传统生计的重要性，则难以在该地区建立起长期发挥效能的生态恢复机制。

黄河源区是孕育中华民族的生命之源，是黄河流域的主要产流区和水源涵养带，也是黄河中下游地区可持续发展的重要生态屏障。由于不合理的资源利用方式的干扰,黄河源区近年出现了草场退化、土壤沙化、生物物种锐减、湖泊和湿地萎缩等多种形式的生态灾变。20 世纪 90 年代以来,黄河源区水涵养功能下降,黄河径流量减少,黄河源头多次出现断流。1996 年,扎陵湖、鄂陵湖两湖之间首次出现断流;1997 年 1 月至 3 月,黄河在国道 214 线黄河桥河段断流;1998 年 10 月至 1999 年 6 月,黄河在扎陵湖、鄂陵湖中间再次出现断流,时间长达半年之久,牵涉到临近上千个小湖泊的消失,造成 1999 年底扎陵湖和鄂陵湖的水位下降 2 米多。1988 年到 1996 年 9 年间,黄河源区水量比正常年份减少 23.2%,共计少来水 227 亿立方米。①

　　近年来,关注黄河源区生态环境问题的研究越来越多,并取得了一定的成果。自然科学工作者的研究主要集中在黄河源区水资源涵养能力锐减和土地资源退化等主题上。② 他们大都致力于应用地理信息系统(GIS)和遥感技术(RST)解析该地区生态时空格局的变化。在地理信息系统平台之上,以卫星遥感信息为主要信息源,同时结合气象、土壤类型等资料,对生态环境进行监测与综合评价,为决策部门提供最准确、最具体的资料支撑。③ 其中所使用的 TM 图像解译,还可以直观描绘出该地区生态环境的动态变化过程。但是,综观当下研究成果不难发现,解读所呈图像需要建立比照系统,需要长时间的经验积累,而黄河源区展开地理信息系统研究为时甚短,验证的时间和频率都不够,参照系统的建立还需要进一步完善,因而可能会出现解读结果的迥异。例如,同样是以玛多县为例分析黄河源区土地沙化的动态变化,有的研究者断言,截至 2000 年,玛多县沙化面积达 2388.06 平方公里,占全县总面积的 9.65%;④ 而另一些研

---

　　① 徐明:《青海玛多县的生态问题及其对策》,《攀登》2002 年第 1 期。

　　② 王根绪等:《黄河源区生态环境变化与成因分析》,《冰川冻土》2000 年第 3 期;师江澜等:《黄河源区玛多县土地利用时空格局分析》,《西北农林科技大学学报》(自然科学版)2007 年第 5 期;摆万奇等:《黄河源区玛多县草地退化成因分析》,《应用生态学报》2002 年第 7 期;沙占江等:《基于 GIS 和 RS 的黄河源区土地沙漠化探讨》,《盐湖研究》2001 年第 1 期;沈渭寿等:《黄河源区生态破坏现状及保护对策》,《农村生态环境》2000 年第 1 期。

　　③ 石磊等:《基于 GIS/RS 技术的三江源地区生态环境建设的研究》,《水土保持研究》2005 年第 4 期。

　　④ 封建民等:《黄河源区土地沙漠化的动态变化及成因分析——以玛多县为例》,《水土保持学报》2004 年第 3 期。

究者得出的结论更是触目惊心，到 2000 年玛多县历年土地沙化面积累计已达 16330.7 平方公里，占全县总面积的 64.7% 。① 研究结论如此悬殊，往往使资料的使用者难以适从。

　　社会科学工作者也对黄河源区生态问题做出了深入探索。与自然科学研究相比，社会科学工作者，尤其是民族学者的研究多偏重于文化分析。有的学者认为，藏族通过神山崇拜，不仅在人与自然之间建立了一种有章可循的秩序，而且同生物界构筑了一种平等和睦的关系；② 也有学者以"习惯法"为切入点，提出重构青海藏区被扭曲、被遗失的地方性知识，发挥本土人群的主体性作用，对区域内生态治理和环境保护及社会和谐有着重要意义。③ 此类研究在探讨当地族群传统文化与生态安全的关系方面做出了一定的贡献，但对当地居民的生产、生活智慧则疏于关照，更少涉及藏族传统生计与黄河源区生态安全之间关系的探讨。

　　美国生态人类学家斯图尔德在其文化人类学理论中探讨他所称的"文化内核"时，认为"文化内核"就是指文化与所处的自然生态环境之间经过磨合而形成的文化生态耦合体，其内容主要表现为当地居民的传统生计。④ 在某种意义上讲，藏族居民数千年以来能够源源不断地生息于这一地区，已经在一定程度上证明了其传统生计模式能够适应黄河源区特有的自然生态系统，能够有效规避该地区生态系统的脆弱环节。在黄河源区的生态恢复建设中，立足于藏族传统生计，并寻找与之相匹配的当代自然科学技术做支撑，才能取得事半功倍的效果。

　　玛多县位于高原台面区，地势自西北向东南倾斜，海拔在 4500—5000 米之间，地形起伏不大，西北高、东南低，为山地草原，多为草甸植被，山间有平坦草地、沙地、沼泽湿地。⑤ 由于气候严寒，这一地区土壤成土过程缓慢，发育不良。地下存在的永久冻土层成为植物生长的关键

---

①　薛娴等：《高寒草甸地区沙漠化发展过程及成因分析》，《中国沙漠》2007 年第 5 期。

②　尕藏加：《论迪庆藏区的神山崇拜与生态环境》，《中国藏学》2005 年第 4 期。

③　马晓琴：《地方性知识与区域生态环境保护——以青海藏区习惯法为例》，《青海社会科学》2006 年第 2 期。

④　［美］朱利安·斯图尔特（Julian H. Steward）：《文化生态学》，潘艳、陈洪波译，陈淳校，《南方文物》2007 年第 2 期。

⑤　《玛多县志》编纂委员会：《玛多县志》，中国县镇年鉴出版社 2001 年版，第 17 页。

性限制因素，与上面的泥炭层和腐殖质层一起构成了该地区生态系统的脆弱环节。

玛多地区气温较低，年均气温在零下 4.1℃，除 5—9 月份外，各月平均气温都在零下 3℃ 以下[1]，因此在地下形成了永久冻土层，即便到了盛夏时节也不会解冻。所谓泥炭层，就是由泥炭化作用而形成的粗腐殖质层，主要包括在隔绝氧气、微生物活动极其微弱的情况下完全降解后形成的炭末和泥土的混合物，以及掺和其间的少量没有完全降解的腐殖质。[2]这是数千年以来在高寒环境中积累而成的特殊结构层。泥炭层是地表和地下永冻层之间良好的绝热层，但泥炭层自身缺氧，气温又偏低，肥分无法为植物、特别是高等植物的根系所吸收，因而很难支持植物的正常生长。腐殖质层就是在土壤表面由植物的残株或者牛羊的粪便堆积而成的处于半降解状态的一层有机物结构。同样由于气温偏低，植物残株和动物粪便很难彻底降解。有些残草在数年之后还能保持基本样态，牛羊的粪便更是因为不会腐烂而形成了当地奇特的生态景观——"粪石"。疏松的腐殖质层也是地表和地下永冻层之间的屏障和绝热层。腐殖质层一方面可以保护地下的永冻层不受扰动；另一方面，在缓慢降解的过程中还能散发出生物能，提高土温，支持植物根系正常生长，而缓慢降解游离出来的肥分在其间也能被植物所利用，为植物生长创造有利环境。可以说，玛多地区的寒漠草甸植物，与其说是长在土里，不如说是长在动植物的"尸体"上。草原地表的腐殖质层也是日积月累而成，来之不易，又极容易被扰动。一旦腐殖质层被破坏，泥炭层露出地面，就形成了目前在玛多地区常见的"黑土滩"——当地的一种严重的生态灾难。泥炭层暴露后形成的黑土滩由于颜色偏深，在阳光直射下容易吸热，从而导致地表土温上升，泥炭层中结冰的水分随之融化，并随着永冻层的下沉而向下渗透，将土壤中富含的无机盐融化，使液态水盐碱化，变成植物根系无法利用的水资源。因此，黑土滩一旦形成，就可能导致数年甚至数十年间牧草无法正常生长，成为真正的黑土滩荒漠。

---

[1] 《玛多县志》编纂委员会：《玛多县志》，中国县镇年鉴出版社 2001 年版，第 19 页。
[2] 降解是指在热、光、机械力、微生物等外界因素的作用下，化合物分解为简单物质的过程，参见张宝旭：《环境与健康》，科学出版社 2000 年版，第 12 页。

　　针对黑土滩问题，笔者请教了玛多农牧局草原站的桑杰。这位土生土长的玛多人，虽然只有三十二岁，却有着十三年的草场工作经验。谈到黑土滩时，他表情十分沉重："玛多地区的黑土滩目前主要分布在扎陵湖，而且还在扩大。之前主要是通过种草防治黑土滩，第一次大规模的防治时间是在2001年。如今看来，效果并不明显。"

　　藏族居民经过长期生产生活经验的积累，意识到泥炭层和腐殖质层对草原的特殊作用，明白一旦扰动了这一脆弱环节，就会造成草原产草量下降、下陷、沙化，甚至引发生态系统的彻底蜕变。所以，在其生产生活过程中，决不轻易扰动泥炭层和腐殖质层，做到了生态环境的精心维护与高效利用的相互兼容。凭借长期形成的与当地生态环境相适应的传统生计，藏族居民能够不间断地从自然界中获取生存、发展所需的物质与能量。

　　（1）"不动土"生产。藏族居民传统生计中保持着尽量"不动土"的习惯。比如，绝不轻易挖地取土，不打井取水，也不会焚烧草原。在海拔3500米以上的区段，一般都不种植庄稼，因为海拔越高的地区，腐殖质层就越薄，被破坏之后的地表也越难修复。一些藏民告诉笔者，过去即使在采蘑菇、采草药等活动中留下脚印，他们也会回身将其填好，就像爱护自己的孩子一样细心呵护着脆弱的草原表层。在一些地区，甚至还保留着"动土先请神"的习俗。春耕前一天，每户带来一对耕牛，由该户主妇向天敬酒一次，在耕牛脑门上抹三道酥油，以示吉祥。这一农耕仪式也表达出人们对不得不动土的敬畏和歉疚之情。"面朝'泥炭'（层）背朝天"的藏族居民，其主要耕作对象也不是"土壤"，而是风吹来的沙土和地表腐殖质的混合物。在耕作过程中，他们尤其重视"耱"这一环节。耕翻之后，迅速耱平，就是为了压实风化壳。可谓是地道的"不动土"耕作。

　　近年来，在利益的驱使之下，这一"不动土"原则渐渐被忽略。从20世纪80年代开始的无节制、无规律的黄金、煤矿开采，不仅撕裂了地表的泥炭层和腐殖质层，还掘开了永冻层，这样就使地表植物失去了赖以生存的根基。水源的流失更是给当地的生态环境带来了致命打击。大量外来人口的涌入，也打乱了这一地区正常的生产生活秩序。为了便于将粮食和牛羊卖给外地人，牧民们一方面扩大种植面积；另一方面在喂养牛羊时，也不再往山上赶，而是长时间使用河畔、湖畔等冬季牧场区。局部的过度放牧已经导致了黑土滩的出现。

（2）转场浅牧。玛多地区的草场可以分为两种：一种是牧草较为丰富的"冬牧场"，主要分布在山谷或河谷地带。这一地区由于水源丰富，牧草较高，产草量也比高海拔地区多出 3—5 倍，所产之草是牲畜度过漫长冬季的饲料来源。另一种是分布在高海拔地带的"夏牧场"，一般在海拔 4500 米以上。这一地区气候严寒，牧草低矮且产草量低，只有在夏天才加以利用。

玛多地区牧民的放牧策略是"先苦后甜"。紧跟季节转场，而不是随着青草走。另外，也不会贪恋优质草，而是要抓紧消费劣质草。一旦气候回暖，冬牧场首先返青。之后，牧场会随着海拔的升高依次返青。当地牧民不会让牛羊食用新生的幼苗，而是随季节转场，不断将牲畜往山上赶。春夏之交，在赶牲畜上山的过程中，牲畜吃的基本上是雪融后露出地面的干草梗，给新鲜的植株留下了足够的成熟结籽时间。直至夏天过去，牲畜在秋天下山的过程中才能吃到青草。当地牧民形容他们的牲畜是"夏壮秋肥冬瘦春死"，此与放牧方式有很大关系。和其他藏区一样，玛多地区有着"不能提前一天进入冬牧场，否则要接受处罚"的惯例。所有的这些做法，都是为了不过度消耗冬牧场，以保证冬牧场的结籽量和蓄积量，使牲畜平安过冬。这种转场放牧，需要藏族牧民付出艰辛的劳动。为了放牧，他们可能每天要走几十公里，但也只有这样才能使草原每年产出的草得到均衡消费，保证了草原的可持续发展。

除了及时转场之外，藏族牧民还注意实施"浅牧"。也就是说，在放牧过程中，绝不放纵牲畜吃个痛快，而是不断迫使牲畜迁移，使其只能匆忙进食。这样，就能控制牲畜对鲜嫩牧草的取食量，从而保证当年牧草不会被消耗殆尽。一般而言，至少会有 30% 以上的牧草可以保留下来。这些植物残株正是地表腐殖质层不断累积的保证。同时，在牲畜快速移动的过程当中，其粪便会均衡撒于草原之上，不断加厚腐殖质层。也就是说，牛羊一边在吃草，一边在播种，为来年准备新的食物。

1957 年以前，草原的所有权属于当地头人和寺院，那时基本上是按照藏族传统方式来利用草原。半个世纪之后，草原的所有权经历了几次变革，先是建立国有牧场，到 1983 年又实行草场包干的牧场责任制，草场下放到牧民手中。不过，笔者在田野调查时发现，玛多县直各机关，包括学校，至今还保存着自己的"机关牧场"。这类牧场几乎都分布在山谷或河谷地带，属于那些水源丰富、牧草优质的早年"冬牧场"。这些牧场的自然条件较好，牧场所有者拒绝实行"转场浅牧"的放牧方式，而是将牲畜长期关养在牧场中。牲畜一年四季留在水土肥美的冬牧场。开始几年，仿佛是节省了大量的人力物力。但这种做法却是十足的"寅吃卯粮"的错误经营办法。这种掠夺式的放牧方式，使草原得不到休养。牲畜的过度啃食使草场结籽量逐年下降，牧场无法更新，加上牲畜的密集践踏，导致了地表腐殖质层的扰动。结果原本是最好的牧场却养出了最差的牛，最多的草却喂出了最少的牛，最过度的放牧却得到了最少的收入，最后不得不靠饲料补给来帮助牲畜度过寒冬。

玛多地区的"过度放牧"问题，一直被认为是该地区生态破坏的主要诱因之一。一般意义上的"过度放牧"是指放牧超过了草场的承载能力，草场植物不能恢复正常生长而造成草场退化。玛多地区的"过度放牧"常常被归咎于牧民盲目增加牲畜数量，从而导致草场放牧牲畜的密度过大，生态失衡。事实上并不尽然。玛多草原站的一名工作人员告诉笔者："其实，今天的草原并没有超载，在 1981 年、1982 年、1983 年那些年，我们玛多县的牲畜数量达到过 60 万—70 万头，现在才有 15 万头，还不及当年的四分之一。发展的空间还很大，大可不必让牧民退牧。"究其实质，玛多地区的"过度放牧"是一种"结构性过载"，即主要是由冬牧场的"恶性过载"所引发的一系列连锁式的生态蜕变。"机关牧场"的划定，可谓是一系列"恶性循环"的导火索。玛多地区的牲畜承载量是由冬牧场的载畜规模决定的，而"机关牧场"的存在打乱了原有的牧场资源利用结构。凡是被划定为"机关牧场"的地区都由"冬牧场"转变为"四季牧场"，不仅使得本草场的牲畜承载量大大缩减，还导致了整个地区公用冬牧场面积的极度萎缩。

随着冬牧场的萎缩，整个地区总的载畜量也随之锐减。如果要维持较高的牲畜饲养规模，那么萎缩后的冬牧场就必然过载，最终导致这部分残余的冬牧场也迅速蜕变、牧草生产量锐减。即使实行传统放牧方式，牲畜在冬季也有大批被冻死和饿死。与此同时，夏牧场的牧草资源却得不到充分利用。夏牧场每年长出的牧草由于没有得到充分消费，其植物残株无法混合牛羊粪便转变为新的腐殖质层，以至于夏牧场也因为放牧不充分而局部退化。换言之，从表面上看，划为"机关牧场"的土地面积虽然不算太大，却具有牵一发而动全身的多米诺骨牌效应，导致了整个玛多地区放牧的结构性过载。

另外，一些城镇建筑用地、工业用地原来也多是冬牧场的所在地。这种由外在强制力量所导致的冬牧场减少及相关的结构性过度放牧，目前也已成为玛多地区生态恢复建设中亟待解决的问题。

（3）多畜种放牧。玛多地区气候寒冷，野生植物种类相对较少，但牧草的物种仍具有明显的多样化特色。据果洛州草原水利工作队 1979 年印发的《天然草场考察报告》中的有关记载，玛多植物种类约为 140 种，牧草类占 30—40 种，其中包括藏蒿草、粗喙苔草、短蒿草、长花野青茅、早熟禾、紫花针茅、紫羊茅、凤毛菊等优良牧草。藏族居民放牧的畜种有牦牛、黄牛、犏牛、绵羊、山羊、盘羊、驴、马、河曲马、骡子等。目前，玛多地区牧民家的牲畜结构大都是多元的。笔者 2008 年 8 月在星宿海①走访时发现，牧民巴桑家放牧的牲畜主要是羊和牦牛。其中包括 800 头绵羊，115 头山羊，200 头属于巴桑家，715 头属于黑河乡技校；还包括 110 头牦牛，40 头属于巴桑家，70 头属于黑河乡技校。

传统藏族牧民大都采取多畜种放牧的方式，既可以充分开发牧区生产力、提高载畜量，又有利于草原的可持续利用。首先，不同的牲畜对牧草的采食各有偏好。例如，牛喜食高大的、多汁的、适口性较好的草类，羊则爱吃短小的、含盐量高的、有气味的各种植物。多畜种放牧可以立体利用草场空间，连续利用植物生长时间，使各种不同类型的牧草都得到采食，以保证草场的各类牧草得到均衡消费，实现草原的综合利用，提高载畜量。其次，多种牲畜混合放牧还可以控制那些在单种动物生存条件下极力滋生的不适物种，降低灾害风险。如果在牧场上实行单一畜种的专业化放牧，比如仅放牧牛群而不搭配放牧羊群，那么草场上牛偏爱的牧草会越来越少，甚至消失，而牛不喜食的灌木和某些杂草往往会大量生长，使牧场植物结构发生变化，牧草质量下降。多畜种混牧则可以避免这种情况的

———————————

① 玛多的星宿海，俗称星星海，由多个湖泊组合而成。在阳光照耀下，这些湖泊像闪烁的群星，因此得名。现分为上星星海、中星星海、下星星海，藏文中分别叫作阿勇贡玛措、阿勇哇玛措、阿勇尕玛措。

发生。

（4）保护野生动物的多样性。玛多地区是各类野生动物生息的场所，主要有野牛、野驴（俗称野马）、黄羊、石羊、白唇鹿、狼、红狐、雪豹、旱獭及各种鸟类等。① 当地居民"不杀生"的做法在很大程度上保护了动物的多样性。藏传佛教信徒素来有不随便杀生、甚至连植物也不随意损毁的禁忌。这种禁忌行为的背后，其实也蕴含着藏族传统文化对生态系统的精心维护。此外，正是多种野生动物的存在，与当地生息的人类、牲畜和植物一起构成了完整的食物链条。野生动物可以采食牲畜不喜食的牧草，其排泄出的粪便可以加厚草原的腐殖质层，野生动物还可以成为一些牧草的"天然播种机"②。一些看似有害的动物，比如鼠、兔等动物，在腐殖质层里面打洞，也会把有机质带到地底下，可以加厚腐殖质层和提高土温。当然，这类动物不能太多，不然会过度啃食地表植物，引发"风化壳"，造成生态系统失衡。在食物链中解决这个问题并不难，因为这里还活动着它们的天敌，如沙狐、鹰、乌鸦等。自古以来，当地居民就十分爱惜这些动物，尤其是鸟类。它们相互制约，保持着生物链的平衡。

20 世纪 60 年代初，我国粮食歉收，各地的捕猎队接踵而来，致使这里的野生动物资源遭到前所未有的破坏，数量急剧下降，有些甚至濒临灭绝。尽管其后国务院颁布了《保护野生动物资源条例》，情况略有好转，但仍然无法从根本上解决该地区乱捕乱猎的问题。笔者在调查中访问了当地林业站的一名工作人员。他告诉我们："之前，这里打猎的现象十分严重，打猎的主要是外来偷猎者和当地少部分牧民。虽然当地居民几乎每家都有枪支、弹药，但大多数不是用来打猎，而是用来防狼。禁猎政策推出后，由于执法力量没有跟上，盗猎者很容易规避监察。对盗猎者的惩处也过于宽松，以至于对藏族居民而言真的起到了禁猎作用，而对于外来的异民族偷猎者来说，却几乎不发挥作用。这种情况如果不做彻底处理，野生动物的保护很难落到实处。"

值得注意和警惕的是，野生动物的缺失，特别是食肉类野生动物的缺

---

① 《玛多县志》编纂委员会：《玛多县志》，中国县镇年鉴出版社 2001 年版，第 55 页。

② 野生动物采食牧草之后，并不能将其完全消化，其中有些植物种子又随粪便排出体外，在腐殖质层中生根发芽，长出新的植物。因此，野生动物可以称作是牧草的"天然播种机"。

失，正是目前玛多鼠害猖獗的关键原因。草原鼠害对于已经退化的玛多生态环境而言，其危害有甚于政策方面的不足。由于鼠害分布地域的广泛性和为害的持续性，对草地生态环境、草地生产力及草地畜牧业造成的破坏要远远超过雪灾和旱灾的危害。鼠害严重地区往往形成"秃斑地"和"黑土滩"，造成严重的水土流失和大面积草场退化。

　　玛多县不容乐观的生态现状不仅引起了众多学者的关注，政府部门也参考众家之议，着手治理。2000 年，总投资达 1299.54 万元的玛多县国家生态环境建设项目全面启动，这也是迄今为止果洛州最大的生态环境建设项目。① 项目实施过程中，大力开展人工种草，人工育林，围栏封育退化草地和灌木林，灭鼠灭虫，建设配套的水利工程，重点治理扎陵湖、鄂陵湖和黄河沿岸的退化草地。2003 年，国家又全面启动了"退牧还草工程"，在该地区造就了大量的"生态移民"。诸如此类项目的实施，的确改变了黄河源头局部地区的生态环境，对遏制整个黄河流域水土流失也具有积极作用。但从生态整体观的视角审视，并非所有的措施都具有长效性，有些甚至还可能会给该地区的生态恢复留下不小的隐患。

　　（1）"围栏封育"的争议：利大于弊还是弊大于利。2005 年起，国家开始实施"围栏封育"政策。把退化、沙化严重的草场用铁丝网围起来，禁止在里面放牧，封育 5 年。"网围栏工程"一经实施就引起了巨大争议，支持者和反对者各执一词。

　　"网围栏"的积极作用是显而易见的。其一，有利于草场的休养生息。正如玛多林业站王站长的介绍："玛多县的围栏封育已经实施了 5 年，有一定的成效。2009 年，县里又搞了 3 万亩的围栏封育。现在正在申报 6 万亩的湿地保护和 10 万亩的拉动内需工程。"其二，能够减少牲畜混群引起的纠纷。"网围栏"修建之前，牲畜都是混在一起来放牧的。牧民某家的牲畜与别人家的牲畜交配之后，产出的牲畜幼崽的所有权问题往往会引发牧民间的矛盾。围栏修建之后，各家的牲畜都在圈定的区域内放牧，很少与别家的牧群混合，此类的纠纷自然减少了。

　　"网围栏"带来的负面影响也是不可回避的。其一，牧民的经济压力增大。目前建造网围栏所需要的资金由三部分组成：一部分由中央财政拨

---

　　① 《玛多国家生态环境建设项目全面启动》，《治黄科技信息》2000 年第 4 期。

款，一部分来源于地方政府补贴，一部分由牧民自己承担。这三分之一的资金投入对于一般的牧民家庭来说，也是较为沉重的负担。其二，铁丝围栏分割了冬夏牧场转场的通道。牧民转场放牧，不可避免要经过别人家的草场，由此引发的矛盾并不少于"混群纠纷"。为了解决这一矛盾，政府在牧区划出了牲畜转场的通道。这些通道只能避开草场，在草原周边修建，如此一来，牲畜转场的路程要比以前多出几倍。为了提高转场效率，很多牧民开始使用汽车运载牲畜。虽然节省了时间和人力，但是也增大了牧民的经济压力，同时，沿途的草原"风化壳"也会在车轮底下破坏殆尽。其三，对野生动物的残害。在玛多地区的铁丝网栏上，不难看到血肉模糊的野生动物尸体。很多在夜间高速奔跑的动物看不清前方有障碍物，大多直接撞上去，有的瞬时死掉，有的挂在铁丝网上不能自救，流血饥饿致死。这也是对当地野生动物多样性的极大破坏。目前，已经有很多环保主义者就这一问题提出抗议。

从生态整体观的角度分析，蜘蛛网一样的"网围栏"将整个草原割得支离破碎，严重破坏了地表腐殖质层和泥炭层的完整性。草原作为一个活的机体被割裂，其自身的修复能力和生长能力也被极度压缩。修建"网围栏"所带来的生态隐患应当引起社会各界足够的注意。

（2）"生态移民"的无奈：移走牧民能不能救活草原。2004年，青海省政府根据"青海三江源自然保护区生态保护和建设总体规划"，计划通过宣传动员和移民补偿，把扎陵湖、鄂陵湖保护区范围内的扎陵湖乡牧户全部搬迁出保护区。经过动员，扎陵湖乡已有125户牧民搬出，剩余的190户并不愿意移民。后来，又把移民范围扩大到黑河和黄河两乡，结果这两乡共移出牧户189户，剩余535户。相关调查结果显示，移出的牧户以老年牧户、无畜和少畜户为主，分别占移民户总数的48.5%和68.3%，中青年牧户和牲畜多的牧户普遍不愿移民。这种牧户移民结构，使得通过移民来实现草地载畜量明显减少的目标难以实现。[①]

即便是能够成功动员大部分牧民走出草原，也未必能救得了草原。玛多县的生态移民迁入地在果洛州政府的所在地——玛沁县大武，以及同德

---

① 参见芦清水等：《应对草地退化的生态移民政策及牧户响应分析——基于黄河源区玛多县的牧户调》，《地理研究》2009年第1期。

县城东的巴滩。这两个地区的水资源供给主要来源于黄河源区的地下径流。一旦地下水过度使用，同样会导致整个黄河源区水源涵养量的下降。牲畜的资源消耗转嫁到人的身上，并不能从根本上解决黄河源区的生态安全问题。

从短期效果来看，目前在玛多地区采取的这些生态维护机制能在一定程度上缓解该地区的生态灾变。但究其根本，还是偏离了藏族传统生计模式，扰动了当地生态系统的脆弱环节，从长远来看并不十分利于生态环境的恢复。生态变迁是一个漫长的过程，生态恢复也要依靠长期的积累，一些追求短期效果的试验往往难以与当地的生态实际相契合。曾在玛多地区开展的"草库伦"①试验就是一个失败的例证。20 世纪 80 年代，"草库伦"试验一度在玛多地区流行，最大修建面积曾达到 0.73 万公顷。不过，至 90 年代初，"草库伦"建设已基本停止。在 2009 年的一次田野调查中，当地的一位牧民向笔者讲述了他在 1988 年修建"草库伦"和种植燕麦的经历："我当时在吉麦区种了 1000 亩燕麦。先用拖拉机把地翻好，然后用播种机播种。因为那年缺雨，很干旱，而且海拔接近 4000 米，所以灌溉问题很让人头疼。当时投资了近 30 万元，主要用于打水井，打了十几米深，最后买来水管想抽水来浇灌，结果管子买好了，河水也干了。"牧民的辛酸经历展示了"草库伦"短期试验的得不偿失。更为严重的是，在打土墙修建"草库伦"的过程中，"就地取土"、"深翻地"和"深打井"的做法都会直接破坏腐殖质层和泥炭层，击穿冻土层，造成冰水融化，冻土层下陷，地下水位越来越低，牧草无法存活，草场退化也就成了必然。修筑"草库伦"翻动过的土地，而今还是一片荒凉，几乎寸草不生。这成了当年违背生态规律的见证，其留下来的负面影响尚不知延续至何年何月。为此，更应反省藏族传统生计对生态恢复的作用，制定与其相契合的生态恢复机制，以尽可能在相对短的时间内，使黄河源区生态得以全面恢复。

就玛多县目前的生态状况而言，要尽快实现生态恢复，保障黄河源区的生态安全。第一，应树立尊重藏族传统生计的观念。目前有违藏族生存

---

①　库伦，蒙古语意为城围、院围。草库伦是草场围栏的一种形式，于 20 世纪 70 年代兴起于内蒙古草原，即用土墙等围起草场，进行综合管理和封闭培育，以提高牧草产量。

智慧和本土知识的做法，即使是一些若干年以来延续下来的积习，也必须尽快清理排除。例如，尽量压缩甚至废止不合理的"机关牧场"，还地于可以共享的"冬牧场"，缓解玛多地区的结构性过度放牧，从根本上解决该地区的"过牧"问题。第二，对于一些恶性的人为干扰活动，例如，盗猎、无节制的采矿、盗挖珍贵药材等行为，必须严厉惩处。为了对犯罪行为的惩处更为准确和公正，需要赋予牧民监督权和控告权。如此一来，已有的保护法规才能真正付诸实用，对黄河源区生态安全的冲击才能得到有效控制。第三，对当地生态系统中客观存在的脆弱环节，应立即启动系统的科学研究。对脆弱环节的性质及规避手段逐项验证，形成定本，提供给行政部门和技术部门照此实施，进而实现藏族传统生计的生态维护价值在生态恢复实践中的有效运用。第四，传统知识与现代科技接轨，将政策性保护落到实处。例如，可以从现代畜牧科学的角度，对藏族牧民多畜种混放的放牧方式进行指导和规范。针对当地不同畜种和草原植物的特点，科学规划混牧的畜种、放牧的时间，并将研究成果加以宣传推广，以实现牧场载畜量的提高和草原的可持续发展。

藏族千百年以来形成的传统生计模式与所处的自然生态系统之间客观存在着密不可分的耦合关系。这不仅是人类文化对自然界的简单适应，也包含着对生态资源的高效整合和综合利用。在人与自然的互动过程中，藏族居民能够长久的生息于如此严酷的寒漠地带，并保持了黄河源区域生态系统的基本稳定，这应当是藏族人民生存智慧的创举。他们的成功主要在于，能够巧妙避开当地生态系统的脆弱环节，以确保其持续利用和不断优化。为此，今后的研究必须聚焦于藏族的传统生计，深入挖掘其中的生态智慧，并与现代科学技术和信息服务体系相结合，创造出能长期发挥效能的现代人地和谐新格局。这不仅是黄河源区之福，也是全国人民可以共享的生态之福。

第四节 藏族游牧生计与寒漠带冻土层的维护

在我国三江源区的生态系统中，最脆弱的生态环节就是冻土层，而覆盖其上的腐殖质层和泥炭层又是保护脆弱环境的命根子。因此，在三江源区的人类活动只要不去干扰这种环节，其生态系统就是安全的；如果人类的活动冲击到了这种脆弱的生态环节，就会出现生态灾变。藏族传统生计方式的"不动土的农牧混合经营"、"转场浅牧"与"多畜并牧"以及对野生动物的保护等，正与三江源生态系统相符合，使其稳定延续了上千年。可见，生态系统的脆弱性是一个文化的概念，其实质是特定文化对特定生态系统的适应能力。

三江源地区指黄河、长江、澜沧江三江的总源头地带，这三条江都发源于此地，每年向黄河、长江、澜沧江下游供水600亿立方米。[①] 据我国水文部门测算，黄河总水量的49%，长江总水量的25%，澜沧江总水量的15%，均来自三江源地区。[②] 特别是黄河，几乎近一半左右的水量都得由三江源地区提供。三江源地区对下游水量和气候也起着重要的调节作用，是三江全流域最重要的水资源供给地，被誉为"中华水塔"。[③] 三江源地区海拔3335—6564米，平均海拔4000米左右。在青藏高原上，海拔在4000—4500米的地带，年平均温度为-1℃—2℃，最冷月平均气温为-11℃——8℃，最热月平均气温在7℃—10℃。[④] 该地区自然环境严酷、生态系统脆弱，属于典型的高原内陆性气候：寒冷、干旱、风沙大、辐射强、降水量少，蒸发量大。在这种环境下广泛分布着以蒿草属的冷中生植物为建群种的高寒草甸和以针茅属的一些寒旱生植物为建群种的高寒草原，以及垫状点地梅、苔状蚤缀等。近年来，该区域生态环境表现出恶化的趋势，出现了草地退化，植被破坏，土地沙漠化扩大，水土流失严重，湖泊与沼泽地萎缩、冰川退缩、河流水源减少等一系列问题，给我国社会经济发展带来了巨大的影响。[⑤]

三江源区的生态环境一旦遭受破坏而发生逆行演替，将很难恢复，甚

---

①　胡玉井：《三江源地区的生态危机与保护建设战略探索》，《青海科技》2006年第1期。

②　丁忠兵：《论三江源地区的生态地位与可持续发展》，《青海社会科学》2006年第2期。

③　《三江源自然保护区正式成立》，《人民日报》2000年8月20日。

④　康兴成、张其花：《青藏高原高海拔地区柏树生长季节的探讨》，《冰川冻土》2001年第3期。

⑤　20世纪末，黄河下游持续断流、生态环境呈恶化趋势，1997年黄河断流多达7次，总计断流226天，断流河段704公里，河口300多天无水入海，仅给山东省造成的损失高达135亿元。其断流原因就是三江源地区冰川退缩，土地沙化，源头水资源储备减少。1998年，长江流域爆发全流域性特大洪灾，也与三江源地区植被破坏，地表蓄水能力下降、水土流失加剧等因素相关。

至完全无法恢复。三江源区并不仅仅是单一的生态环境问题，作为我国四大牧区之一，三江源区除了要解决人民群众的温饱问题和经济社会发展，还涉及长江、黄河的水资源分配以及长江、黄河的生态安全等问题。

2009年7月和2010年8月，由吉首大学人类学与民族学研究所师生组成的调查队两次来到青海省玛多县。这两次田野调查，基本上围绕该地区的生态环境与藏族传统生计展开。调查主要以参与观察和访谈为主，也进行了相关的实地测量，包括草库伦墙体遗迹测量、鄂陵湖区探方测量、山坡草甸坍塌测量、不同草甸土层厚度测量等。调查发现，藏族传统游牧生计的发掘和利用是恢复黄河源区生态的重要凭借手段。如果忽视了藏族传统游牧生计的重要性，则难以在该地区建立起长期的藏族传统游牧生计与黄河源区生态安全一同发挥效能的生态恢复机制。

任何一个生态系统，其本身就具有稳态延续的禀赋，尽管生态系统也会发生变化，但持续的时间极为漫长。任何为了谋求人类的自我发展和社会的高效凝聚，都需要对所处生态环境作一定程度的改变，使之更适应人类的需要，如果这样的改变没有冲击所处生态系统的脆弱环节，那么该系统仍然可以保持稳态延续的能力。其结果表现为不仅生态系统会稳态延续，相关人类社会也得以稳态延续，这是人与自然和谐的理想状态。

客观存在的自然生态系统本身并无优劣之分，对生态系统进行评估完全是人类出于自身的需要。人类社会的价值观客观上并不一致，不同民族在其文化规约下各有其不同的自然观和自然价值认定体系。因此，"脆弱生态系统"这一概念进入学术界后，对于"脆弱"的界定众说纷纭。加之任何民族关注生态系统总是立足于特定的利害关系，这种利害关系会随着时间的推移而有所变动，这更加大了对"脆弱"一词理解上的分歧。归纳起来，人们对"脆弱生态系统"有如下三种理解：其一是纯自然的理解，即以自然属性或生态方面的变化类型和程度来定义，认为生态系统的正常功能被打乱，超过了弹性自我调节的"阈值"，并由此导致反馈机制的破坏，系统发生不可逆变化，从而失去恢复能力，称为"生态环境脆弱"；其二是自然—人文理解，即认为生态系统发生了根本变化，以至于影响当前或近期人类的生存和自然资源的利用时，称为"生态环境脆弱"；其三是人文理解的范畴，即当环境退化超过了能长期维持目前人类利用发展的现有社会经济和技术水平时，称为"生态环境脆弱"。①

我们认为，第一种理解回避了人类干扰对生态环境所发生作用和影响；第二种理解把人地关系系统视为一个静态的、封闭的系统，从中探求系统内部的自然因素和人文条件的变化及其后果，忽略了来自地区以外的可能投入、技术上的变化、经济活动的替代性以及环境退化对区域以外的影响，这与任何一个地区系统是开放的系统的认识相矛盾；第三种理解把区域环境变化和存在的问题与区域乃至区际的社会经济条件紧密地联系在一起，其目的在于找到最终导致生态环境脆弱和资源枯竭的真正原因，为正确识别人类与自然环境的种种关系和正确制定区域开发决策服务。因此，这种理解更具有理论和实际意义。

在三江源区的寒漠生态系统中，植物的生长量虽然很低，但也因为偏低，且地下还有冻土层反而会使得植物一旦长成，其有机物即便在植物死去以后也不会迅速地降解，而是以有机物的形式长期覆盖在地表，使得这些有机物所固定的二氧化碳十几年、甚至上百年都不会降解，以二氧化碳的形式排放到大气中，不会增加大气中二氧化碳的排放量。

笔者在青海省玛多县黄河源的考察表明，历年长出的草被牲畜采食后根本不会降解，就连粪便也不会降解，而是形成"粪石"。牲畜觅食过的草滩，枯草的残株也可以数十年不腐烂，有的在来年还能"春风吹又生"。这就表明，不被牲畜采食的植物更不会腐烂，而将超长期吸收的二氧化碳固定在有机物中。此外，在黄河源头区的滩涂地带和坡面的低洼地带，牧草的下方还生长着厚厚的苔藓层，还有历年已经枯死的干苔藓层沉积，干苔藓的下方还有上万年以来积累下来的泥炭层，这一切都是寒漠带植物中有机物的不同降解形式。但不管是哪一种形式，都能稳定地将二氧化碳固定在其中，对全球大气中二氧化碳含量的降低一直发挥着巨大的作用。此外，动物的躯体在寒漠生态系统中也不容易降解，同样起到固碳的作用。总而言之，在估算二氧化碳排放的副作用时，必须将寒漠带的固碳功能放在其中，这样才可以确保我们的估算更接近事实。同样的道理，要降低我国的二氧化碳排放量，有意识地提升寒漠生态系统的年均生长量，应当是节能减排的关键性手段之一。

---

①　刘燕华、李秀彬：《脆弱生态环境与可持续发展》，商务印书馆 2001 年版，第 6—7 页。

　　除了气温偏低外，土壤中的永久冻土层也会极大地限制和制约植物的生长。在青藏高原，地表以下0.8米深有多年冻土带存在，4月以后，天气转暖，气温开始升高，土壤由表层向深层开始解冻，由于地表下面还是冻土带，土壤板结，没有留出空隙，表层所解冻的液态水不能渗透到土壤深层，在地表就流失了，大量积雪也发生不了作用，融化成液态的水也渗透不到土壤中，以至于在土壤中没有植物根系所能吸收的液态水，使作物在此生长难度加大。土壤中的水结冰后，植物的根会因无法吸收水分而枯死。即使在生长季节，植物也会因缺水而严重降低生长水平；由于冻土层存在，作物所需的深层处的营养物质，不能通过根系输送地面部分。尽管土壤中植物所需的肥料十分丰富，但却因水结了冰，无法溶解这些无机肥粪，植物也会因缺肥而生长不良。同时，由于温度太低，致使有机物不能降解，更不能形成作物所需要的无机盐，作物也会缺乏营养。永久冻土层的上方，尽管在生长季节会因气温较高而不断解冻，但由于土壤和土壤中的水温都低于4℃，这种偏低的温度会使大多数植物的根系发育不良，而严重降低植物的年均增长量，加剧了植物在三江源地区难以生长的状况。受水分和营养物质的缺乏这一条件的限制，加大了植物在三江源地区生长的难度。

　　为此，寒漠带的植物在大多数情况下，根不是长在土壤中，而是生长在历年积累起来的有机物以及不同程度的降解物堆积层中，这样的有机堆积物正是高原寒漠植物赖以生存的根基。由于降解物堆积层很疏松，可以发挥绝热作用，地下的永久冻层不会导致这层堆积物在生长季节结冰，这才使得植物的根能够正常生长。尽管它们的降解速度很慢，但每年还是有一定量的有机物被降解还原为无机物，可以为植物的生长提供肥料。由此积累起来的腐殖质层还有储水和保水的功能，能够及时地给植物提供生长所需的水分。总之，如果失去了泥炭层和腐殖质层，土壤暴露出来后，就会导致地表的生物群落长期无法自然恢复。严重时，即使经历了百年也不会自然长出植物来，从而造成草原沙化。有鉴于此，把地表的腐殖质层和泥炭层可以视为寒漠带的"命根子"。

　　在我国三江源区的生态系统中，最脆弱的生态环节就是其永久冻土层，而覆盖其上的腐殖质层和泥炭层又是保护其脆弱环境的命根子。因此，只要在三江源区的人类活动不去干扰这样的环节，其生态系统就是安全的。对任何复杂系统而言，其系统的稳态延续都得仰仗更为稳定的外部环境，而且越是自组织能力强的复杂系统对外部环境的稳定性要求也就越高。任何一种能够稳态延续的自然生态系统，都只能形成并延续在一个相当稳定的外部环境中。民族及其文化总是寄生于特定的自然生态系统中，其稳态延续以所对应的自然生态系统的稳态延续为必要条件，生态系统的脆弱性实质上与特定文化对特定生态系统的适应能力互为表里。

依此，我们可以将脆弱生态系统的定义稍加修改，即一种特定的民族文化作用于它所不适应的生态系统时，该生态系统的年均生命物质产出率会明显下降，抗干扰能力随之降低，对干扰表现出较强的敏感性和较弱的自我调节能力，在受损后自我恢复难度较大。

目前，我国三江源区的生态蜕变主要表现为水土流失、草地退化、土地沙漠化、地质灾害等。[①] 因而，对三江源区草场在历史上土地的利用方式进行反思具有很重要的意义。本文以玛多县为田野点进行考察，展开研究。研究表明：玛多草原退化，虽然有其历史背景，但我们不能不进行深刻地反思，并重新审视我们所做的一切。今天，我们所能做和必须做的是生态保护与脱贫致富并举。[②] 查阅相关文献，并结合我们的田野调查，有关玛多草场退化的历史原因，归结起来主要有如下 5 个方面：

其一，草场使用权的更替。1957 年以前，草原的所有权属于当地头人和寺院，那时基本上是按照藏族传统方式来利用草原。半个世纪之后，草原的所有权经历了几次变革，先是建立国有牧场，由自由牧场改建为共有集体牧场，过去的私营畜牧业转化为集体畜牧业。这为当时经济的发展，应当说发挥了很大的作用，使玛多县连续三年获得了全国收入水平最高县的骄人称号。然而时过境迁，由于集体牧场在划分草场的时候，主要是集中在冬季草场放牧，而夏季草场则稀少，甚至缺乏对夏季草场的管理，因而出现了一头严重的负荷，而另一头却闲置、浪费，这给草原生态环境的平衡造成了巨大的影响。

由于冬季草场的严重过度放牧，远远超出了草场的牲畜负载力，因而，

① 杜永彬：《关于西藏构建社会主义和谐社会的调查与研究》，《中国藏学》2007 年第 2期。

② 傅志上：《边疆少数民族地区生态环境变迁与脱贫致富——云南省怒江傈僳族自治州经济开发新模式研究》，《思想战线》1998 年第 3 期。

草场退化严重,植被难以恢复,逐渐造成了草场的沙化,甚至形成成片的流动沙丘,并且随着气候环境的改变有逐步扩大之趋势。更为严重的影响还在于草场沙漠化以后,地表温度升高,寒漠带地底的永冻层受到了干扰。2009年我们在鄂陵湖加塔长地区,随机开取一探方($35°02'57''$N,$97°41'01''$E,海拔4302米,探方位于距湖150米左右),时间为13:08,地表温度26℃,探方37厘米深,探方最底部温度为11.5℃。由于诸多原因,数据可能存在误差。但是这并不能完全排除过度集中放牧不会对草场的退化造成间接影响,进而影响到冻土层的下陷,这是一个十分危险的信号。

玛多的草场在1982年被分配到小组,1995年再次被分配到家庭,实行草场包干的牧场责任制,草场下放到牧民手中。笔者在玛多县田野调查时发现,除了牧民有自己的牧场外,玛多县直各机关,包括学校,至今还保存着自己的"机关牧场"。而这些"机关牧场"几乎都分布在山谷或河谷地带,属于那些水源丰富、牧草优质的早年"冬牧场"。这些牧场的自然条件较好,牧场所有者拒绝实行"转场浅牧"的放牧方式,而是将牲畜长期地一年四季放养在水土肥美的冬牧场。开始几年仿佛是节省了大量的人力物力,但这种做法却是十足的"寅吃卯粮"的错误经营办法。这种掠夺式的放牧方式,使草原得不到休养。牲畜的过度啃食使草场结籽量逐年下降,牧场无法更新,加上牲畜的密集践踏,导致了对地表腐殖质层的扰动。结果原本是最好的牧场却养出了最差的牛,最多的草却喂出了最少的牛,过度的放牧得到的却是最少的收入,最后不得不靠饲料补给来帮助牲畜度过寒冬。

玛多地区的"过度放牧"问题,一直被认为是该地区生态破坏的主要诱因之一。一般意义上的"过度放牧"是指放牧超过了草场的承载能力,草场植物不能恢复正常生长而造成草场退化。玛多地区的"过度放牧",常常被归咎于牧民盲目增加牲畜数量,从而导致草场放牧牲畜的密度过大,造成生态失衡。事实上并不尽然。玛多县草原工作站的人员告诉笔者:"其实,今天的草原并没有超载,在1981年、1982年、1983年那些年,我们玛多县的牲畜数量达到过60万—70万头,现在才有15万头,还不及当年的四分之一。"[①] 发展的空间还很大,大可不必让牧民退牧,也就是说根本不是牲畜过载的问题。

---

① 田野调查资料存于吉首大学人类学与民族学研究所。

究其实质，玛多地区的"过度放牧"是一种"结构性过载"，即主要是由"冬牧场"的"恶性过载"所引发的一系列连锁式的生态蜕变。"机关牧场"的划定，可谓是一系列"恶性循环"的导火索。玛多地区的牲畜承载量是由"冬牧场"的载畜规模决定的，而"机关牧场"的存在打乱了原有的牧场资源利用结构。凡是被划定为"机关牧场"的地区都由"冬牧场"几乎转变为"四季牧场"，不仅使得本草场的牲畜承载量大大缩减，还导致了整个地区公用"冬牧场"面积的极度萎缩。

随着"冬牧场"的萎缩，整个地区总的载畜量也随之锐减。如果要维持较高的牲畜饲养规模，那么萎缩后的冬牧场就必然过载，最终导致这部分残余的"冬牧场"也迅速蜕变，牧草生产量锐减。即使实行传统放牧方式，牲畜在冬季也有大批被冻死和饿死的。与此同时，"夏牧场"的牧草资源却得不到充分利用。"夏牧场"每年长出的牧草由于没有得到充分消费，其植物残株无法混合牛羊粪便转变为新的腐殖质层，以至于"夏牧场"也因为放牧不充分而局部退化。换言之，从表面上看，划为"机关牧场"的土地面积虽然不算太大，却具有牵一发而动全身的多米诺骨牌效应，导致了整个玛多地区放牧的结构性过载。

其二，草库伦与网围栏的建设。在 20 世纪 70 年代"牧业学大寨"中，从内蒙古草原传入的草库伦建设是造成玛多草场退化的一个历史原因之一。据不完全统计，当时的草库伦主要是建在哈拉滩、擦擦尼却、少角卡拉、吉特昌膀、措哇尕泽、参木措等一带滩地处，总面积达 0.73 万公顷。[①] 我们在老县城附近实地踏勘了一个废弃的草库伦。[②] 这层永久冻土

[①] 《玛多县志》编纂委员会编：《玛多县志》，中国县镇年鉴出版社 2001 年版，第 142、19 页。

[②] 2009 年 7 月 19 日中午，我们在靠近老县城附近的一个草库伦遗址。针对草库伦墙体的一些遗迹作了现场实测。该草库伦的具体位置为老县城与新县城之间，略靠近老县城，海拔 4243m，经度 98°11′43″E，35°54′40″N。草库伦的墙一般是很长的，是由各个具体的小墙组合而成，我们选取了两堵层迹较清晰、保存较为完整的两堵墙为对象进行实测，以便能初步认识一下土墙的一些相关情况。第一堵墙：共 8 层，高 169 厘米，第一层高 36 厘米，第二层高 22 厘米，第三层高 13 厘米，第四层高 25 厘米，第五层高 17 厘米，第六层高 21 厘米，第七层高 18 厘米，第八层高 17 厘米。第八层厚 32 厘米。第一层厚 71 厘米，宽 142 厘米（取中间位置测量）。第二堵墙：共 11 层，高 170 厘米，第一层高 25 厘米，第二层高 19 厘米，第三层高 17 厘米，第四层高 19 厘米，第五层高 15 厘米，第六层高 19 厘米，第七层高 11 厘米，第八层高 10 厘米，第九层高 10 厘米，第十层高 14 厘米，第十一层高 11 厘米，第十一层厚 31 厘米。第一层厚 71.5 厘米，宽 175 厘米（取中间值）。

层的屏障给破坏之后，温度直接渗透到永久冻土层，冰雪融化，永久冻土层下陷，水越来越往下流，因而导致地下水位降低，河流、湖泊干涸。加之降水稀少，地表干旱严重，牧草无法正常生长，草场沙化，最终在劫难逃了。

2005 年国家开始实施"围栏封育"政策。由于这个计划投资过大，国家无力全部承担，于是政府出台了"三三制"，即中央财政出三分之一，地方政府出三分之一，牧民出三分之一。笔者访问了牧民代才仁，他说他家分得 8 万亩草场，现在没有牦牛了，只有 100 多只羊了。目前，国家投资正在围栏草原。自己出钱的话，是绝对围不起的，因为围 8 万亩需要 6 万元，可哪来的 6 万元？若贷款的话，你所放养的牲畜还不够抵债。为此牧民需要从银行贷款，为了抵债，牧民就必须出卖大量的牲畜，或者是直接从牧民的每年政府补贴中扣除。这样一来，牧民从以前的富有逐渐地蜕变成为穷人，其所积累的财富，就在这样的围栏过程中消耗掉了。

围栏也许唯一的好处，就在于解决了牲畜"混群"的问题。长期以来，牧区的牧民在放牧牲畜时，都是混合在一起的，这样一来，牲畜的发情，并不总是在自己所牧养的牲畜群里进行，也有与别人家的牲畜交配。这样交配所生产的幼崽，往往会有争议，这在一定程度上引发了牧民间的矛盾。围栏以后，各家的牲畜都在自己家的围栏内放牧，于是"混群"现象很少发生，争夺牲畜幼崽的问题得到了解决。

但是，在草原上围栏以后，新的矛盾又出现了。由于将草原按照"冬牧场"、"夏牧场"的放牧需要，以人口多少来划定草原面积，草原面积划定后，就用铁丝网围起来。这样一来，整个草原的围栏就密如蜘蛛网。于是自己家"冬牧场"与"夏牧场"不可能连接，总是被别人家的牧场所分割。在牲畜转场时，不免要经过别人家的牧场。要经过别人家的牧场，就得拆毁围栏，蹋坏别人家的草地。由此而引发的矛盾并不少于"混群"所引发的矛盾，且已成为牧区难以调和的矛盾。

原本想通过建造草库伦和网围栏的办法提高产草量，但却没有注意到寒漠带的草不是长在土中而是长在有机物中，以至于修建了草库伦但并不能提高产草量。相反地，建草库伦取土要去掉腐殖质层和泥炭层，反而导致了取土区段永久性的生态破坏。笔者看到，玛多旧县城城址以及草库伦的取土点经过了 20 多年，至今仍然寸草不生，这种为了刺激经济发展的做法违背了自然界的规律，造成严重的生态恶化问题。这应当是一个惨痛的教训。但需要考问的是，在这样广袤的高山草甸，需要围栏吗？

藏族游牧的生计格局，几千年以来在青藏高原已经形成了一种定式。但从 20 世纪 50 年代以来，甚至更早些时间以来的人类活动，都使得这些地区发生巨大的变化。而最为深刻的是 20 世纪 80 年代以来的"草场分割"与草场"围封计划"等至今还在扩大开展当中，就其对三江源区生态环境影响，长远来看还是需要商榷的。

其三，矿产的乱开采以及药材的挖掘导致生态环境的恶化。民族地区存在着对资源的粗放性开发问题。比如，在资源开发环节存在着掠夺性、无序性与低效性开发现象。在煤炭、铁矿等资源开发中，存在采富弃贫、采厚弃薄现象，缩短了资源开发的时限。[1] 玛多县矿产资源丰富，各种有色金属遍及玛多草原。合理开发和利用这些资源能够给当地的经济发展以及人民生活水平的提高带来较大的利益。然而，一旦不合理的开采就会给当地生态环境的正常运行带来巨大的影响，不仅危及当地经济社会文化的发展，更是给我国整个中下游地区生态环境，尤其是水环境带来较大影响。在查阅相关文献后发现，玛多县曾在 20 世纪 80 年代大量无节制、无规律地开采黄金、煤矿等，造成了当地自然生态环境的破坏。由于煤炭层、黄金等必是深埋在永久冻土层中。这样一来，不但地表的腐殖质层给破坏了，永久冻土层也遭到严重破坏，玛多县草原生态环境的脆弱环节就此蒙受了致命的危害，故而草场出现沙漠化也就无法避免了。

近些年，随着药材市场的兴起，在腐殖质层很薄的地段，或较厚地段，任由外来人员盗采虫草等名贵药材，人为地挖掉了地表腐殖质层，导致了草场大规模的沙化。必须指出，违反当地生态规律去追求社会经济的短期效应，必然造成灾难性的后果。不仅经济发展不可持续，当地的生态环境也会遭到致命的打击。关键的问题还在于，翻挖寒漠带腐殖质层和泥炭层会导致植物单位面积生长量严重下降，甚至彻底丧失。这样一来，我国辽阔的寒漠带也就随之失去了对二氧化碳的碳固化功能，将严重地干扰我国温室气体减排目标的实现。正当温室气体减排成为全球关注的焦点

---

① 周民良：《论民族地区经济发展方式的转变》，《民族研究》2008 年第 4 期。

时，如果能够正视寒漠生态系统的这一特殊功能，借助对当地各民族的本土生态知识的发掘，我们不仅可以稳定减排功能，而且还能明显提升这一减排功能。

其四，农业的不合理开发。在玛多县的一些河谷滩涂地带，藏族居民还是可以种植一些农作物的，比如青稞、豌豆等，这给当地居民的日常生活带来了更多的保障。然而，过度地、无节制地开垦滩涂地带，同样给当地的自然与生态环境带来巨大的影响。我们在鄂陵湖畔发现大量的黑土滩地，据当地乡民介绍说，这样的黑土滩地已经不但不能耕种了，而且还会污染水质。如今在鄂陵湖畔到处布满了这种黑土滩地，治理黑土滩地同样成了治理玛多县生态环境的重要难题之一。由于 20 世纪 80 年代，几万外地人一窝蜂地涌进玛多开矿。为了便于将牛羊卖给他们，藏族居民喂养牛羊时不再往山上赶，只是停留在湖畔、河畔等冬季牧场地区，而夏季牧场却没有得到充分地利用。超过度地、长时间地占据和使用着冬季牧场，如此一来导致了冬季牧场和夏季牧场极度的不平衡。时间长了就导致了黑土滩的出现，而且还严重影响了草原生态系统的平衡。因而，我们主张谨慎地、有限度地开发农业资源，倡导一种节俭、和谐的生活方式。①

我国的藏族居民都是以青稞制作糌粑为主食，相比之下，虽然青稞也是麦类植物，但产量却比小麦低得多。我国的科技工作者也多次以产量低为依据，希望藏族居民改种小麦，甚至采取行政手段推广种植小麦②，然而收效并不理想，藏族人们仍然偏好种青稞。那些主张在青藏高原种小麦的研究者，往往是凭借短期的气象观测就匆忙地下结论，而没有考虑到农业生产除了追求产量外，还需要考虑防范风险。针对青稞产量低，应当通过育种的办法和提高抗风险性等来提高产量。

---

① 南文渊：《藏族农耕文化及其对自然环境的适应》，《青海民族学院学报》（社会科学版）2000 年第 2 期。

② 农业站站长××说："因为披碱草、燕麦在冬天牛、羊可以吃，这样就能够过冬。因为冬天很多的牧草都枯死了，牛、羊没啥吃的了。我 1988 年在吉麦区种了 1000 亩的燕麦。播种主要是用播种机，先用拖拉机把地翻好，然后用播种机播种。因为那年缺雨、很干旱，而且海拔接近 4000 米。当时投资了 30 万元，主要用于打水井，打十几米深，盖房子等。最后买来水管想抽水来浇灌，结果管子买好了，河水也干了。"

　　由于寒漠生态系统存在着气温偏低和永久冻土层两大制约因素，农作物根系能够利用的土层极薄，植物也无法高效利用土壤中的有机肥。腐殖质层肥料虽然丰富，但也因为降解速度极慢，而无法加以利用，这是在高原寒漠带中土壤并不贫瘠，牧草却出现缺肥征兆的关键原因。也正因为如此，农作物对太阳光的利用水平极低，提高农作物的生长量也必然很困难。而笔者在玛多县的田野调查表明，寒漠带地区并不缺少光热资源，满足植物生长需求绰绰有余。只要我们能够利用特定的技术手段提高土壤的肥力，那么寒漠带的农作物年均生长量就会得到明显的提升。

　　其五，各类工程建设导致的草甸坍塌。目前，在三江源区有修筑硬化公路、开采石材敷设光缆、修建小型水电站及其他工程建设。这些工程建设大多环绕山脚而行，而却对其上方的坡体都没有进行加固，由此导致坡体的草皮下滑，形成草甸坍塌。

　　2009 年，笔者在玛多县调查的过程当中发现，有公路通过以及电缆经过的地方，因土质疏松，山坡草甸坍塌严重，尤其是玛多县通往玉树州的 214 国道周边。由于人为的扰动，坡脚或者是山腰处形成断层，把中间层给强制性的拉开，破坏了山体的连续性。一条光缆绕着山腰经过，工程留下的壕沟没有给完全的填满，形成一条"战壕"，使得山体被割裂成两个部分，造成落差。地壳运动强烈，再加上雨水的冲击，老鼠打洞，牲畜的踩踏等诸多因素综合影响下，高山草甸坍塌严重，几乎只要是有公路通过的山体都呈现出不同程度的草甸滑坡现象。这样就使地表的沙石裸露出来，水分大量蒸发，加之自然界的风化作用，造成水土流失，草场迅速沙漠化。据在县旅游局工作的某某介绍，在修玛多县至扎陵湖的 733 县道时，修路用的沙及土全部来自于草原，虽然一般来自草质较差的草原，但这些草原是由于过度放牧等原因而变差的，在一些不方便运土的地方，修路就近取土，所以路旁形成有大大小小的沙坑。在一些横向经过草坡的公路，草地会被挖断，之后，会出现草坡的坍塌。还有当地干部说，草甸坍塌的原因，是修公路和采石时对草坡造成断层，形成一定的落差，当遇到雨水还有鼠害时会使草皮下的沙石流失，草皮就会垮塌下来，这样也影响了上一层草皮的生长。

　　在公路、光缆等的修建过程中，特别是公路因需确保路基的高度稳定，往往要挖很深的路基，这就严重破坏了冻土层，反过来，如果没有挖到冻土层那么路基就不稳固，路面就会坍塌，这一点在214国道上已经得到证实。再加上路面的柏油硬化，路面温度与周边温度相差甚远。在星星海214国道旁草甸（距国道42米，海拔4259米）17：14测量的温度为26℃，而214国道路面（4255米）17：22测量的温度为41℃。这种情况对冻土层的影响可谓是致命的，对整个高原寒漠系统的危害让人堪忧。

在现场，我们看到泥土大多都裸露在外面，有些地方已经形成沙坑，沙坑里面没有长草，坑四周都可看到分层的草皮横切面，坍塌的草甸在露出土的地方有许多的老鼠洞。某某介绍说这块地方是被修路和建餐馆及埋电缆时翻动的，被翻动的草甸因土壤裸露风吹日晒，水蒸发量大，下雨又会造成水土的流失，严重的就变成沙坑了。他还说以前草甸可以长到10厘米，而我们现在看到的草甸退化到不足1厘米。他举例说，冷蒿是不应长在湿地草甸上的，但现在长得多，而且长势很好。土壤裸露后就会遭受草原鼠的破坏，他们统计过，1亩地最多可有2000多个鼠洞，300多个是鼠兔的洞，其他的可能是飞天鼠的洞，飞天鼠专吃草根，草场较差的地方，老鼠更容易发现及躲避天敌，草场破坏就更严重，很多湿地现在都变成黑土滩，最明显的就是扎陵湖湿地黑土滩的形成。

我们在牛头碑也看到了这种情形。牛头碑为黄河源头的著名景点，牛头碑坡底海拔为4295米，坡顶4606米，相对高度差为311米，2002年左右从山坡底修筑沙石公路至山顶。这条落差只有311米的公路共有大大小小24个弯道，道路的上方均出现不同程度的草甸泥土层坍塌，落差较大的弯道甚至出现了山坡的滑坡，大部分坍塌的草甸均有草甸泥土下层的沙石层裸露。在牛头碑背侧山坡上没有修路，草甸完整基本没有坍塌，也未见有鼠害，而修路的一侧直面，由于坍塌致使土壤裸露，鼠害也比较严重。

为此，我们还专门进行了实地勘测。① 被测量的草甸距废弃的老路有6米，距新水泥路有18米，新路旁有大概2亩地的采石场，草甸近路段有一电缆沟，沟内沙化，坡面距地面123厘米，土层29厘米，坍塌的草甸土壤裸露出来后就出现了鼠洞。勘测起点在海拔4266米处，坡顶终点

---

① 我们勘测的时间是2009年7月17日16：30—17：10；地点在34°51′24″N，98°08′22″E，4257米，临近星星海和214国道。

海拔 4206 米。在这 60 米的相对高度上，其草甸坍塌了 61 层，草甸坍塌距离最小为 56 厘米，距离最大处为山顶的 1244 厘米，平均厚度在 10—15 厘米。其坍塌趋势为越往山顶其坍塌的距离越大，越往下其坍塌的密度越大。[①]

可见，在三江源区的各类工程建设也对区域的生态环境造成了很大的影响。因此，在三江源区域开展与山体相关的工程建设时，必须考虑到冻土层的问题，这些草甸的下滑都是以冻土层为切面，草甸下滑后冻土层自然就暴露在太阳光下，如此会导致冻土层下伸，其结果将会导致整个山体的下滑，一旦这样的范围扩大而不能得到有效控制的话，整个三江源地区的生态屏障功能就会消失，将会导致无可估量的生态灾变。因此，我们认为任何决策的前提只能是在充分考虑不破坏高原生态系统、不扰动生态环境的前提下进行，否则得不偿失，不仅不能形成可持续的经济发展，而且最后导致生态环境的恶化，使人类面临环境灾难。

藏族"转场浅牧"、"多畜并牧"与高寒生态环境的耦合性。冰川研究者认定，高于海拔 3000 米地带，均属季节性寒漠带，寒漠生态系统的特点在于地表以下 0.8 米处为永久冻土层，年平均气温一般都低于 4℃。笔者调查的青海省玛多县年平均气温零下 4.1℃，除 5—9 月，各月平均气温在零下 3.0℃，最冷的 1 月份为零下 16.8℃。[②] 然而所有的植物，特别是高等植物只有在气温超过 12℃时，才能旺盛生长，因为较高的气温是促进植物生长发育及干物质积累的重要条件和指标。[③] 这就意味着在寒漠生态环境中，每年仅有短短的 50—120 天的时间，植物能正常生长，这是寒漠生态系统中，单位面积年均植物生长量偏低的重要原因之一。

藏族居民经过长期生产生活的经验积累，意识到泥炭层和腐殖质层对草原的特殊作用，明白一旦扰动了这一脆弱环节，就会造成草原产草量下降、下陷、沙化，甚至引发生态系统的彻底蜕变。所以，在其生产生活过程中，决不轻易扰动泥炭层和腐殖质层，做到了生态环境的精心维

---

① 其田野调查资料存于吉首大学人类学与民族学研究所资料室。

② 《玛多县志》编纂委员会编：《玛多县志》，中国县镇年鉴出版社 2001 年版，第 142、19 页。

③ 中国科学院海北高寒草甸生态系统定位站：《高寒草甸生态系统·第 4 集》，科学出版社 1995 年版，第 6 页。

护与高效利用的相互兼容。凭借长期形成的与当地生态环境相适应的传统生计，藏族居民能够不间断地从自然界中获取生存、发展所需的物质与能量。

玛多地区的草场可以分为两种：一种是分布在高海拔地带的"夏牧场"，一般在海拔 4500 米以上。这一地区气候严寒，牧草低矮且产草量低，只有在夏天才可加以利用。另一种是牧草较为丰富的"冬牧场"，主要分布在山谷或河谷地带。这一地区由于水源丰富，牧草长得较高，产草量也比高海拔地区多出 3—5 倍，所产之草是牲畜度过漫长冬季的饲料来源。

玛多地区牧民的放牧策略是"先苦后甜"。紧跟季节转场，而不是随着青草走。另外，也不会贪恋优质草，而是要抓紧消费劣质草。一旦气候回暖，"冬牧场"首先返青。之后，牧场会随着海拔的升高依次返青。当地牧民不会让牛羊食用新生的幼苗，而是随季节转场，不断将牲畜往山上赶。春夏之交，在赶牲畜上山的过程中，牲畜吃的基本上是雪融后露出地面的干草梗，给新鲜的植株留下了足够的成熟结籽时间。直至夏天过去，牲畜在秋天下山的过程中才能吃到青草。当地牧民形容他们的牲畜是"夏壮秋肥冬瘦春死"，此与放牧方式有很大关系。和其他藏区一样，玛多地区有着"不能提前一天进入冬牧场，否则要接受处罚"的惯例。所有的这些做法，都是为了不过度消耗冬牧场，以保证冬牧场的结籽量和蓄积量，使牲畜平安过冬。① 这种转场放牧，需要藏族牧民付出艰辛的劳动。为了放牧，他们可能每天要走几十公里，但也只有这样才能使草原每年产出的草得到均衡消费，保证了草原的可持续发展。

除了及时转场之外，藏族牧民还注意实施"浅牧"。也就是说，在放牧过程中，绝不放纵牲畜吃个痛快，而是不断迫使牲畜迁移，使其只能匆忙进食。这样，就能控制牲畜对鲜嫩牧草的取食量，从而保证当年牧草不会被消耗殆尽。一般而言，至少会有 30% 以上的牧草可以保留下来。这些植物残株正是地表腐殖质层不断累积的保证。同时，在牲畜快速移动的

---

① 2009 年 7 月 20 日访问××一家的转场情况，××说他家的牲畜每年要转场三次，6 月、7 月份由自家的"野马来"牧场转到黑河乡技校的"星星海"夏季牧场；9 月、10 月份转至自家的"扎郎"秋季牧场和"阿雄坎谷"秋季牧场；12 月份又转回到自家的"野马来"冬季牧场。

过程当中，其粪便会均衡撒于草原之上，不断加厚腐殖质层。也就是说，牛羊一边在吃草，一边在播种，为来年准备新的食物。

长期生息在寒漠带的藏族居民，对寒漠带的生态脆弱环节有着精深的理解，他们深知，地表的腐殖质层和泥炭层是寒漠生态系统的"命根子"，因而他们无论从事什么样的生产生活都不轻易地扰动它们，以避免地表出现"断层"。鉴于寒漠带独特的地理气候环境，寒漠上的牧草质地坚硬，难以消化，这些牲畜的觅食仅是采食当年冒出的嫩尖而已。由于数量有限，因而当地牧民每天放牧的半径很大，而且实施的是"不走回头路"的浅牧。在放牧的过程中，几乎看不到对地表植物的过度食用，牲畜觅食后剩下来的草依然能够覆盖土壤，而且这些被吃过的草还具有再生能力，来年可以顺利地萌发新芽。

此外，牲畜留下来的粪便还可以加厚地表的腐殖质层，这样长期积累后，能稳定而缓慢地提高单位面积的产草量。另外，牲畜的活动还会携带植物的种子实施远距离的播种，推动草场的更新换代。也就是说，执行这样的传统生计，不会触动地表的腐殖质层和泥炭层，因而对当地的生态系统的脆弱环节不会构成冲击。在这样的超低温环境下，只要人们不触动有机物降解的终点——泥炭，单位面积上的二氧化碳固化量，只能年年增加。

藏族牧民大都采取传统多畜种放牧的方式，既可以充分开发牧区生产力，提高载畜量，又有利于草原的可持续利用。

首先，不同的牲畜对牧草的采食各有偏好。例如，牛喜食高大的、多汁的、适口性较好的草类，羊则爱吃短小的、含盐量高的、有气味的各种植物。多畜种放牧可以立体利用草场空间，连续利用植物生长时间，使各种不同类型的牧草都得到采食，以保证草场的各类牧草得到均衡消费，实现草原的综合利用，提高载畜量。

其次，多种牲畜混合放牧还可以控制那些在单种动物生存条件下极力滋生的不适物种，降低灾害风险。如果在牧场上实行单一畜种的专业化放牧，比如仅放牧牛群而不搭配放牧羊群，那么草场上牛偏爱的牧草会越来越少，甚至消失，而牛不喜食的灌木和某些杂草往往会大量生长，使牧场植物结构发生变化，牧草质量下降。多畜种混牧则可以避免这种情况的发生。

因此，藏族所牧放的牦牛、马、骡子、羊等在藏区的生物群落中被模塑而定位，以及藏民又是如何协调地饲养，经过精心筛选与培育，使这些牲畜都能经受特定环境的考验，以适应了寒漠带草原环境。这就具体体现为藏族居民最具代表性的生计方式是农牧混合兼营，实施多畜种混合放牧。

从中我们发现，藏族传统文化已经高度地适应和顺应了高寒生态环境，成功对其进行了高效整合和利用，成功地规避了其不利的因素，有效地吸收和利用了其优越的要素并成功地做出适应的策略，从而保障了藏族居民能够源源不断地生息于我国的高寒地区。因而，立足于藏族传统文化中的文化特征，去筛选能够与之相匹配的现代科学技术，推动藏族传统文化的升级和创新就可以做到资源的高效利用和生态安全的维护相兼容，如此一来既能优化资源的利用方式，同时又可以确保我国的生态安全。[1] 因此，三江源地区的生态保护和建设，对实现水资源的可持续利用，最终实现人与自然的和谐相处，具有不可替代的作用。

当地藏族居民的生态知识是与他们所处地区的系统互为依存、互为补充又相互渗透的，他们这一生态知识并非孤立存在，而是与当地的社会生产和生活有机地结合在一起。只有在实现了传统生态知识与普通知识的结合，做到相互协调互补，这样才能做到充分利用好本土知识在当前减排工作的作用，甚至是维护地区性生态平衡和区域性生态安全中的重要作用。[2] 可见，当地牧民的这一生存智慧是"长期利用自己所处环境的自然资源，对自己朝夕相处的自然资源产生了一整套认知系统，并代代相传"，"既可以表现为特定的个人的智慧，同时也是集体创造的表现"。[3]

藏族居民的这套生态知识在藏族居民世代延续过程中不断得到丰富与完善，与当地藏族文化融为一体。这是经过了几十代人的长期实践，才探索出的一套行之有效的方法。所以，将他们的生态知识投入到当地的生态建设，也是最省时省力，且能够发挥特殊作用的方法。因此，我们要坚持发掘和利用各民族本土生态知识，坚持推动现代科技和信息服务与传统生

---

① 杨庭硕：《生态人类学导论》，民族出版社 2007 年版，第 118 页。

② 梁正海、柏贵喜：《村落传统生态知识的多样性表达及其特点与利用》，《吉首大学学报》（社会科学版）2009 年第 3 期。

③ 罗康隆：《文化人类学论纲》，云南大学出版社 2005 年版，第 274 页。

计的接轨。① 即使在科学技术昌明的今天，在三江源生态建设过程中，藏族居民的生态知识依然具有不可替代的价值。

第五节　青藏高原东南缘水资源储养的文化对策研究

我国青藏高原东南缘分布的民族主要是氐羌系统的民族，包括彝族、藏族、羌族、纳西族、普米族，以及少数蒙古族居民。在千百年的历史过程中，建构起了一套完整应对该区域环境的本土生态知识。如何借助当地各民族的本土生态知识，加速生态系统的恢复是这一地区提高水资源截留、储养能力的关键。需要解决的社会问题在于如何落实生态维护功能的合理报偿，如何稳定当地的经济发展，避免次生的生态破坏乃是最关键的水资源维护手段。

青藏高原的东南缘涉及整个川西地区以及毗连的甘肃、青海、昌都、云南等地的部分地段。这里既是长江的最大产流区，又是一个能对长江干流和水量稳定性能的提升可以发挥关键作用的地区。这一地区在自然地理结构上，具有"三高"特色：高海拔、相对高度大、大气湿度变化大。这就使得对大气降水的截留与储养条件不理想，要提高水资源涵养能力和缓释功能，只能仰仗生态系统发挥作用，然而，由于自然环境的差异太大，因而这一区域的生态系统的结构极其复杂，不同的生态系统对水资源的涵养能力又各不相同，更关键的还在于这儿的生态系统在经人类的扰动后，很容易发生蜕变。从水资源涵养能力较高的生态系统到蜕变为涵养能力极低的干热河谷②生态系统，从而丧失了对水资源的截留和涵养能力，进而影响到对长江干流水位和水量功能的发挥，因而要稳定长江干流的水位和水量的稳定，这一区段可以发挥关键性的作用。

我国青藏高原东南缘分布的民族主要是氐羌系统的民族，包括彝族、藏族、羌族、纳西族、普米族，以及少数蒙古族居民。这些民族的传统生计尽管有一定的内部差异，但就总体而言都是实施农牧兼营，而农牧兼营

---

① 杨庭硕：《生态人类学导论》，民族出版社 2007 年版，第 58 页。

② 干热河谷：指高温、低湿河谷地带，大多分布于热带或亚热带地区。区域内光热资源丰富，气候炎热少雨，水土流失严重，生态十分脆弱，寒、旱、风、虫、草、火等自然灾害特别突出。

的特色正在于垂直游动放牧，农田与牧场可以规律性的互换，坡面森林具有较高的放牧价值，相关的本土生态知识、技术和技能与所处的自然环境的适应度很高，种植与畜牧都具有多物种复合种养的特点，而这一系列的特色不仅对当地生态系统的维护发挥巨大的作用，对水资源的储养和江河干流的稳定也可以发挥关键的作用。[①]

上述各民族的传统生计，与水资源的截留和储养关系极为密切，轻易改动传统生计方式的结构，都会在无意中影响到水资源的截留和储养，其中，抵消寒漠气候的负作用和控制干热河谷的水资源无效蒸发对长江干流水资源的稳定具有巨大作用。但目前这一地区留下的生态隐患极多，特别是改革开放以前，对木材资源的超限量采伐和坡面森林的毁林开荒都助长了干热河谷面积的扩大化，目前已经酿成了重大的灾变。借助的当地各民族的本土生态知识，加速生态系统的恢复是这一地区提高水资源截留、储养能力的关键。需要解决的社会问题在于如何落实生态维护功能的合理报偿，如何稳定当地的经济发展，避免次生的生态破坏乃是最关键的水资源维护手段。

该区域总体地貌特征表现为南高北低，高山深谷相间，地表海拔差距较大，除非山体崩塌外，固定的湖泊水域很难形成，处于液态的水资源很容易在重力作用下快速流失，水资源的储养关键得仰仗地下水。更由于2500米以上的高海拔区，地下都存在有永久冻土层。3000米海拔高度的地段，地下永久冻土层会上升到距地表80厘米处，随着海拔的进一步提升，永久冻土层距离地表越来越浅。永久冻土层一旦形成，冻土层以下的底层就会完全丧失液态水资源的涵养能力，多余的液态水资源都会沿着坡面进入江河下游。然而，在这一区段，另有一个有利于水资源涵养的特点是每年都有较长的冰封期。在冰封期内，水资源、大气降水会停留在地表，等到夏季时才不断融化，给江河下游补给淡水资源，而这种状况要是搞得好，对我国江河下游水资源的补给可以得到妥善的解决。[②]

这一区段的气候特征对水资源的补养得失参半。由于坡面面对海洋，在暖湿气流上升过程中，容易形成地形雨，因而降雨量偏大，但降雨量是

---

① 马国君、李红香：《云南金沙江流域干热河谷灾变的历史成因及治理对策探究——兼论氐羌族系各民族传统生计方式的生态价值》，《贵州民族研究》2012年第2期。

② 杨庭硕：《亟待深入探讨的研究空间——青藏高原的文化生态问题》，《青藏高原论坛》2013年第2期。

随着海拔而变化：海拔 1000 米以下地段，雨量稀少，年降雨量在 600 毫米左右；在海拔 1000—2000 米之间的坡段，年降雨量在 1100 毫米以下；在海拔 2000 米以上的地带，降雨量稳定在 1200 毫米左右。由于高海拔区段降雨丰沛，地势较高，因而水资源的储能量很大，但是，这儿的雨季和旱季非常，冬天下雨少；反倒是春季降雪量很大，容易形成雪暴。与此同时，年均蒸发量也是随着海拔的降低而增大。

首先，在 1000 米以下的河谷地带，蒸发量超过降雨量的两倍。水资源的无效蒸发是水资源储养的大敌，因而，这是典型的干热河谷焚风区。这一区段水资源的维护使命正在于如何抑制水资源的无效蒸发，节约水资源，满足下游的供水需求。其次，在海拔 1000—2000 米的坡面，特别是河谷平旷地带，由于蒸发量与降水量几乎持平，液态水资源即使暴露在空气中，损失也有限，因而可以考虑兴修大型水利工程。控制植被的覆盖度和落叶层的厚度，可以明显地提高水资源的涵养能力和缓释能力，因而维护森林的稳定和生命力的旺盛是提高水资源涵养能力的关键。再次，在海拔 2000 米以上的高度，由于冰冻期加长，地下开始出现长年低温层，森林的密度会逐步地变稀，草原面积变大。随着海拔的上升，水资源的储养方式应当有所改变，不是加密森林，而是加厚地表腐殖质层和泥炭层的厚度。

只要上述三个方面能够针对所处地段做得到位，这一地带的产流能力将会稳定在整个长江总水量的 38% 以上，可以对下游水位和水量的稳定发挥关键性的作用。

在这一区段生活的少数民族，大多数属于氐羌系统的民族，如彝族、壮族、羌族、纳西族、普米族等，但由于历史原因，这儿还生息着较多的汉族和蒙古族居民。氐羌系统各民族的资源利用方式，具有很强的相似性，他们的资源利用特色包括如下一些内容。

首先，都实施农牧兼营的生活方式，畜群的饲养在经济生活当中占有很大的比重，农耕用地和畜牧用地要有规律的轮歇使用。都要分季节，按照垂直方式游动放牧。森林的落叶和农作物的秆蒿都是重要的饲料来源。①

其次，不管是农林牧，都具有复合种养的特色，农作物往往实施多作

---

① 杨庭硕、杨曾辉：《彝族文化对高寒山区生态系统的适应——四川省盐源县羊圈村彝族生计方式的个案分析》，《云南师范大学学报》2011 年第 1 期。

物的复合种植，牲畜也实行多畜种放牧，对森林的管护也注意到了多物种的匹配。在高海拔实施农耕时，为了避免低温的危害，植物往往是种植在脱水的粪便上。对耕地的翻耕，不要求实施深耕，当有机物降解过于缓慢时，往往利用火焚的办法来提高土壤肥力。

最后，这里的各民族还具有很强的狩猎采集倾向，其中采集药材具有较大的经济价值，木材和其他林业产品的采伐也具有很高的经济价值。为此，他们在土地资源的利用上，需要做大尺度的规划安排，要将河谷、高原、坡面、森林、草地做规划使用，因而每个社区的村庄都有一定的可移动性，土地资源的领有也往往是多生态背景匹配使用。

从 20 世纪 80 年代开始，这一区域开始了某些经济活动的转型，对这一地区的水资源的维护会发挥积极明显的副作用，具体内容包括坡面森林的毁损，固定农田的扩大，牧场面积的压缩，特别是季节性垂直放牧受到抑制，等等。这些经济转型对水资源的储养极为不利。此外，农田占有的破碎化无法大尺度的统一规划，对水资源的维护也极为不利，盲目地引进外来物种也会影响到水资源的储养能力。盲目照搬内地的农耕技术，也对水资源的储养不利。尤其在干热河谷带兴建大型水利工程，没有注意到水资源无效蒸发的抑制，其副作用也很明显。[①]

在 2500 米以上的高海拔区段，由于气温低，气压也越低，土层下会形成永久冻土层，以至于高大的乔木无法发育，即使成活了也无法长得很高大，因而根系较浅的草本植物会成为植被的主体。这不仅为畜牧业的发展创造了有利的环境，同时游牧业的执行也不会彻底翻动地表的植被和土壤，甚至不会触动地表的腐殖质层。与此同时，牲畜的粪便却可以不断地加厚腐殖质层。这样一来，随着地表腐殖质层的加厚和泥炭层的加厚，它们都能够加大水资源的储养能力。[②] 在这些腐殖质层上生长起来的苔藓植物，也具有很强的水资源涵养能力，因而在这样的地区，截留大气降水和液态水资源关键不是土壤，而是腐殖质层和泥炭层，原因在于地下悠久冻土层的存在会限制液态水资源的下渗，只有解冻了的表土才具有液态水资

---

① 　马国君、李红香：《云南金沙江流域干热河谷灾变的历史成因及治理对策探究——兼论氐羌族系各民族传统生计方式的生态价值》，《贵州民族研究》2012 年第 2 期。

② 　马国君、李红香：《略论经济开发与生态环境的再适应——以黔西北畜牧业的衰落为例》，《古今农业》2012 年第 3 期。

源的储养功能。而当地各民族实施的农牧结合，以牧为主的相关的本土知识、技术和技能，皆具有维护腐殖质层和泥炭层的作用，也具有加厚腐殖质层的功能，因而这些本土知识、技术和技能是稳定高海拔区段水资源储养能力的关键。① 如果把这样的高山疏树草地或者草甸开辟成固定农田，土壤一旦暴露在阳光下，土地也就失去了极大一部分水资源的储养能力。这不仅会影响到农业的稳产，还会降低当地的水资源储养能力，加剧江河下游的水荒。

在没有化肥的时代，当地彝族、纳西族和藏族居民为了提高土壤肥力，往往采用火焚的办法，烧掉地表部分的腐殖质层和枯草。这种做法对农业生产有利，但是对水资源的储养无利。可以考虑用化肥实施根外补肥的办法，尽量减少用火。此外，当地乡民将厩肥暴晒，或者是在地表的羊粪层上播种芜根，有助于腐殖质层的加厚。② 这样的本土知识、技术和技能，需要鼓励和传承。

高海拔区段的垂直游动放牧不仅仅有利于让牲畜避开雪灾，更有利于地表积雪的长期保存，因而这种放牧方式对当地的各民族的经济收入来说有一定的负面影响，但对于江河下游水资源的均衡补给却有重大价值。它可以确保在伏旱季节江河下游水资源的稳定，是一种利己又利他的知识和技能，理应受到尊重，江河下游的居民还需要考虑做出汇报。此外，当地各种居民实施的多畜种混合放养，有利于多样化饲草资源的均衡消费，又能够均衡的给地表加厚腐殖质层。这样的畜牧方式的延续，本身就有助于地表水资源的稳定提升，因而需要得到鼓励和报偿。

农业耕作由于需要翻动腐殖质层，因而从整体而言，对水资源的储养能力具有明显的副作用，但当地居民实施浅耕、混种、多物种复合种植却具有抑制地表水资源无效蒸发的作用。③ 如果有规律的改作牧场使用，可以使受损的腐殖质层和泥炭层得到恢复，因而农牧兼营也是对水资源有利

① 邵侃、田红：《藏族传统生计与黄河源区生态安全——基于青海省玛多县的考察》，《民族研究》2011 年第 5 期。

② 杨庭硕、杨曾辉：《彝族文化对高寒山区生态系统的适应——四川省盐源县羊圈村彝族生计方式的个案分析》，《云南师范大学学报》2011 年第 1 期。

③ 罗康隆：《论藏族游牧生计与寒漠带冻土层的维护》，《青海民族大学学报》2014 年第 5 期。

的本土知识。单纯种植，或者是季节用作牧场不仅耕地质量会迅速退化，对水资源的截留和储养更其不利，因而压缩畜牧规模有害无益，特别是牦牛的饲养，由于利用的是寒漠生态系统，其他农作物和畜种都无法食用，因而更是无法替代。没有牦牛，由于腐殖质层不能加厚，很多草很难播种，即使不完全加以利用对水资源也会发挥极大的副作用。

这一地区的坡面森林，在改革开放以前，已经大量过伐了。这不仅对生态维护不利，也是水资源储养的大敌。应当注意到，这里的河谷坡面具有十分明显的过渡性，因而各种生物物种的构成极其错综复杂。对当地各民族而言，他们拥有采集、狩猎各种植物和动物资源的本土知识、技术和节能，利用这样的知识、技术和技能，本来是可以获得较高的经济效益，而且还有助于坡面森林的更新和复壮，因而可以提升坡面对水资源的截留和储养。与此同时，他们还利用这样的坡面森林作为转场的过渡牧场，能够较有效地利用乔木落叶，而且能够快速的增厚地表的腐殖质层，经济效益与水资源维护效益可以兼容，甚至是实施有计划的间伐，对水资源的维护都有好处，因为过熟林的水资源储养能力反而会下降，因而适度的间伐，甚至是在林间少量的实施耕种都有利于森林物种的更新，有利于加速物种能量的转换，当然也有利于腐殖质层的积累，最终都可以提升坡面森林对水资源的储养能力。因此，即令是在采伐过的林地重新营林，也不应当完全禁止利用，反而要鼓励当地各民族按照他们的老传统去对这些森林加以适度利用，结果不仅能够加快森林的恢复，而且还能提升坡面的水资源涵养能力。

在森林恢复中，应当避免盲目引进外来物种。这不仅仅是出于防范生物污染的考虑，更重要的还在于外来物种与当地物种之间不易形成生物链，会障碍生物之间物质能量的转换，使林相单一化，森林中的物种构成水平降低。这对于抑制水分的无效蒸发有明显的副作用，更重要的还在于这些外来物种对当地的各民族而言，不具备成套的知识、技术和技能去加以利用，对当地的社会经济发展也是具有副作用的。因此，恢复森林生态系统要尽可能地选择当地的物种，而且是需要多物种同时引进，不能只管种树，而不管其他的伴生生物。同时，也需要将野生植物和野生动物一并引进，这样做不仅可以使得森林恢复快，而且地表水资源的储养能力提升也快。随着森林构成层次的增多，在坡面雾雨带水平降水的能力也会明显的提升，这也是增加水资源供给量的关键途径之一，相关的本土生态知识，同样需要得到尊重和获得合理的回报。对于已经干热河谷化的河谷底部，目前的蒸发量是降水量的三倍以上。① 因而，这是一个水资源的浪费带，如果不消除这样的浪费带，必然会加剧江河下游的水荒，因而为了缓解我国水资源匮乏的困境，所有的干热河谷带必须强制实施生态恢复。

在这一区段生活的彝族、壮族、羌族、纳西族、普米族等民族，拥有一套完整应对该区域环境的本土生态知识。这样的恢复工作，同样需要发掘、利用和推广各民族的本土生态知识、技术和技能。具体的做法应包括如下五个方面：

其一，当代技术需要接纳彝族和纳西族的多物种复合种植的知识、技术和技能。在已经荒漠化的干热河谷区实施生态恢复，不能简单地只种一两种树，机械的按照距离定植苗木，而是要实施多物种的复合引种，播种、育苗、引种块根可以同步实施，但最好是注意引种的秩序。应当在地下水位较高的区段，先引进有地下块根的藤蔓类和匍匐类植物，让它们尽快地贴近地表将表土覆盖。接着再引种苔藓类和蕨类植物，然后再引进灌木，最后才是定植乔木。这些做法和指导思想，当地各民族不仅懂得，而且还实施得非常好，应当放手让他们招标承担生态恢复工程。

其二，金沙江干热河谷带往往又是大中城市密集的工业带。目前，这些城市是将城市和工业废水直接排入长江，既降低了长江的水质，又给缺水的干热河谷造成了水资源的浪费。应当将工业废水，通过动力提升浇灌到干热河谷的顶端，用于培植泽生类的植物。通过这些植物和微生物的作用净化水质，提升地下水的水位，以利于生态恢复，使得干热河谷坡面逐步形成牧场，以利动物的利用，然后凭借牲畜粪便的积累去形成抑制水资源蒸发的隔绝层，不断提高坡面的地下水位和水资源的储集。②

其三，当地各民族对这一区段的传统利用方式，大多数是用作冬牧场使用，农田在冬天都要开放为牧场，农田的使用面积都要严格控制，其目的也在于节约用水。目前，随着干热河谷荒漠景观的加剧，在河谷坡面上

---

① 马国君：《我国西南干热河谷灾变研究的回顾与展望——兼论本土生态知识在生态维护中的价值》，《原生态民族文化学刊》2013 年第 2 期。

② 杨庭硕、伍孝成：《民族文化与干热河谷灾变的关联性》，《云南社会科学》2011 年第 3 期。

只能长出耐旱的景天科和仙人掌科的植物，或者稀疏长出一些木棉科的植物。地表的覆盖度太低，不能发挥抑制蒸发的作用，如果扩大农耕，水资源的储养能力还要下降，强制实施提水灌溉种植，又要浪费更多的水资源。因此，理想的利用办法必须逐步恢复农牧兼营方式，严格控制耕地，严格限制土壤的暴露，农作物的种植尽可能选种植株矮小，最好是藤蔓类和匍匐类植物，务使植物贴近地表生长，或者是以丛生状态生长。这不仅可以节约用水，还能有效地对地表实施有效降温。作物秆蒿需要畜群加以利用形成粪便，遍撒地表，以便加厚腐殖质层，使之发挥切断"毛细血管"，发挥抑制水资源无效蒸发的作用。

其四，因各种原因而形成的固定水域包括大型的水利工程，由于水面要暴露在强风和强日照之下，这会导致水资源的无效蒸发，因而哲学要借用其他民族的本土知识，引种浮水性的农作物，或者实施漂浮种植，减少阳光和风对水面的直射和吹拂，以利于降低水资源的无效蒸发，满足江河下游的需要，同时还能获得不小的经济收益。

其五，矿山废渣。开矿对地表植被的毁损都会导致在阳光直射下的无序增温，对城镇居民而言，不仅会加大日常生活的能耗，还会导致水资源的无效蒸发。因而，对此类已经毁损的坡面都需要想尽办法快速完成生态恢复。这不仅是生态问题，也是为提高水资源的储养能力做贡献，因而应当动用下游居民的用水付费，进行回报，推动受损生态系统的快速恢复，这样才能够有助于缓解我国水资源的匮乏。同理，无论是在废弃矿山恢复生态，还是在城市中实施建筑表面绿化，还是楼顶绿化，道路的绿化荫蔽等同样需要发掘利用各民族的本土知识、技术和技能。

上述五个方面的各民族的本土生态知识，需要查证相关的调查报告，试验报告和有关的论述，需要彻底弄清本土生态知识的利用对水资源的储养能力的提升份额。

基于该区域在自然地理结构上具有"三高"特点：高海拔、相对高度大、大气湿度变化大，而生存在该区域的氐羌民族经过千百年的历史积累，建构起了一套完整应对该区域环境的本土生态知识。在缓解该区域水资源的匮乏对策分析中，如何借助当地各民族的本土生态知识，如何落实生态维护功能的合理报偿，如何稳定当地的经济发展，避免次生的生态破坏乃是最关键的水资源维护手段。这是需要考虑的问题。目前，实施上述缓解该区域水资源匮乏的对策，需要面对的政策难点在如下四个方面：

其一，我国正在加速都市化的推进工作，这一区段的各少数民族居民，进城打工的人越来越多，最需要实施生态恢复的农村，劳动力稀缺已经达到了令人震惊的地步。事实上，在这些地区，按照传统的生计方式发展经济潜力很大，困难仅在于他们生产的产品切入市场的渠道不通，实施生态恢复得不到公正的回报，因而很难争取到足够的劳动力参与到紧迫的生态恢复工作中来。没有本土知识、技术和技能的乡民参与，对各种生态系统实施强有力的影响，生态恢复的进度会极为缓慢。这将会对水资源供给的缓解形成重大的拖累。

其二，政策不配套。正在执行的家庭联产承包责任制会导致土地资源的破碎化，而这种格局对农牧兼营传统生计的实施会构成严重的障碍，因为它无法执行大尺度的土地资源规划利用，农牧兼营的成本也会增高。可否通过合作社的方式，放大土地资源的规划面积去缓解其间的冲突，需要做更进一步的研究、探讨和试验。

其三，森林生态系统的退耕还林在这一地区没有注意到当地生态系统的特点，至今仍在执行，一旦退耕还林停止一切形式的利用，而没有注意到在这样的地带适度的利用和干预对生态恢复更有利，对水资源的储养也更有利。解决的办法是允许当地的居民在实施退耕还林时，可以变通实施，确保他们在退耕还林后还能有计划的利用。

其四，政府的生态建设投资方式，都是承包给各种企业去实施，而各民族的本土生态知识大多掌握在普通民众手中，没有进入大型企业的决策机制和工程规划机制当中。如果沿袭这样的资金和技术利用机制，各民族的本土生态知识将无法实现其价值，生态恢复和水资源的储养能力都会落空。解决的办法既可以鼓励各族乡民竞争承包生态恢复工程，也可以说服企业单位雇用当地的乡民参加生态建设工程，并鼓励他们发扬自己的本土知识、技术和技能。有成效时，应当为他们参与决策和规划铺平道路。也可以在大型企业承包后，将生态恢复任务进行分解，交由村或组去组织人力来完成，并支付一定报酬。这些做法都只能是各种做法的手段，终极目的是要推动当地各民族的本土生态知识、技术和技能登上生态恢复的大雅之堂，成为提升水资源储养能力的精神和知识财富，缓解我国水资源的匮乏也才有希望。

这一地区干热河谷的扩大化已经构成了灾变,因而加速干热河谷区的生态恢复是稳定大气降水涵养能力的关键,为此,如下几项对策值得因地制宜的稳妥推进。

其一,需要借助当地各民族的本土生态知识,有计划的加速干热河谷坡面的生态恢复,具体做法应当是先选用适度干预的手段引种块茎类藤蔓植物和丛生植物,务使成活的植物能够紧贴地表蔓延,确保对无效蒸发实施最大限度的控制。将城市污水提运到高海拔坡面实施缓流,支持复合种植的藤蔓植物生长,而不是把城市污水直接排放到长江干流。这样做,既能加速荒漠坡面的生态恢复,又能净化水质,提高长江水质,同时还能对炎热的坡面实施人力控制下的快速降温,抑制水资源的无效蒸发。对干热河谷带修建的水库,天然湖泊、河滩沼泽需要引种浮生性的植物,以此抑制固定水域的水资源的无效蒸发。有效地增加长江干流水量,等藤蔓植物大面积成活后,再考虑引种苔藓类和蕨类植物,并相继种植高大乔木。在整个实施过程中都需要尽量降低植被的高度,才有助于对水资源无效蒸发的抑制。[①] 目前正在推广的耐旱经济作物虽然对经济发展有一定的作用,但不能可持续利用,而且会浪费可贵的水资源对江河干流水位的稳定构成明显的副作用,因而必须实施严厉的控制。当地的经济发展应当通过生态公益服务的有偿报酬和生态恢复中的有用经济价值的作物去实现,不能仅关注其经济价值而忽视其生态价值。

其二,对坡面林带的生态恢复,需要循序渐进,先引种当地已有的藤蔓类和丛生类植物,先降地表覆盖,再考虑引种高大的乔木,不能反其道而行之。比如,当地原有的冷杉林被彻底采伐后,随着地表的大面积裸露和温度的攀升,以及相对湿度的下降,直接种植冷杉很难成活,在自然状况下,长出的柔枝蔷薇和茅草一类的植物不应当因为它们的经济价值低,而实施人为毁损,片面追求冷杉或者其他有较高价值的乔木。事实上,即令是冷杉林的自然恢复都必须经过一个漫长的演进过程,不可能一步到位。当地的气温降不下来,相对湿度不能提升,土壤的湿润度不能提升,耐阴湿的冷杉类植物是绝对长不出来的,即使勉强种活也只能是长成"老头"树。同时还需要注意,不管是处于森林恢复的哪一个阶段都需要

---

① 游俊、杨庭硕:《当代生态维护失误与匡正》,《吉首大学学报》2006 年第 6 期。

注意到多物种的复合引种。① 目前，大量引种日本落叶松是一个明显的失误。落叶松虽然容易成林，但只能长成单物种的森林，对生物多样性的保存极为不利，因而对水资源的储存也是极为不利。其实，若按当地已有的生态系统去实施有步骤，有顺序的治理，水资源的截留和涵养能力才能够得到稳步的提升，即使不采用特殊的水资源维护手段，水资源的涵养能力也会很自然地提升。此外，在原有的浮躁区段，应当着手有计划的高原湖泊恢复，恢复这样的高原湖泊稳定和半稳定，对水资源的维护和储养作用更其明显。

其三，对高原疏树草地必须坚持当地各少数民族的传统资源利用方式，汲取他们的本土生态知识、技术和技能，不能强行开辟为固定农田，应当坚持执行农牧兼营的资源利用方式，同时也不强求扩大森林资源的利用面积，也不盲目的追求森林的茂密程度。因为，在这样的高海拔区段，蒸发量大，风速快，紫外线强烈，地下永久冻土层较高，森林难以长得茂密，长得茂密以后反而不利于水资源的储养和截留，而且还会无效的浪费人力和物力。② 必须顺应当地自然与生态特色，尽可能以最小的代价，使之稳定的呈现为疏树草地生态系统，即令是为了经济效益的提升，推广花椒一类的经济树种，也必须保持疏树草地景观，不能盲目追求过密的花椒种植。此外，当地各民族传统知识、技术和技能在脱水后的牲畜粪便层上种植农作物，坚持多畜种的垂直放牧，不强行深翻土地等都应得到尊重。因为，这些知识、技术和技能都是经过千百年风险考验的有效做法，绝不能因为追求经济效益而丢失这样的好传统。③

人类的社会行为始终受到各种知识系统的规约和引导，除了普同性知识外，各民族各地区的地方性知识，一直在潜移默化中规约和引导着不同人们群体的社会行为。水资源靠文化去定义，水资源的配置和利用靠文化去实现。人类社会的角度出发，水资源匹配优劣的标准在于人类是否能够

---

① 马国君、李红香：《传统生计与生态安全——以金沙江流域氐羌族系各民族"耕牧混成"为例》，《吉首大学学报》2013 年第 1 期。

② 邵侃、商兆奎：《历史时期西南民族地区自然灾害的时空分布和发展态势》，《云南社会科学》2015 年第 2 期。

③ 杨庭硕：《种薯的温床：彝族地区马铃薯高产的生产体系》，《中国社会科学报》2010 年 6 月 8 日。

很容易且很有效地对其加以利用。不同民族所建构起来的生态知识如果能够与水资源环境耦合，则水资源的匮乏就其实质而言乃与民族文化的运作有关。

各民族建构的文化总是一个相对稳定的社会规范体系，这样的体系必须有赖于水资源提供生物产品和生物能才能存在与延续。为了确保生物产品和生物能产出的稳定，必然要求水资源的结构也必须高度稳定。这就提出了维护水资源的第一项目标，那就是各民族都希望他们能利用的那部分水资源在利用的过程中不发生会影响生物产品和生物能产出的变动。水资源作为陆地生态系统关键的无机背景之一，人类社会自然会对它提出更严格的稳定性要求。此外，水资源的稳定直接关系着人类自身的稳定，不管哪个民族都会很自然地认同保持水资源稳定的至关重要性，只不过表现形式有所不同而已。

第三章 西南山地草原的生态文化研究

第一节 彝族文化对高寒山区生态系统的适应

四川省凉山州盐源县在历史上曾经有三个民族在这发挥过深远的影响，最早是藏族，接着是漠西蒙古和硕特部，最后才是彝族。这一特殊的历史过程使得今天在这里所看到的文化生态特点既有别于凉山腹地，又与藏区不同。但从今天调查到的当代彝族生计着眼，却可以清晰地看到彝族文化对这里的特异生态环境做出了成功的适应。其社会生产效益和生态维护成效，都比大小凉山彝族地区更能彰显文化再适应的针对性和灵活性。

位于四川西部的凉山地区，其地理自然结构具有一系列特异性。从地形上看，大致呈现为北高南低的坡面过渡，但整个坡面河谷深切，地表相对高度差异极大。海拔虽高，但因处于北半球的南坡，而且面向海洋，以至于光照相对强烈，年降雨量也较同纬度、同海拔区域大。上述两个方面的自然原因，使得这里的生态结构呈现为多样性和过渡性。从亚热带到寒漠带的植物，在这里都有分布，所有的生物群落年均生长量比同纬度、同海拔的其他生态系统要高得多。但因年均气温偏低，又使得有机物的降解速度比同纬度海拔偏低地带低得多。换句话说，从海拔高度看，这里呈现为高山草甸生态系统，但这里却能长出高大的乔木。按照所处的纬度看，这里本该是生物的生长量和降解量都偏高的地带，但这里的生长量却明显地大于降解量，所有的生物群落都沿着等高线做垂直分布，而且各种不同的生态系统都沿着等高线的提升而按垂直方向过渡，生态系统结构的多样性和复杂性十分突出。同时又因地貌结构差异，而呈现为镶嵌状分布，生态结构具有明显的破碎化特点，同质性生态系统的连片分布面积十分狭小。①

自然与生态系统的过渡性，进而使得差异极大的民族也可以在这片土地上定居，并发展壮大。在历史上，这里依次充当过藏族、蒙古族和彝族的密集分布地，并延续至今，形成这里多民族杂居分布的当代格局。② 彝族进入这一地区为时较晚。当地彝族同胞的回忆表明，他们早年进入这一地区是靠依附当地藏族势力，并向蒙古王公缴纳税赋，才获得定居权，这样的收税地点在当地彝语中还被称为"鬼门关"。蒙古人在当地彝语中也有特定的称谓，被称为"特鲁人"。这个名字很可能是对和硕特蒙古人的省译，而对藏族的称谓则与其他地区的彝语相同。这种称谓上的差异，还可以折射出这三个民族在历史上政治权利的消长，以及从彝族视角出发，他们对其他民族评估上的差异，而且可以充分表明彝族是非常晚才迁入的民族。

结合上述两种背景作综合考虑，初步可以判定，当地彝族今天的生计特征显然属于彝族进入这一地区后文化再适应的产物。对文化适应已有成效的分析后不难发现，其适应的机制，及其适应的对象在适应策略上的灵活性。我们就是沿着这样的思路，梳理了最近在盐源县彝族地区的相关田野调查资料，从中证明当地最近一次彝族文化对生态系统适应具有针对性和灵活性，可以成为探讨文化适应的典型个案。

盐源地区的彝族与小凉山地区的彝族都实施农牧复合生计，作物秸蒿都要做牲畜饲料使用；农田收割后都要开放作牧场，持续多年的牧场又必须改做农田。③ 这些特点在两地差异不大，但对农家肥料的使用，两地区却呈现出明显的差异。两地的彝族都不像汉族地区那样，将牲畜粪便和吃剩的草料长期储存在畜圈中，到春耕前才集中一次性运输到农田中做肥料。而两地彝族的做法则是将畜圈中的牲畜粪便和剩草不断地移出畜圈，并将这些牲畜粪便暴晒在强烈的阳光下，有的牲畜粪堆甚至直接堆放在农户的家门口，没有人会感到有任何的不妥。他们认为只有经过暴晒后，才

---

① 陈晓莉：《凉山自然地理环境对彝族文化的影响》，《安徽农业科学》2008 年第 36 期。

② 四川省编辑组：《四川省凉山彝族社会调查资料选辑》，四川省社会科学院出版社 1987年版。

③ 朱圣钟：《论历史时期凉山彝族地区农业结构的演变》，《中国农史》2008 年第 4 期。

能做肥料使用，其原因在于给粪便加温，促进其降解。盐源地区的彝族对这一点执行得更彻底，往往是每隔十天就要清理一次畜圈，将粪便移出去暴晒。以至于到春耕时，送到田里的粪便已经脱水成了干块，甚至可以点火直接焚毁。

两地彝族的施肥办法一直受到农学专家的非议，认为这样处理粪便会使肥效丧失。但两地彝族坚持认为不这样做，粪便没有肥效。盐源地区的彝族甚至说："山不过火，土不肥。"对农学家和乡民之间观念上的冲突，在我们田野调查的初期，连我们也难以判断谁对谁错。只有当我们与盐源地区的彝族乡民一起收获马铃薯后，才知道他们这一做法的合理性和科学性。当地彝族种植马铃薯都是用整个马铃薯做种子，马铃薯种块一般都在200—300 克之间，每亩马铃薯地光种薯就需要 1000 千克左右，而产量则是种薯的 5—6 倍。同时，种下的种薯不会腐烂，也不会长大，还可以收回来喂猪。值得注意的是，由于种植时种薯是直接放在半腐烂的脱水牲畜粪便上，因而所有的种薯表皮都呈现深灰褐色，这是因为种薯下面初春时施放的肥料在收获时大部分都没有腐烂，从而将种薯的表皮染上了较深的颜色。至于新长出的马铃薯，表皮是较浅的黄色，肉眼就可以分辨开来。对这样的现象，彝族乡民习以为常，但这样的景象却对我们具有很强的提示作用，使我们联想到，由于盐源地区的海拔在 2700 米以上，土层下方都有较长时间的永冻层，地下土层彻底解冻的时间，在一年中还不到三个月，因而牲畜粪便降解的速度极其缓慢，有机物不能降解，就不能给作物提供无机肥分。彝族乡民要将牲畜粪便暴晒在日光下，甚至用火焚毁，显然是对当地气温普遍偏低，生物降解速度极其缓慢的一种针对性极强的适应手段，他们的做法具有不容置疑的科学性和合理性。

对各种牲畜粪便的肥效排序，盐源地区彝族也具有十分鲜明的特点。他们认为鸡粪的肥效最好，其次是羊粪，而猪粪与人粪几乎没有肥效，因而也拒绝用这样的粪便做肥料。由于鸡粪的数量有限，他们必须精心收集，专门用来种园艺类作物。而羊粪主要用于种植芜根，施肥办法也十分特殊。他们往往是用活动式围栏，在野外建构临时性过夜羊圈。在山上放牧时，每天晚上都将羊群赶到这样的圈中。但这样的羊圈使用个把星期后，就要将这样的羊圈移往他处，同时也要将羊群赶到新的羊圈中过夜。以至于供羊圈使用的地块，地表就会铺上一层半寸到一寸厚的羊粪，这样的地块就成了秋季种植芜根的耕地。因而可以说，芜根几乎是直接播种在羊粪上，任其自然生长。令人惊讶的是，这样种成的芜根产量极高，每亩地收割的芜根晾干后，还可以接近千斤。仔细观察发现，芜根的根部不是向下生长，而是分叉横向生长，须根的分布往往在羊粪与土层之间展开。这使我们有理由认为，他们之所以这样看重羊粪，是因为羊粪中有较多的伴生微生物，这样的微生物即使在气温偏低的季节，也能缓慢的降解，及时地为芜根的生长提供无机肥。同时在降解的过程中发出微热，使地表不冻结，以免窒息芜根的生长。同样的原因，他们之所以这样看重鸡粪，也是因为鸡粪在这样的高寒山区降解的速度比牛粪、马粪要快得多。猪粪由于含水量较高，极容易冻结，又难以升温，才被当地乡民视为没有肥效的粪便。

仔细观察他们所种植的其他农作物，也可以看到极其相似的现象。作物的根系，不管是马铃薯、燕麦，还是荞麦，其根系都表现为横向贴近土地表层生长，生长的土层都是乡民频繁施肥的表土层。正是因为当地彝族对生态系统有了精当的认识，因而这里的农作物产量高得令人吃惊，马铃薯和荞麦的产量比我国南方低海拔地区的马铃薯产量还要高。同样，这里的玉米根系和其他地区的玉米根系不同，这里的玉米根系也是横向生长的。原因也是因为地下土层的地温太低，深入土层的根会被窒息。为了照顾玉米的生物属性，这里的玉米只能种植在海拔相对降低的滩涂地带。这些区段地下一般不会有冻土层，玉米勉强才能较为正常的生长。显然，当地彝族是看准了这些区段水热结构的特异性，才选择这样的区段种植玉米，这同样是一种具有明确针对性的适应对策。

盐源彝族的放牧方式与贵州毕节地区的彝族的放牧方式有明显的区别。他们拥有的畜种与贵州地区的一样多，马、牛、羊、鸡、猪，甚至骡和驴一应俱全，唯一不同的是盐源地区的彝族拥有牦牛，这是其他地区的彝族所没有的。

在贵州的彝族地区，往往执行多畜种混合放养，马、牛、羊、猪、鸡等各种不同畜禽多以家户为单位，合成一个大的畜禽实施放牧。由于畜禽间物种的差异太大，因而放牧半径很小，对畜禽活动的限制也极为粗疏。盐源的彝族地区则不同，对各种畜禽的放牧呈现了一定程度的专业化分工。有的家庭拥有较多的羊，有的家庭有较多的牛，至于放牧牦牛则是个别家庭的专利。最值得注意的是，虽然对鸡和猪也放牧，但却听任这些畜禽在村寨周围觅食，一般对它们不加以特殊的限制。为了防止猪破坏农田，因而农田周围要设置障碍，甚至用土坯做成围栏。当然最经济的围栏建构办法是成行的种植低矮的灌木，再缠绕带刺的藤蔓植物，使其自然成篱。

与当地的彝族牧民交谈，他们会十分自豪地告诉你，他们如何调教自己的牛和马。调教的内容包括牲畜觅食的路线，觅食的时间和返村的时间，牧人指挥的口哨声或者专用彝语等。目的是使自家的畜禽每天能按牧人规定的不同路线觅食，而牧人则可以三五成群地坐在河滩上，悠闲地聊天抽烟，时间一到，自家的畜禽都会汇集到牧人身边来，一道回家。这样的放牧手段表面上看，只是一个人与畜禽的关系问题，或者理解为牧人为了放牧作业更加轻松而做出的适应。但若进一步考虑到，在这里的彝族村寨、森林、草原、农田、水源、河流是相互穿插分布的，牧人不仅需要紧跟畜禽移动，监控畜禽，不懂事的牲畜偷食作物，破坏幼林的风险几乎天天存在。但经过观察，这样的破坏在当地几乎没有发生。要解读其间的生态适应价值，绝不像看上去那样简单。经过综合分析后发现，这取决于好几个方面的知识积累：

其一，当地的彝族乡民对自己生息地的生态结构几乎了如指掌。每一座坡面在什么季节生长什么样的植物，他们基本一清二楚，并据此规定牲畜觅食的路线。其二，对各种牲畜的食性有充分的把握，当地的口诀说："羊爱浅草，牛爱深草，马爱独草，毛驴只吃巴地草。"同样是因为他们对每个坡面的季节性每种动物所需产草量有充分的把握，所以他们规定的牲畜觅食路线能保证不同的牲畜都能吃饱。其三，他们对头羊、头牛、头马都做过精心调教，使这些带路的牲畜通了人性，放牧路线都远离农田和幼林。当然，为了以防万一，农田和幼林往往需要用人工设置围障。但这些围障并不是那样牢靠，牲畜也是能够强行穿越的，但牲畜穿越的情况却很少发生，这不能不归因于彝族农民对牲畜调教有方。

对牲畜的远程控制不仅是一项"创举"，同时也是对当地生物物种多样性的精当把握。值得郑重指出的是，在这里的坡面上，牧草种类极其丰富多样，季节的变化频度也极高。上文提到的"马爱独草"，经过调查后发现主要是菊科、十字花科和百合科的植物。因为这些植物在开花前都会长出高高的花茎，这正是马群觅食的对象。这里的牧民正是因为注意到了两者的联系，他们才有把握坚信自己的马匹不会丢开野生牧草，而盗食庄稼。他们对畜群的控制，才会做得这样精准可靠。应当看到，彝族的这种牲畜控制办法，不仅与蒙古草原上的放牧方式不同，也与其他地区的彝族放牧方式不相同。只有通过这样的文化再适应，当地彝族才能做到，牲畜在穿越幼林和农田时，一般不会偏离路线，盗食农作物。

总之，盐源地区气候偏于寒冷，生物多样性明显，日照充足，而雨量适中，高大乔木可以与各种草本植物混合并存，这些特点与其他彝族地区都不一样。这才使得这些从小凉山搬迁而来的彝族移民，在传统生计上与小凉山彝族拉开了一定的距离，这些新起的内容无不表明，他们对新环境的再适应表现出极其鲜明的针对性和有效性。

作为一个迁入不久的人群，盐源地区的彝族很善于学习其他民族的成功经验，甚至照搬整套的技术和技能。当然这样的知识和技术技能也是其他民族适应当地特殊生态环境的成果，但可贵之处在于，当地的彝族最勇于排除文化的本位偏见，不仅勇于学，而且能做到大胆推广。盐源地区的制高点超过 4900 米①，盐源北部与木里交界就有大片的山区海拔超过3000 米。而这一山区又恰好是藏族、蒙古族、苗族和彝族的杂居带，长期杂居的结果，最终使得从彝族现有的生计活动中都可以清晰地看到，来自周边各民族的生态适应手段和方法。

当地彝族最特异的生计活动莫过于饲养牦牛。在其他地区的彝族中，偶尔也喂养过牦牛，但这里却大规模地饲养牦牛，牦牛的饲养量已经与当地藏族的牦牛饲养量十分接近。更有趣的是，这些彝族牧民饲养的牦牛全用藏语名称，彝族乡民平常不说藏语，也只有少数人可以勉强听得懂藏语，但他们却能用纯熟的藏语称呼自己饲养的每一头牦牛。他们解释说，这些牦牛都是从藏族居民手中买来的，所以用藏语指挥更便捷。然而这样的解释对他们管理牦牛的特殊做法却没有说服力。因为这里的彝族不会跟着牦牛群转移，而是要建立固定的汇集点，作为牧民定期访问牦牛生息地的活动营地，也成了召集自己家牦牛的会面点。当牧民到达时，自己家的牦牛群不管在多远的地方觅食，只要一听到主人发出的藏语呼唤，都会准

---

① 　王仕娣等：《浅议盐源县林业生态建设》，《四川林勘设计》2007 年第 3 期。

时到达，享用牧民带来的燕麦和食盐。当冬季高海拔地带封冻后，这里的牦牛会听从彝族牧民的指挥，游动到低海拔河谷地带觅食，但却不破坏村寨附近的森林、竹林和农田围障。这种冬夏营地分季节放牧的做法，是各地彝族较为一致的畜牧经营方式，但却与当地藏族控制牦牛的手段很不相同。藏族在冬季几乎不理会牦牛的存在，让它们自己谋生。因而在当地彝族的牦牛饲养中，既可以看到对本民族传统生计的延续，也可以看到从藏族学到的特种技术与技能。比如如何给牦牛挤奶，制作酥油；如何将牦牛扳倒在地等，都是从藏族学来的。但延续与学习的结果却始终表现为对当地生物物种多样性和植物群落多样性的高效利用与精心维护。由此而发生的某些生态问题，仅是近几年来才偶有发生。

　　我们在盐源调查时，县、乡两级政府都提到为了改善生态环境，引种了大量楠竹和毛竹，长势不错，但牦牛总喜欢撬翻竹林，专门食用竹鞭，与当地的生态建设老是过不去，目前还没有办法对付。应当看到这既是例外，也是新起的问题，因为这些地方不会自然长出高大的连片竹林，只会长出箭竹。正因为是新起的生态问题，牦牛捣乱和彝族牧民无力对付也情有可原。随着时间的推移，文化的再适应总会找出有效的解决办法来，但从生态建设的成效着眼，我们还是不得不说，这也许是引种楠竹不适当引发的新问题。原因在于，在这样的高海拔区段，地下都会有永冻层，年际间的气温也会有很大的波动，因而目前长势良好的楠竹林一旦遇到极端低温的年份，即使没有牦牛拱翻也会被连片冻死的。牦牛表面上看是在搞破坏，其实质却是在向我们示警：也许我们不应当把喜温的楠竹做这样的引种；看上去的坏事，或许反倒是好事。

　　在木里与盐源的交界地的北端，定居着少数的苗族，此前我们并不知道，但在盐源调查期间，彝族乡民告诉我们这里有苗族，他们自己也能听得懂苗语，这让我们大感意外。凭借他们的发音特点，因为辅音有大量的鼻冠音，可以判断这里的苗族属于苗族西部支系。但令我们感兴趣的不是当地彝族也能听得懂苗语，而是这里的彝族将苗族的"刀耕火种"方式运用到自己的生产实践去。从表面上看，个别地区的苗族一直从事"刀耕火种"并不奇怪，但是这里的彝族偏巧从苗族中引进特有的"刀耕火种"方式倒是一件怪事。这种"刀耕火种"的特异之处在于，这里的彝族也像当地苗族一样，他们有充分地把握对活着的中幼林也实施"刀耕火种"，并在这样的基础上，正常延续着农林牧的复合经营。当地彝族的具体做法是，在每年的特定季节纵火焚烧林区地表的枯枝和落叶。由于事前已经安排好了隔离带，所以顺风点火，火势可以得到极为精确地控制。火势不仅不会蔓延到其他的森林和草地，就连生长在其间的幼树，除了树皮被熏黑，不会影响到幼林的生长，而且经过火烧的中幼林的积材量反而比没有经过火烧的中幼林的积材量要加大一倍。

　　用当地彝族乡民的话来说就是，只要从松树枝条上的节距之间的长短就可以看出当地是否动过火焚烧枯叶，从而加速了木材的生长速度。动过火的林地，云南松枝条上的节距枯叶达到 30 厘米，而没有动过火的林地，枝条上的距离不会超过 30 厘米左右。这就表明，用火焚烧林地后，幼树的生长加快了一倍。据此他们强调，在他们的这个特有地区，纵火焚烧是育林的有效手段，而且是不可替代的手段。如果幼林地不过火，树木的生长就极为缓慢，弄不好就会长成"老头"树。幼林如果年年都掌握好按期火焚，林下不仅可以播种粮食作物，而且树木会长得很好。如果不播种粮食作物，林下也可以长出鲜美的牧草，用于放牧牛羊，只需要控制山羊的进入就够了。山羊会破坏森林，牛和绵羊在林间放牧对森林的快速郁蔽反而有好处。

　　对这种特殊的技能，在调查初期，由于乡民的解释其说不一，因而我们也无法抓住要领。在对他们纵火的季节作了综合排比后，正确的答案才逐步清晰起来。原来在这个特殊的地区，秋冬之交，日照十分充足，气温比同等海拔地区要高得多，因而相对湿度很低。但由于刚经历过雨季，土壤极为湿润，幼树的含水量也非常高，以至于在同海拔的地区，落叶树已经凋零时，这儿的落叶树并没有凋零，甚至还处在旺盛的生长期。与乔木相反，地表的草本植物，以及掉落的落叶则会处于充分高度干枯脱水状况，几乎是见火就着。正因为他们对这种天干地湿的特殊季节有充分的理解和把握，这里的彝族才与苗族一样，敢于顺山放火，做到既不会毁林，又能确保农牧增产。这完全可以称得上是一种绝活。

　　在调查中，我们最感兴趣的是，当地彝族对这种技能到底有多大的自信心。访问了几个老牧民后，他们引经据典地作了如下解释。他们说："最近几年，西昌地区为了搞生态建设，从日本引进了很多落叶松，这些落叶松已经初步成林，但也发生了意想不到的问题。由于当地的所有动物都不食用落叶松的枝叶，所有落叶松的枝叶都沉积下来，有的地方已经超过了一尺多，这是十分危险的事情。一方面，一旦失火，整个森林将无可救药，但这个地区在这样的气候条件下，要绝对确保不失火又几乎是办不到的事情，不相信，走着瞧，这样的落叶松林危险得很。另一方面，落叶松林下寸草不生，既不能放牧，又不能耕种。只是样子好看，但却毫无用途，而且落叶松目前虽然长得快，以后却会越长越慢，甚至会染病，其后果更难说。"林业部门的有识之士正在惊呼引进落叶松已经构成了生物污染。但这些牧民却不以为然，他们满怀信心地说："只需每年看准季节焚烧一遍，落叶松林下就可以长出其他植物，林间同样可以耕种和放牧。如果对长大的落叶松执行间伐，逐步置换其他乔木，同样可以重新形成我们当地特有的冷杉林。"从他们的口吻中，我们可以感知他们的自信，也可以从中明白，在气温偏低的此类高海拔地带，只要是处在面向海洋的迎风坡，由于有机物的降解速度太慢，降解有机物的昆虫和微生物生长季太短，因而他们采用火焚的方法，加速生物的降解，应当理解为是一项明智的抉择，而不是对生态系统的破坏。这才是一种真正意义上的，因地制宜的做法，因为这是他们文化再适应过程中获得的创新。

当地彝族从蒙古族居民手中也学到了不少的经验。彝族本来就长于制毡，但这里的彝族居民所披的毡子被称为"特鲁毡"，制毡的工艺与彝族传统的制毡办法稍有区别，与蒙古人的制毡也有区别。这里的毡子是用多种牲畜的毛排成，而且多染成红色，不同于其他地区的彝族毡子保留白色的本色，或者染成黑色。披毡的式样也剪裁成扇形，这样的毡子具有很好的绝热和防水功效，在当地的浓雾天气穿着，不会将衣服打湿。

蒙古族远距离放牧的做法却没有被当地彝族接受，他们仍然坚持在固定的坡面上，分季节流动放牧，很少进行跨地区、跨村寨放牧。其聪明之处在于，这里的生物多样性水平比蒙古草原要高得多，生长季也比蒙古草原要长得多。即使在隆冬季节，地表都不会完全封冻。在河谷地带，甚至到隆冬季节，也会温暖如春，因而远距离放牧，躲避"白灾"和"黑灾"，在盐源完全没有必要。加上产草量极高，森林落叶也可以放牧，因而他们根本没有必要跨地区放牧，但是，控制牲畜每天放牧的路线各不相同，却是他们独特的创造。因为，只有这样做，草场才能得到均衡的消费。由此看出，彝族在接受其他民族的技术和技能时，一直掌握着引进和消化吸收的主动权，表现出明显的灵活性来。

　　通过上述分析可以看出，当地彝族不仅善于吸取异民族的知识和技术技能，也长于消化吸收引进的外来技术和技能，甚至对于新出现的生态问题，也有足够的敏感性，并充满自信，这才是最令我们最受感动之所在。

　　毫无疑问，盐源地区彝族当前的生计方式显然做到了对所处生态环境的高效利用和精心维护，对生态环境的再适应既不失明确的针对性，又表现了务实的灵活性。生计方式流变的合理性十分明显，对迁入地生态环境的特异性认识和理解也能准确到位，但这还不是此次调查的核心内容。笔者认为更值得关注之处在于，长期以来，我们总是习惯于将民族文化与生态环境作一对一的分析，去解读其适应机制和适应成效。这种传统的分析模式，在这一个案中，会明显地暴露出缺陷来。

　　首先，这里彝族的生计方式与其他彝族地区已经拉开了一定的差距，文化与所处生态系统的对应关系不再是同一个框架内的已有内容，传统生计方式显然遇到了新的问题，如果对这样的新问题不能做出再适应，那么对文化适应能力的认识就得重新理解。

　　其次，这里的民族文化背景比以往研究的领域要复杂得多。如果结合彝族的迁移史，可以明显地看到，并存异民族对当地彝族的生计方式已经产生了极其明显的影响，墨守民族文化与生态环境的线性关系，显然不能对这里彝族当代生计方式的流变做出正确的解释。要正确理解他们的生态意识变迁，显然需要注意到藏族、蒙古族、苗族等这些并存民族对他们的影响。

　　最后，以往理解的生态适应总是在生态现象和文化事实之间，直接建立关联性去做出描述和评估。[1] 但在上述个案中，情况有所不同。很多生计方式的流变不是针对特定的生态系统的表征做出响应，比如说，不是针对有什么样的动物与植物去寻求对策，而是针对当地一种带普遍性的生命物质和生物能的转化机制做出应对。表面上的原因和结果之间插入了很多中间环节，表现出多重因果关系的复合并存。其中有机物降解缓慢成了众多适应性对策的聚焦点。

　　总之，这个个案中提供的文化适应过程，比此前的分析模式要复杂得

---

① 杨庭硕：《生态人类学导论》，民族出版社 2007 年版。

多。如果不完善已有的分析模型，只遵循因果关系的一一对应，显然很难对这个个案中揭示的再适应机制做出准确地说明。只有注意到上述三个方面的特殊性，在讨论文化的再适应时，才可望得以深入与精当。笔者认为这才是本个案最值得关注的核心内容。

第二节　西南地区混成耕牧制的生态价值

混成耕牧制是广泛流行于我国西南山区的一种传统生产方式，它的最佳适应范围是高山深谷相间的地形破碎地带，这样的地带很不适合现代农业和畜牧业的经营，同时又是灾变性水土流失频繁发生的生态环境脆弱地带。无论规划大规模的西部大开发项目，还是实施"长防"工程都无法回避这一水土流失的敏感区，都无法回避混成耕牧制的客观存在与延续。为了对这种传统的生产方式实施诱导重构，使之能为西部大开发和"长防"工程建设服务，加强对混成耕牧制的研究势在必行。然而，由于史料记载残缺，廓清混成耕牧制基本特点和对特有环境的适应，目前尚存在着诸多的困难。地名是长期历史积淀的产物，所在地区各民族社会生活的各个方面都必然会在各民族语地名中得到不同程度的反映，彝语名自然也不例外。混成耕牧制既然是彝族、土家族和纳西族等氐羌系民族长期实行的生产方式，上述三种民族语的地名肯定会对这一生产方式有不同程度的反映。因为这些命名取向必然植根于这些民族先民的传统生产方式。由于我们目前只搜集到彝语地名的资料，本文只能以彝语地名为例，通过对这些地名的破译诠释和归纳，揭示彝族先民对自然资源利用的评估价值取向，希望在揭示彝族先民价值观的基础上，总结出彝族先民赋予地名时的命名取向。从而揭示混成耕牧制在资源利用上的若干特点。

历代汉文典籍的作者，总是高度关注彝族与中央王朝的关系，以至于流传下来的汉文典籍对彝族的政治、军事和民族关系记载颇为翔实，但对彝族实际经济生活的记载，每多残缺，甚至失真。混成耕牧制在汉文典籍中自然难于得到全面的反映。如下一段记载，就显得弥足珍贵。

"披沙夷，尽黑倮罗，为爨人余种。衣用毡裁裹直统半身，夷妇与熟夷同。披夷，语言与熟夷不同，好抢掳，不知法度，其大户别无蓄积，惟牛羊奴仆百十，随时迁徙，艺山粮者十之七，艺水田者十之三，水田多熟地，艺毕上山，成熟下取。"①

上述记载写成的时期为雍正大改流后的乾隆时代。"披沙夷（即彝族）"分布地域位于接近四川大凉山的云南省东川府西北部，当时这一地带虽已改流，但奴隶制残存尚在延续之中，因而上述记载足以反映改土归流前彝族经济生活的某些特点。从上文可以看出，彝族的传统生产方式具有如下四个方面的特征：其一，畜牧业在经济生活中占有主导地位。为了便于放牧，人畜都需要随季节而不断迁徙。其二，其耕地由两部分构成，一部分在河谷，可以种植水稻，另一部分则在高原台地上，以种植旱地作物为主。其三，农田需轮息季节使用，种植完毕后，即离开农田迁徙，收割完毕后，农田轮休改作牧场。其四，夏季时在高原台地上游动放牧。这些牧场都是越冬作物收割后的旱地农田。秋凉时，下山收割位于河谷地的农作物，收割完毕后同样改作牧场，这是一种随季节而变化的垂直放牧作业。

为了印证上述记载反映的生产方式特点，我们在 2001 年 1 月至 4 月间，对彝族分布密集的黔西北地区作了大范围的田野调查。结果证明，这一生产方式不仅在彝族和其他民族中尚有延续或变形延续，而且丰富了这一生产方式的若干具体内容。

我们注意到在这种耕牧体制下，不仅农田和牧场轮息交错混成使用，而且作物品种也高度混成。同一地块内往往多种植物并行种植，而不像传统农业那样，主种作物单一明确。据调查得知，多种作物混成种植有三大好处：一是可提供多种农作物秆蒿，供不同畜种饲料之需；二是这一地区气候复杂多变，灾害性天气频繁，多种作物混成种植，可以减少灾害性天气造成的损失，确保农产品总量相对稳定；三是多种作物混成，可提高土地的利用效益，且增加地表的覆盖率，有效地缓解水土流失。可以说这是一种经营取向与汉族定居区农业有别的耕作方式。它的耕作表面上十分粗放，而且不考虑规模经营，但却十分看重总产出量的稳定，而且，始终关注农作物废料有效利用，主要是满足牲畜饲料需求，间或也用作燃料。

不仅农作物品种高度混成，畜群品种也高度混成。在我们重点调查的威宁县板底乡、赫章县可乐乡，我们亲眼看见当地各族居民放养的畜群虽

___
① 《东川府志》卷八，云南大学图书馆藏本。

以个体家户为单元，但大牲畜畜群规模十分可观，少则十几头（只），多则三四十头（只）。每个畜群均为牛、马、羊、猪的混合群，甚至这样的混合群中还包括数量可观的鸡和鹅。与我国北方畜群最显著的区别是猪的规模放牧，可乐乡个别富有的家庭，甚至拥有两头共带有二十多头仔猪的母猪、一头种公猪和数头去势架子猪构成的大猪群。这样的猪群常年随牛、马、羊一道混成野放，架子猪一直要等到长到两百斤左右，才入圈肥育待售或自我消费。我们到达可乐时，季节也近春末，但因可乐一带，年降雨少，年均降雨量才 600 毫米左右，且雨季又来得晚，乔木虽然返青，但牧草尚未出土，各家的畜群均在未耕的田里或近水的坡地上野放。一位年仅十二三岁的女孩居然能独自看好三四十头各种牲畜构成的混成畜群。

　　凭借我们的调查资料，我们认为当地长期沿袭混成放牧的原因很多，除了各家户执行承包制后只能由家户组建畜群外，关键在于这样去组建畜群能较好适应当地野生植物资源特点。一方面，这些地区高原台地与深谷交错，植被类型多样，各种植被群落的物种构成又十分复杂，混成放牧能够有效利用各种牲畜的觅食偏好，均衡消费野生饲料，提高单位面积的载畜能力。另一方面，这里的牧放要与农田配合，充分利用作物秆蒿作饲料，并利用畜群给农田上肥，因而在未耕作农田时，每天放牧距离距固定居民点都不太远，各家户畜群放牧点间的距离也不太大。在农田作物长出后，牲畜要被赶到相对较远的草坡和疏林地放牧，畜群中各畜种运动速度的差异不足以影响畜群管理，混成放养可最大限度地节约劳动力。最值得一提的是，当地群众给我们提供了一份各种牲畜觅食对象的清单，从中发现，这里的混成畜群不仅觅食草本植物，各种乔木的落叶、灌木丛和萝生植物的藤叶，甚至宿根植物的地下茎，都能充作正常饲料使用，以至于混成畜群不仅在高原台地草坡、河谷农田，甚至在陡坡疏林中，都能放牧。而且高原台地到河谷过渡带的疏林，还是畜群躲避灾害性天气的庇护所。可见混成耕牧制不仅能做到农牧兼容，而且还能做到农林牧混成。因而组建混成畜群，并非权宜之计，而是可以长期延续的作业办法。

　　近年来出版的各地民族志和调查报告，对混成耕牧制也作了生动的说明，只不过对这一生产方式学术界研究欠深，因而报道者所用的术语很不统一。有的作者将它称为"游走式的交叉放牧";① 有的称作"合伙喂养、放牧",具体办法是,"每年3、4月时天气暖和,在山下居住的人,就将羊交与居高山人户代牧,既可避免暑热,又可在农忙季节抽出人力。代牧者的报酬是每4只绵羊中有1只的羊毛归代牧人,如系山羊则每只羊另付给1升粮食。此外羊粪也归代牧者,代牧者可在高山采取圈养积肥的办法,种植荞子。等到8、9月天气渐寒,放牧者乃将代牧之羊归还原主。喂养的盐巴由原主负担,如羊遭到病害及兽害,只要有足够的证明,不由代牧者负责。"② 这段叙述中明确提到了羊的季节垂直流动放牧,也提到了农田和牧地混成使用,羊群易手放牧的同时,羊群自然还得与当事人各家户的其他畜种混群,至于需要易手放牧和设圈,则是由于土地经营权改变,经营者不能同时拥有山上和山下的土地经营权而诱发的变形。

混成耕牧制在不同民族间的传播,并形成互惠的稳定结构,对此,潘盛之先生的近作作了生动的说明。他证实发端于彝族的这一生产方式,牵连进了汉族移民、布依族、苗族等众多民族,并在黔西北地区稳定延续了数百年,其残留形式一直延续到今天。③ 这种长期延续的生产方式自然会给彝族人民的思想观念造成深远的影响。在模塑彝语地名命名取向时发挥重大作用,以至于从流传至今的彝语地名中,还能得到全面系统的反映。

混成耕牧制由于需要游动放牧,因而彝语地名中,对居民点的称谓用字明显地区分为两种。一是固定居民点,包括城市和定居村寨,均称作"古 X",如贵阳④ 称作古糯 ꀊ ꁌ [kuɯ noɑ]⑤,黔西称为古著 ꀊ ꊂ [kuɯ dʐu]。另一种则是对游动的非居民定居点,称为"×姑"或"××姑",如赫章县的妈姑,威宁县的海姑等,此类营地并非常年居

① 威宁彝族回族苗族自治县民族事务委员会:《威宁彝族回族苗族自治县志》,贵州民族出版社1997年版。

② 云南省编辑组:《四川广西云南彝族社会历史调查》,云南人民出版社1987年版,第26—27页。

③ 潘盛之:《一种多民族经济互补结构的残留》,《贵州社会科学》1995年第4期,第70页。

④ 本文所涉及的彝语地名的汉文书写名参考《中华人民共和国地名词典·贵州卷》和《贵州省地图集》。

⑤ 彝语地名的彝文用字参考《简明彝汉字典》(贵州本)的正体部分,贵州民族出版社1992年版。

住，仅是在附近游牧时才临时宿营。因而此类地名，在混成耕牧制盛行时，没有稳定的建筑，但却是彝族农牧民每年必到小住之处。这样的地名，其指称范围，并不是单指营地本身，而是兼指周围的农牧场，或者说是指混成耕牧制的一个季节性作业带，以至于在彝族分布区内，此类被称作"×姑"或"××姑"的地名，比被称作"古×"的定居点的地名数量要多出好多倍。今天这些游动耕牧点有的已发展为固定的乡镇，如威宁县的女姑，赫章县的毛姑和妈姑等，就是如此。但彝族乡民仍然沿袭着耕牧混成的作业样式，田地仍然实行轮休，牲畜仍然混成野放，所不同的仅是，定居在很大程度上取代季节游动迁徙，致使"姑×"或"×姑"的分野混淆起来。

高原放牧，必须兼顾草场、水源和农田的关联配置。由于执行混成耕牧制的地带纬度较低，年均积温大于北方草原，因而单位面积内的年均饲料草产出量（包括草本、木本及灌丛）大于北方草原。而且种类繁多，旺季与淡季的反差不大，执行混成耕牧制，饲草资源还可以仰仗农产品秸秆作补充，饲草供应不是这一耕作制度的关键制约因素。而水源则不同了，在高原台地上，大多属于土层不厚的石灰岩地层区，加之雨季集中，而且较短，个别地区雨量较少，水源匮乏，往往直接影响了高原台地放牧的正常作业。为此彝族先民高度重视高原台地上的水域分布，并留下了分布地域广阔，且星罗棋布的相关地名。

原来，喀斯特岩溶地带，在其发育的过程中，会自然形成众多的溶蚀湖，它们都是因为地下水的通道被堵塞后积水而成的非稳定性湖泊，彝语中将这类湖泊称为候 **囵 [xwl]**，汉文典籍在译写此类地名时，往往将它们意译作"海"。值得一提的是，曾经和彝族一样执行过混成耕牧制的土家族也高度重视此类湖沼，土家语中将它们称作"符〔fu〕"或"湖〔xu〕"。①

高原溶蚀湖不仅提供了丰沛的人畜饮用水源，环湖地带还能长出丰茂的优质牧草来，远湖的区段又宜于开垦作非固定旱地，因而它们是彝族先民风水宝地，如下一些地名正是彝语先民高度珍爱溶蚀湖的生动写照。号称高原明珠的威宁草海，彝语称作巴地候土

---

① 田德生等：《土家语简志》，民族出版社 1986 年版，第 165 页。

ꃀꑭꈎꀕ[baˈ ndiˈ xwˈ tʂˈ u˥ ˦]，含义为小坝子上的白色湖沼。早年这里是周围数十里范围最广、载畜量最高的夏季大牧场。

像草海那样的大型溶蚀湖，在黔西北高原台地上为数不多，但小型的溶蚀湖却星罗棋布，在广阔的黔西北高原台地上被称作候巴 ꈎꑭꁭ[xwˈ baˈ]˂（小海）的地名随处可见。威宁县有小海乡，毕节县海子街，赫章县可乐乡也有类似命名的一个行政村叫海子。换句话说，几乎每一个混成耕牧单元一般要包括进自己的"海"或"小海"，今天此类地名汉文写书形式的区别，仅是人为意译的结果而已。

除了海或海子本身外，凡有海的地域其地名也直接与海相关。赫章县的恒底 ꈎꀕꑭ[Liphˈ lwˈ ˥]，含义为有海的坝子，赫章一词，彝语中称作 ꈎꆆ[Lʐphˈ xwˈ]，含义是有海的山冲。此外，纳雍县还有一个海座乡，海座一词的彝语读音及含义与赫章完全不同。

与海 ꈎ[xwˈ]的夏季牧场相对举的是有河流流过的低地河谷冬牧场，彝语中将水称作 ꙍ[ʐʐiˈ][ʐʐiˈ]（亦鱼、雨），该字也可引申作"河流"用，于是配套的冬牧场必然以ꙍ（水、河）开头，比如，赫章县的以那，彝语为 ꙍꁭ[ʐʐiˈ][HDˈ]，含义为黑色的河，织金县的以那架，彝语为 ꙍꁌꈎꁭ[ʐʐiˈ][HDˈ][NHˈ][Dˈ][ʐʐiˈ];含义为黑河水流过的山口，再如毕节市的阴底乡，阴底，彝语读作 ꙍꀕꈎꀕ[Lˈ iphˈ ʐʐiˈ ndiˈ Lˈ]，含义为有水或河的坝子。值得注意的是上述三个地名，各自都拥有一大批异地同名实例。此类地名在进入汉文典籍时，往往必须注意去加以相互区分。但在彝语地名中却无此必要，因为这些地名都是与特定的冬牧地成套配置的混成耕牧用地单元，这样的配置单元在古代往往与具体的彝族家支领地相重合。在土司统治时代，这样的家支领地，则被划为一个个土司领地。

流传至今的地名中有不少土地单元，就是以彝语家支命名下来的。如毕节市的 ꑭꈎꁭꁌ[ADˈ lolˈ miˈ]（阿罗密，今燕子口镇），含义为彝族阿罗家的地方。盘县特区的 [Ludˈ lolˈ o˦]（托落堡，今居民所），含义为彝族托落家的山。赫章县铜厂乡人民政府驻地 ꁭꈎꁌꈎ[Luˈ lolˈ o˥]（多偰寨），含义为多偰家的寨子。纳雍县辖镇乐治镇，彝语地名为 ꈿꁌ[Lʂ ʐʐuˈ]（卧这），"卧这"为水西宣慰使安坤始祖明名。此类与彝族家支相关的地名有泛称、专称之别。泛称一般以"密" ꁌ 或"底" ꀕ 结尾，此类地名的指代对象是由高原台地、河谷冬牧场及过渡林带组成的地域单元。专指一般以"寨"兩、"山"ㄨⓞ、"岩"ㄹ等字结尾，它们虽然也因彝族家支而得名，但它们只是专指地名之下的一个有限组成部分。

　　在古代的彝族社会中，各家支为了保持自己控制地域内冬夏季牧场配置的完整性，经常发生械斗。我们在赫章县的可乐调查时，就搜集到可乐河两岸两个彝族家支的争斗逸闻，控制可乐河东岸的珠歪（土目）家支河控制可乐河西岸发的雄所（土目）家支，为了抢占可乐河谷的冬牧场，争斗多年不息。改土归流后土目之间的木械斗被明令禁止，于是两个土目借用清政府倡导习俗汉化的口实，双方都声称，可乐河边可乐老集市上方的山，是自己的祖坟用地（彝族早年实行火葬，从未有过争祖坟用地的先例），并将此事告到当时的威宁州，要求清廷地方官裁断。清廷地方官知比方是想借此多占冬牧地，双方都不便得罪，遂决定不给任何一方，而在该地修筑佛寺，定名为山王庙，既保全双方的脸面，又客观地为双方划定了冬牧场界限。这段逸事从一个侧面印证了彝族家支领地的内在结构，从中还可以看出以家支命名的泛称地名，实质是指成片的土目领地，即一个混成耕牧制的基本地域单元。

　　彝语地名中，除了高原台地与河谷坝子的对举命名外，还普遍存在着适宜耕牧地带与非适宜耕牧地带的对举。与水源丰沛的地段相反，被称作"法（发、化）X"一类的地名也比较常见，它们指的是不适宜耕牧的半荒漠地带，如纳雍县的法地乡人民政府驻地法地ㄹ蕃[faˋ tiˊ]，含义为重叠的岩石；化作苗族彝族乡人民政府驻地化作ㄹ吣[faˋ dʐuˋ]，含义为岩冲子。赫章县的法冲，含义与纳雍县的化作相同。此类地名意在表明当地水草缺乏不适宜耕牧。

　　另一类以岩石ㄹ[faˋ]开头的地名，用意有所不同，它们意在强调地貌特征，是游动耕牧的迁徙路线标志。如普定县化处镇，化处ㄹ日[faˋ tʂuˋ]含义为白色的山岩，兴义市发猛乡人民政府驻地发猛ㄹヒ[faˋ muˋ]，含义为大山岩。黔西县化屋苗族苗乡人民政府驻地化屋基ㄹ匝土[faˋ ɤuˋtɕiˊ]，含义为惊险的窄岩山，意在表明混成畜群难于通过。赫章县法都乡人民政府驻地法都ㄹ邡[faˋ duˋ]，含义为岩洞，意在提示在游动迁徙中可以用来躲避灾变天气，如暴雨、冰雹等，另一些同名的地名则意在提醒耕牧者注意，谨防牲畜坠落洞中。在彝

族地区还随处可见 ⾮⾮[fɑ˩ gɑ˩]（法卡、法嘎）一类地名，含义是石门或石垭口，意在告诉耕牧者，这里混合畜群容易穿越的坦途。

彝语地名中另有一些地名，意在强调当地的地貌特征，客观起到提示利用方法的作用。如威宁县的板底乡，板底 ⾮B[buɯ˩ndi˩]，意为有山的坝子，耕牧者一听便知，此地地表起伏大，耕地与牧场即使插花分布，畜群管理也比较容易。而开阳县的米坪，彝语为 ⾮B[mi˩ndi˩]，意为土层深厚的坝子，不管是牧是耕都需连片操作。

彝语地名中，还有一大类是因当地的特种植物而得名，有的是野生果林，或浆果林。如威宁县的色居乐 ⾮⾮[se˩ tɕuɹ˩o˩]，意为李子沟，蛇街子原名色买嘎 ⾮⾮⾮[se˩ mei˩gɑ˩]，意为生长阳桃（猕猴桃）的地方；盘县特区的西基（镇）⾮⾮[hi˩tso˩]，含义与上面提到的色居乐相同；大方县法沙乡驻地略落底（坝）⾮⾮B[ɲo˩luɯɯ˩]，意为生长构皮树的坝子。这些地名中相关的植物都能生产大量的水果或浆果，在落果季节这些地方是混成畜群中猪的理想肥育场所。而有些地方则是牛羊的肥育场所，因为它们盛产牛羊喜食的竹叶和竹笋。威宁县的龙场镇，古称火烟嘎 ⾮⾮[lux˩ga˩]，意为大竹山；水城县的花嘎乡驻地乌都（河）⾮⾮[mui˩o˩]，意为出龙竹之地，等等。高山桃是彝族夏场上习见的常绿乔木，其种子落地后会自然长出成片的幼树，因而在威宁、赫章河纳雍等县的高山区，称作姜子树、姜子坡、姜子沟的地名随处可见，这里不再一一列举。

当然彝语地名中，以适宜于固定耕作的地段名，也不胜枚举，如黔西县的扯泥底（坝）⾮⾮⾮，意为出产糯米的坝子；水城县的木果底 ⾮⾮B[mu˩ko˩ndi˩]，意为出产麻的坝子；兴义市的七舍（乡）⾮⾮[tɕi˩hi˩]，意为生长漆树之地。

总之，彝语地名可以从不同的角度曲折地反映出混成耕牧制的某些特点，还能帮助我们界定这些生产方式的分布地域和延续的时间，为西部大开发和"长防"工程的实施，积累相关地区的基础资料。

少数民族语地名研究是一个有待深化的领域，其研究内容，并不仅仅是简单的含义破译，归纳这些地名的命名规律，可以透视出各民族地名的命名取向，从中可以发现有关生态历史、传统生产方式、资源评估等方面的珍贵资料，为当前的经济建设和环境评估等方面的珍贵资料，为当前的经济建设和环境治理服务。本书通过彝语地名揭示彝族传统生产方式，只不过是这一领域的初步探索，笔者希望借此引起学术界的关注，企盼熟悉土家语、纳西语、苗语、景颇语的同人携起手来，共同致力混成耕牧制的探讨，以期报效于"长防"工程建设和西部大开发。

第三节　川西南彝族厩肥处理与生态维护

动物粪便是地球生命体系运行过程当中的一个客观存在物。当人类对其进行加工、改造和利用之后，使其变成了"厩肥"，其便成为相关民族文化的有机组成部分。然而，一个不争的事实在于，高海拔生态环境要素有其特殊的地方。同时，要把粪便转换成厩肥也是有条件的。地球生命体系内，在生态平衡作用下，动物粪便虽然都会获得不同程度的降解，但关键在于其降解的时间长短和降解的历程却大不一样。为此，相关民族为满足生存、延续和发展的需要，就不得不对厩肥的降解速度加以有效控制，从而达到对厩肥有效利用的目的。本书试图通过以彝族对厩肥的处置和利用为例，去揭示有机物降解的不同对彝族文化的模塑作用。同时，还试图论证彝族的这一本土生态知识在当今生态建设中的参考价值，特别是在具体指导川西南彝族地区生态建设上所能发挥的功效。

2009 年 7 月，在四川省凉山彝族自治州盐源县元宝区白乌乡为期一个多月的田野调查。历史上，木里县、盐源县一带由于所处区位乃是中原地区进入西藏等西部、西南部的要害之地，因而历来为中央王朝所重视，很多重要的战事都发生在这一地带，因而使得众多民族卷入了其中，如纳西族、普米族、苗族、彝族、蒙古族，以及后来的汉族等，直到现在他们的子孙后代依旧在这里世代生息繁衍着，形成了多元的民族分布格局。

以前，白乌乡被称为"白乌足"。在蒙古语中，"乌足"或"屋角"，指代的是"白"或"蕃"人多羊多的地方。该乡北部一带与木里县交界，而该乡西北部的扎兰山（海拔 3973 米）正好处于两县的交界处。乡政府所在地为中坝，海拔 2540 米，辖 7 个村、47 个组。该乡地处盐源盆地北缘，山峰由北向南渐次降低，最高海拔 3714 米，最低海拔 2434 米，气温偏低，冷季时间长。目前，白乌乡附近尚定居着许多藏民，仅有少数彝族居民居住，而汉族居民也仅是有少数定居。彝族密集分布带位于白乌乡北部的高海拔区段，我们调查期间所住的 5 组、6 组和 2 组均为彝族居民。我们重点调查的马氏家支在近年来经历了从扎拉山向下迁徙定居的缓慢过程，但至今仍有不少本家支成员定居在扎拉山上与藏族居民杂居。在田野踏勘中还能亲眼看见，羊圈村周边山上还有彝族废弃的土坯房，而且村民也证实他们游牧作业还要经常进入高山区经营。因此，马氏家支至今仍有人在这一带从事大规模的牦牛、马等牲畜的经营活动。该家支的另一些成员则是通过现代的学校教育，要么出去工作，要么外出进城务工，因而有很大一批成员已经离开了当地，而且还有些成员已经在城市开始定居了下来。同时，这一地区的彝族生活区，已经开始从高海拔山地向低海拔的面坝区域迁徙。其原因显然与国家在这一地区执行"退耕还林"政策有关，政府鼓励村民在面坝一带设置移民定居点，目前白乌乡附近就有定居点，居民有 30 户。

当地彝族乡民的主要生计方式还保留着传统的农牧兼营方式。在作物种植方面，主要种植燕麦、荞麦、芜根和马铃薯等耐寒作物，在低海拔的山谷地带，他们也种植一些玉米等作物。在牲畜的喂养上，则主要是饲养牦牛、骡子、马、牛、鸡、猪等"六畜"。由于这一地带海拔高，气温低，因而他们的作物种植方式，以及对牲畜粪便的各种认识都有别于其他民族，特别是生息在海拔低、温度高地区的民族，呈现出一系列的"特异性"。

动物排泄物的客观存在，直接关乎整个地球生命体系的健康运行，因而这些排泄物的降解本身就是生态系统运行不可分割的一个部分。它与人类的出现和活动原本没有什么必然的直接关系，它只是按照地球生命体系的自我运行规律去重复地产生和不断地降解而已。然而，随着固定农耕社会的出现和不断发展，动物排泄物降解就不再是一种纯粹的自然存在了，而是在不同的民族文化框架内被赋予了不同的含义和新的表达，而且还获得了各不相同的价值。动物排泄物只能是在降解为无机盐之后才能被其他植物所消化和吸收，降解的快慢和降解的产物自然会使得在相关民族文化中，会与农业经营体系中的知识、技术和技能等关联起来，并在该民族的文化中获得不同的表达。

同时，人类社会的运行必须要考虑成本问题，基本规律表现为总是遵循以最小代价，最大限度地向自然界获取生存、发展所需的物质与能量。

要遵循这一规律，那么两者实现的前提则在于，人类必须充分地认识所处自然环境的特点。地球生命体系纷繁复杂，它既为人们实现各种资源的获取提供了可能，同时又对资源的获取办法和获取的对象做出了各不相同的限制。进而还要求不同的族群必须得采取不同的资源获取方式。[①] 比如，彝族所生息的高原森林草地生态系统，该系统内部的各种环境构成要素就会直接对彝族文化的建构与发展，产生无法回避的模塑作用。反过来，彝族文化也必然得适应和顺从他们所处的生态环境特点，否则他们就会遭到自然界的抛弃。

民族学已有研究成果表明，不同民族总是利用自己千百年来所建构起来的文化，去对其所处的生态系统进行加工、改造和利用，直至达到该民族能够稳态延续为止。同时，在达到能够满足该民族及其社会正常运行之后，该民族对环境的需求将会进入下一个阶段，那就是要提高生存环境的舒适度，优化该民族的生存环境被提上了议事日程。较之前一目的而言，优化本民族的生存环境同样是一个极为漫长的过程，因为它的根本前提同样必须是基于该民族对其生息地的各种生态环境特性有深刻的认识，并能够从整体上对这些生态环境要素加以整合，以便归纳出更好的优化生存环境策略来。

由于高海拔生态系统所呈现出来的低温、高寒等特殊生态环境要素，直接制约着微生物和昆虫等喜温群体的活动，而动物粪便的降解最大程度上又是依赖于这些微生物与昆虫的活动，最终会使得低温和严寒将直接制约着这一地区所有动物粪便的降解，其中也必然包括对牲畜粪便的降解。这是当地彝族乡民无法回避的客观现实，也是彝族文化表达不能忽略的内容。同时，温度又是影响全氮矿化的最重要的环境因子，对氮矿化速率有很强的控制作用，且呈正相关。[②] 因此，如何提高牲畜粪便降解的温度，加速其降解速率发挥肥效成了彝族乡民处理牲畜粪便整套技术必须要解决的关键技术难题。面对这样的难题，彝族乡民充分利用他们世代建构起来的本土生态知识，在实践当中将这一问题解决得异常透彻。这一点可以从

①　王明珂：《人类社会的三个层面：经济生业、社会结群与文化表征》，《青海社会科学》2011 年第 5 期。

②　廖中建、黎理：《土壤氮素矿化研究进展》，《湖南农业科学》2007 年第 1 期。

当地乡民们对各种牲畜粪便的分类体系得到体现。

　　彝族乡民对牲畜粪便的认识和分类，并非不加区别地混为一谈，而是根据不同牲畜的生活习性和粪便的功能，以及加工的难度和利用的方便加以重新整合，最终得出了属于自己的一个粪便分类体系。具体详见表1。

表 1　　　　　　　　　　　　粪便分类体系表

粪便名称	等级	原因	处置手段
羊粪	最好	干净	置于太阳底下暴晒
牛粪	次好	不容易脱水干燥，处置困难	收集和暴晒
鸡粪	很好	肥效高	大力去收集，但量太低
马粪	中等	肥效大，利于松土，但发热太强，对某些作物不适用	大力收集
人、猪、狗粪便	拒绝使用	太肮脏	排到野外，任其自然降解

　　通过表1不难看出，彝族乡民对不同牲畜粪便的等级分类，有着他们自己的一整套经验体系，并遵循着这套规则对相应的厩肥进行加工、存储和利用，而这一分类体系的获得当然是基于彝族乡民对当地生态系统的认识已经积累了丰富经验的结果。最终能够在此基础上总结了上述畜粪便的认识体系，从中表达出他们对各种牲畜粪便降解速度的把握。如果在田野当中不加以细心留意，那么这一极为细微的知识将会从调查者的视觉当中消失，根本不会引起关注，因为它已经高度糅合在彝族文化当中，表现得极为隐晦[①]，几乎很难被他者察觉。

　　在这样的牲畜粪便分类体系下，当地乡民再结合不同时期作物栽种的情况，对不同牲畜粪便进行加工和利用，以便做到"作物—粪便—方便"三者的统一。在羊圈村，彝族乡民解决牲畜厩肥降解困难的办法在于，人们定期（主要是冬季）地将牲畜圈中的粪便挖出来，置于太阳底下进行暴晒。这样一来，厩肥吸收了太阳光的热量，使得自身温度提升，因而各

---

　　① 杨曾辉、彭永庆：《生态人类学理论、方法和在中国的实践学术研讨会综述》，《民族研究》2011 年第 5 期。

种微生物和昆虫活动就会更其频繁，进而使得厩肥得到有效的降解，以便在耕作之时给作物提供养料，保证作物的正常生长而获得丰收。在该环节中，彝族乡民聪明之举正在于，将牲畜的厩肥挖出牲口圈置于太阳底下暴晒。这个看似不起眼，并且有碍观瞻的举止，在他者看来毫无科学可言，而其根本则正是彝族乡民千百年来生产生活经验的高度总结和积累，而且在世代更替之中发挥着无法替代的环境适应价值，指导着彝族乡民的日常生产与生活。这正是建构于高海拔地区的彝族文化所发挥出来的特殊功效所在。彝族乡民正是凭借着这一套本土生态知识机制，对厩肥进行了一次"深加工"，从而在真正意义上以最小的代价换取了最大的效益。具体的技术操作虽然不起眼，但对他们所生息的环境而言却必不可少，否则的话，正常的农耕就无法进行。

常识告诉我们，高原生态系统有它自己独特的运行规律。同时，另一个客观存在的事实还在于，任何生态系统都有自我更新的能力，只不过有的时间长，而有的时间短罢了。动物排泄物作为地球生态系统的一个重要组成部分当然要面临着如何降解的问题，它的有效降解直接事关该生态系统的及时有效更新。反之，如若该生态系统的动物排泄物不能及时有效降解，那么该生态系统的健康就会受到影响，因而只有动物排泄物在得到有效降解后才能够提高生物物种多样性的水平。因此，即使是在纯自然状态下，各生态系统都会有一套自己独特的方式来对动物排泄物进行"深加工"，完成它的降解工作。其区别在于，人类在进入该生态系统活动之后，必然要尽可能快地获得物质与能量，而不可能等待生态系统慢慢地实现自我更新。

在川西南彝族乡民所生息的高原生态系统中，显而易见的生态环境不利要素在于，温度极低、昼夜温差大，以及温度忽冷忽热极不稳定等，这些要素都会导致动物排泄物在该生态系统中难以快速降解。以牲畜粪便为例，假若在人类社会还没有出现之前，仅仅是自然界中存在的各种动物拉下的粪便，它自己是完全有能力降解的，只不过需要的时间较长而已。可是，当人类在这一地区定居，开始出现了固定农耕以后，情况就发生变化了。由于人类要满足生存所需的物质与能量，就不得不扩大各种家养牲畜的规模，降低野生动物的规模。这样就会成倍地增加牲畜粪便的排泄量，还会积累起大量的牲畜尸体残骸。然而，问题在于上述环境的不利要素不会因为人类的存在而改变，甚至跟不上人类社会的变化速率。这样一来，就会使得在当地人们的生活圈内，牲畜粪便会大量地积压下来，长此以往必然会影响到整个高原生态系统的运行。因此，生态系统自身同样会努力地进行"自我控制和调节"，规约人们的行为举止，而这样的表现主要有三个方面：

一是控制该地区的植物种类。在田野中调查发现，川西南彝族选用的各种农作物都体现出高度的抗寒能力，比如马铃薯、青稞、荞麦、燕麦等。这样一来，这些作物才能够在这一地区生根发芽，为人畜提供能源。同时，由于这些作物具备抗寒能力，能够很好地将各种牲畜的粪便给遮盖起来，使得地表的散热速度变缓，夜间的地表温度也就相应高一些。加之，温度下降之后，作物顶端的露水就会滴落到这些牲畜的粪便上，使其逐步软化，也能在一定程度上促进这些牲畜粪便的降解。同时，在田野中还发现，这一地区的牧草也是较为坚硬的，牛、羊等吃了以后（尤其是牛）都不会全部地消化掉，而是留有很大一部分的牧草纤维充斥在粪便之中。这样就会使得粪便内部留存得有空隙，而不是压得结结实实的，有利于微生物和昆虫的活动。同时，当乡民将粪便置于太阳底下进行暴晒时，也能够帮助厩肥吸收更多的热量渗透到厩肥的内部，扩大各种微生物和昆虫的活动空间，从而加速厩肥的降解。

二是控制该地各种畜群的比例。以人类饲养的牲畜为例。川西南彝族乡民所饲养的大多是牦牛、山羊、骡、马等。这些牲畜大多是一些能够高度适应高海拔地区的牲畜，能够抗寒、抗冰冷、抗温差骤变等。这是当地乡民有目的、有计划和有生态背景选育的结果，也是他们本土知识、技术和技能的具体表现。

三是调控人类的生活习性。人类社会的活动总是在特定的生态系统之内完成的，因而生态系统会制约和规范着人类的生活习性。如果人类的生活习性不能顺应该生态系统的制约和规范，最终就会使得两败俱伤。以彝族乡民的生活习性为例。在高原生态系统中，动物排泄物降解难，而这一地区的乡民在不同季节中，又要以兼种大量的各种农作物为生，因而肥料的供需就必须仰仗各种牲畜的补偿。大量的牲畜粪便如果仅仅是任其自然降解，当然是一个较为漫长的过程，而作物的丰产又要求有及时的养料来源。两者之间就会形成矛盾，而化解这一矛盾的动力就只能是彝族乡民自身，因而彝族乡民在长期的生产实践当中，高度总结了各种生产经验，最后在对不同牲畜粪便进行分类总结的基础上，得出了不同牲畜粪便，不同时期的加工和处置办法，以加速厩肥的及时降解或延缓降解，确保作物生长的肥效能够得到及时的满足。通观彝族在其所处生态背景的制约下所表现出来的不同生活习性，从中不难看出这样的一个事实，那就是生态系统的特性时刻制约和规范着生存于其间的民族及其文化，进而达成人与自然和谐兼容，反之就会适得其反。

总而言之，整个地球生命体系正是通过这三个维度来达到使自己"净化"的目的，使自己既能满足了人类的生存需要，同时又还能确保自己健康、稳定运行，无形当中营造出人类社会与自然生态系统之间，一种相互兼容的和谐共生关系。

对中国的生态建设进行一个横向和纵向的梳理后不难发现，其间的治理成本居高不下，而且即使是在投入了大量资本的同时，却也并未实现预期的良好目标。其间既有工作人员技术上的失误，更有决策者在制订生态建设方案时的疏忽。鉴于幅员辽阔的中国生态系统千姿百态，复杂异常，因而对不同地区、不同生态系统的生态建设，必然要做出针对性的思路和对策，而不可能是各地区都整齐划一。

川西南彝族生息区地处中国高原生态系统之中，其间的某些环境要素十分独特，致使当地彝族乡民对厩肥的各种认识、加工和处理方式呈现出一系列自己的特色。这一传统的厩肥加工和存储方式，由于是彝族乡民基于对所处生态系统的深刻认识而做出的经验总结，因而在当地获取了生存所需的物质与能量的同时，也很好地做到了对当地生态系统的有效维护，达到了资源利用与生态保护的兼容。具体表现在如下三个方面：

第一，根据不同季节栽种作物的品性和要求，对不同种类的牲畜粪便采用不同的加工和存储方式，有效化解了当地生态环境的不利要素，而又与当地的农业节令相合拍。彝族地区实行野外放牧，因而在夏天几乎所有的牲畜粪便都会自然分散在野外。为此，乡民们不得不花费大力气，对牲畜粪便进行收集。其原因在于若不收集起来分别加工和存储，牲畜粪便在野外的降解速度会十分缓慢，不仅对农耕不利，对支持牧草的快速生长也难以达到理想的目标。他们把收集到的各种牲畜粪便，进行集中分类放置、堆积。他们的这一做法与自然科学家的研究成果：堆肥过程实际是一个微生物参与并发生作用的过程，其种类、数量、活性影响着堆体中物质的分解及转化[①]，而且微生物的"工作"效率还同时受制于酶的活性大小[②]，上述各种要求在彝族乡民的粪便分类处置中做到了高度统一。两者之间的区别则在于，彝族乡民的做法是一种经验的高度总结，而自然科学家的结论则是实验室的产物。同时，在彝族地区，不同的牲畜粪便，乡民们则是采取了不同的堆积方式而不是千篇一律。

据当地的老乡告知，他们把捡来的马粪、鸡粪等进行分门别类的放置，形成圆锥状，而且还要在粪便的顶端用一些覆盖物覆盖起来。对于牛粪加工则较为麻烦，白天要将它们摊开来晒太阳，而晚上则要堆积起来覆盖，要反复持续 5—8 天左右才能够永久性堆放。对羊粪则是可以散堆，也可以不必加覆盖物。只有堆放 3 个月以上的马粪才能用作种植马铃薯肥料使用，不到 3 个月的只能作为改善"死黄土"耕地使用。改造"死黄土"的功用主要是更新草场，加速牧草的生长，以便提高载畜量。

很显然，不同牲畜粪便的单独堆放，形成一个个"散包"，而不是集中在一个地方堆放起来。其原因如下所示：

一是当地乡民们深刻认识到不同牲畜粪便降解的速度是完全不一样的，即使是置放在太阳底下进行暴晒，它们之间的降解速度依然呈现出很大的反差。基于不同牲畜粪便由于结构不同，所含营养成分也不同，微生物的含量更是不尽相同的背景下，其降解速度也必然具有不同的自然属性，因而他们选择了将不同的牲畜粪便分门别类地存储，以利于分别加工。分开堆积就能够使得各种牲畜粪便自行地、较为充分地降解，以便很好地管理和利用。

二是经过这样分门别类的堆积发酵，就能够将牲畜粪便的生物属性和作物的生物属性相结合，使得牲畜粪便更好地发挥它的功效。同时，这也使得作物又能够很好地吸收利用而健壮生长获得丰收，两者都能够获得最大的利用。比如，他们认为鸡粪经过收集起来发酵以后，肥效很大，因而特别适合高海拔地带，也就是永久冻土层位置相对较高的耕地地带，而且

---

① 丁文川、李宏、郝以琼等：《污泥好氧堆肥主要微生物类群及其生态研究》，《重庆大学学报》（自然科学版）2002 年第 6 期。

② 李清飞、孙震宇：《微生物调控对牛粪堆肥的生物特性影响》，《环境污染与防治》2012年第 2 期。

又非常匹配种植芫根、燕麦、青稞、荞麦等适合高海拔种植的作物。老乡们对牲畜粪便进行堆积存放的好处，在自然科学家那里已经获得了相应的验证。已有研究成果表明，将牲畜粪便进行堆积处理，能够有效地提高牲畜粪便内部的温度，进而提高其 pH 值，因为 pH 值的变化主要受制于微生物矿化分解粪便所形成的含氮有机物。可见在 20℃—35℃内，温度越高，微生物活动越剧烈。[1]

三是不同牲畜粪便内部本身就含有一定量的有毒物质，加上它与地表其他物质相接触后，这种有害物质甚至会附着在其他载体上寄生，危害植物的正常生长。通过对不同牲畜粪便分门别类的堆积加工后，粪便内部温度就会提升，在对粪便本身进行降解的同时，亦能够有效降低一些残留有机废弃物的毒性。[2]

第二，"火"的巧用和"暴晒"的功能。川西南彝族对厩肥有个非常奇特的加工方式，那就是对厩肥实施"暴晒"。这是一种主要集中在寒冷季节，也就是实行冬牧场放牧时[3]，所普遍推行的一种厩肥加工方式。这个时候由于牲畜每天都要集中在牲畜圈中过冬，大量的厩肥必然就堆积在牲畜圈内。这一地区的冬季气温更低，光照资源更加不足，牲畜圈内的厩肥根本无法降解，最好的加工办法在彝族乡民看来，莫过于挖出来置于太阳底下进行暴晒。鉴于篇幅所限，本文仅以羊粪的暴晒为例，略加说明。

在冬季，由于羊崽主要是关在羊圈中过夜，因而大量的羊粪便积累在羊圈里。在得不到充足光热资源的情况下，羊粪几乎不可能完全发酵降解。因此，暴晒必然就会促使羊粪升温而脱水，处于半干状态。这样的半干羊粪就具有很好的保温能力了，因为羊粪的表面有一层油膜，在经过太阳暴晒后温度会渗透到羊粪内部去，而羊粪内部又是比较湿润的，因而羊粪内部温度提升，各种微生物生长繁殖活动更加活跃，能够加速羊粪的降解。同时，由于它经过太阳的暴晒之后脱水酥松，到了冬天就能够很好地

---

[1]　王艳、廖新俤、吴银宝：《环境温度和湿度对蛋鸡粪便含水率、氮素和 PH 的影响》，《中国家禽》2012 年第 4 期。

[2]　胡菊、秦莉、吕振宇：《等 VT 菌剂对鸡粪堆肥的微生物指标变化的影响》，《农业环境科学学报》2006 年第 25 期增刊。

[3]　注：在羊圈村，"暴晒"不仅是这一地区的一种特殊的厩肥加工方式，而且也是一种重要的厩肥存储方式之一。

起到保温作用，从而使得在施肥的时候羊粪与地面之间还隔着一层草，这就使得羊粪几乎是悬着的，能够有效地杜绝一部分地底永久冻土层散发出来的寒气，而流经地表的寒流也会在夹层中间穿过，不会久久停留在羊粪上。这就很好的起到保温的功效了，因而将牲畜粪便挖出来置于门口暴晒这一厩肥加工、存储方式确实十分特殊，而且是彝族地区冬季最为需要的厩肥加工和存储方式。

有关以"过火"方式加工和存放的厩肥，往往是针对那些需要快速发挥肥效的厩肥所采取的存储对策。其方法是将收集好了并晒干脱水过后的马粪和牛粪，混上一定的土堆成大堆，并预先安排好火路，然后从放火孔点火，让干马粪和干牛粪缓慢地燃烧，最后形成灰烬和土的混合物。这样的混合物一般都要用包装材料封装起来存储，而且主要是作为追肥去使用。

调查发现，彝族乡民采用这种厩肥加工、存储办法目的是多方面的。一方面，除了使得厩肥快速发挥肥效，他们还希望达到如下几个重要的目的。一是将马粪中所混进去的杂草种子烧死，以免增加施肥后中耕除草的工作量。二是要将那些昆虫杀死，特别是叮咬马、牛、羊的牛虻和蠓子的蛹和卵，以确保牲畜少受叮咬。三是使厩肥呈现为碱性，目的是对强酸性土壤加以中和，使得某些喜碱性土壤的牧草长出来，主要是藜科、苋科和菊科牧草能够顺利长出来。应当看到，"过火"存储厩肥不仅是一种存储方式，也是一种有效的厩肥加工方式。加工后的产品则是速效的磷肥和钾肥。

另一方面，需要注意的是，彝族乡民在对这些厩肥加工和存储的过程当中，还特别注意针对厩肥的不同功用和作物的匹配采用不同的对策。比如，这个地块准备种植什么作物，对马粪的存储方式就会有不同的要求。用来种植燕麦和荞麦的马粪可以随便堆放，不必加覆盖物；用来种植马铃薯和玉米的马粪，则必须堆放成圆锥状，而且要加覆盖物，堆好后不需要翻动，否则肥效就不好；用来改造土壤的则要堆得薄，不要堆放得太厚，而且需要翻动，目的是要避免混杂在马粪中的牧草种子，不至于因马粪在发酵过程中产生过高的温度而被烧死。这对迅速恢复草场会更为有利。

第三，作物种植在粪便上所收到的奇功。鉴于这一地区地底下存在着永久冻土层这一特殊环境要素，以及地表的持续低温、寒冷等，因而对作物早期阶段实施保温至关重要。为此，乡民们将作物种子播种在处于半干状态的厩肥上。这成了当地作物栽种方式的一大奇观，而其背后所隐含的生态原因和价值则更值得关注。

作物是为人类服务的，因而人们就会对它们进行适当的"调教"，使之能够更好地在这种特殊的环境下为人类提供物质和能量，因而彝族乡民把马铃薯种在厩肥之上，正是这一地区生态环境决定的结果。[①] 如此一来，就把所有的难题都给解决了。由于微生物之间的相互协同作用，在分解厩肥中的有机物时，能够释放热量，使得厩肥堆温度快速升高。[②] 这样的作用有二：一是牲畜厩肥释放出来的能量可以有效地为作物幼年时期提供温度，使其保暖，不受霜冻、寒潮袭击；二是对地底下永久冻土层所释放出来的寒气给"逼"回去，形成一堵"隔寒墙"，起绝热作用。因此，可以毫不夸张地说，在这种特殊的生态环境中，半脱水状态的牲畜厩肥才是真正的"土壤"，其所扮演的角色绝不是简单地为作物生长提供肥分，而是充当着作物的"温床"。据乡民们说，曾经也有人在此推广过各种化肥，但是奇怪的是直到现在各种化肥也还未到处普及。其间的根本原因正在于，这一地区特殊的生态环境已经完全制约了各种化肥的推广和普及，因为寒冷、气温低、空气中的水分、植物身上的露水等都极易结成冰，更不用说是想借助水分将化肥给溶化了。即使白天溶化了，晚上气温一骤降，立即又会结成晶体，作物根本无法吸收，而且还会由于化肥过于富集在地表而造成土壤中毒，因而化肥在这一地区没有打开市场也就不言自明了。

通过上述的论述不难看出，这一地区的乡民将作物种植在厩肥之上。同时，还必须注意的是，在作物生长的初期，牲畜厩肥主要扮演的不是补充肥分的角色，而仅仅是充当"温床"的作用。只有待作物长大了，气温升高才是慢慢地降解一小部分给作物提供应有的肥效，即令是作物都已成熟收割完以后，牲畜的厩肥仍然没有全部降解，而是形成一个个灰状梆硬的"粪石"。因此，在对这一地区环境要素的特殊性有了充分的把握之

---

① 杨庭硕、杨曾辉：《彝族文化对高寒山区生态系统的适应》，《云南师范大学学报》（哲学社会科学版）2011 年第 1 期。

② 耿冬梅、宣世伟、王鹏等：《高温好氧菌群用于接种垃圾堆肥的实验研究》，《上海环境科学》2003 年第 10 期。

后，神秘的"粪石"现象也就获得了解答。

总之，上述三个方面的论述，作为彝族乡民对厩肥加工、储存和利用方式的几个方面，是当地乡民基于对所处环境精深认识和把握后的结果。这一经验的获得，有效地提高了对资源的利用率，在满足了生产生活的同时，也有效地做到了对当地生态系统的保护。深思之下不难看出，只有遵循不同生态系统自身的属性，才能够将该生态系统出现的生态问题彻底治理。同时，对不同生态系统特性了解得最透彻，对其性能把握得最准确的不是专家学者，而是生息于当地的各族乡民。① 他们才是了解这个生态系统最在行的专家，因而本课题的研究正是为了说明彝族的本土生态知识，是历史验证了的经验总汇，直到现在这些知识仍然有效。它们能各自为本区域的生态环境维护提供大量的第一手资料②，具体地指导当地的生态建设。

生息于特定生态背景下的民族，其文化建构必然深受该生态系统的属性所模塑，并突出地表现在直接造就和制约该民族的生存与发展。具体到彝族对厩肥的加工和处置而言，他们的厩肥处置方式只能是在满足了该生态系统的运行要求之后，并且必须是在该生态系统的框架之内才具有生存意义和价值可言。否则，如若该方式违反了该生态系统的运行规律，必然会对该民族的正常运行带来巨大的阻力，甚至会产生灾难性的后果。

就这一意义而言，川西南特定的生态环境是当地彝族乡民执行这种特殊的厩肥处理方式的基础和前提，彝族与此相关的知识也是维护当地生态环境的依赖力量，而这正是我们深入研究不同民族本土生态知识、技术和技能的原因所在。生态系统的维护从表面上看极为复杂，但各民族在漫长历史进程中所积累起来的经验，却有助于化解生态维护的难度。本文探讨的仅是彝族对厩肥的处置与利用，但它所涉及的内容却与整个彝族的本土生态知识、技术和技能息息相关，也与他们所处的生态环境息息相关。只要我们能够对他们相关的知识、技术和技能都展开系统地研究，在当地做好最佳的生态维护决策才有望找到。

---

① 赵运林、周仁超、杨通沂：《通道侗族自治县传统农业生态系统的类型及其效益》，《湘潭师范学院学报》（社会科学版）1996 年第 3 期。

② 袁同凯：《地方性知识中的生态关怀：生态人类学的视角》，《思想战线》2008 年第 1 期。

第四节　黔西北农牧经济互补结构的生态价值

"黔西北"是特指今贵州省安顺地区的安顺市、镇宁县、关岭县，黔西南自治州的晴隆县、普安县，以及六盘水特区的南部。这是一块横亘于黔西北地区自东向西的条形地段。其间，高山深谷相间；气候复杂多变。它位于乌江与北盘江上游及其支流的分水岭上。滇黔公路穿越而过，是为滇黔交通的咽喉之地。这里也是乌江上游及北盘江上游水土流失的重灾区之一。

由于形势险要，自13世纪以来，这里一直是兵家必争之地。又由于战乱频繁，这里的行政建置复杂多变，军屯卫所与土司领地犬牙交错，府、州、县辖地与各民族农地牧场相毗邻，更替频繁。州县城池、卫所屯堡的兴废迁徙屡屡发生。不同时代的古驿道及栈房遗址，至今历历可寻。

这里也是多民族杂居的地带。明代时，是彝族的聚居地，为水西、普安两大土司领地。与彝族杂居的苗族用苗语西部方言，但他们自己及友邻各族都将其区分为蒙萨、蒙锣、蒙拿三个集团。集团之间习俗稍异，耕作手段微别。当地布依族则按方言差异分为三支，用布依语第一土语者称布依；用第二土语者即汉文献所称的青仲；用第三土语者称为布纳（汉文献中称卡尤）。在古代这里还居住过较多的仡佬族居民，但现今其人数却很少了。当地汉族居民多系明清两代移民后裔，而友邻各少数民族根据早年记载其妇女是否有缠足习俗，将他们分为大脚与小脚两个集团。后者为明清两代迁入的民户，前者为各卫所的军户后裔。此外由于这些军户原籍、屯戍地、定居方式有别，故有其他一些称谓，诸如：安顺市的"屯堡人"；主要分布于织金县的"穿青人"；晴隆县的"喇叭人"等。其中"喇叭人"因迁入前系湖南宝庆（今邵阳）的苗族，今已恢复苗族族籍。

就在上述各族居民中有一部分农户，至今仍沿袭着一种特异的水稻收割方法，即不用挞斗，仅割取稻穗，留下绝大部分稻草在田中，将稻穗挑回家后再用石板脱粒。鉴于这种收割法仅行于这一地段，其他地区的同一民族中，却无此制度。我们认为，这种方法是特定时期、相关各民族文化互动诱发出的、仅在特定地区适用的耕作手段。又因这种收割法，从今天的角度看，很难分析出其存在的直接经济意义，由此，我们进一步推论，它目前的状况仅是一种文化的残留现象，其原生状态可能形成很早，至少是清初大规模改土归流以前才发生的事情。

1993 年 8 月到 1994 年 1 月，我们对贵州西部的传统农业现状曾有过一次实地调查，先后到过安顺、镇宁、关岭、晴隆、贞丰等市县，以及六枝特区的南部。还到过紫云、望漠、册亨三县。历时四个半月，步行 300 多公里，造访各民族村寨 80 余座，实地踏勘过耕地 800 多亩，访问农户 100 多户，记录资料 60 万余字。在实地调查中，最让我们感到惊奇的是，北盘江中、上游一带实行的这种水稻收割方式。

这种特异的水稻收割法，盛行于晴隆县的中营、长流一带，以及毗邻各县的部分乡镇，我们抵达中营时正值十月中旬，水稻已收割完毕，但田中仍铺满枯黄的稻草，一片金黄。我们提起稻草一看，才发现稻穗全部割走，只剩下整株稻草，植根于稻田中。由于所种水稻品种不一，田中所剩稻草长者或 1.1 米高，或 0.7 米上下长。与稻田的景象相反，当地旱地作物的秸秆已被彻底清除，土地翻犁后种上了小麦和油菜等越冬作物，山坡上一片翠绿，生机盎然。

为此，我们走访了当地的老农。他们介绍说，当地自古以来，从不用挞斗脱粒，而习惯于把稻穗割下，捆成捆，挑回家中再脱粒。脱粒时也不用专门农具，而是用任意拾来的石板，置于桌上，将担回的稻穗在石板上甩打脱粒。他们又说，早年这里不种小季，庄稼收割后，各家的牛、马、羊，甚至猪和鸡都可在田中牧放，到宰杀或役使时，才到地中找回自己的牧畜。虽然近年来政府号召种小季，但因当地田少地多，在旱地种小季即已足够，故稻田仍沿袭前辈传统，未种小季。经过进一步的踏勘，上述解释得到了部分证实，我们亲眼看到不少人家在稻田中牧马放牛。在离公路较远的中营乡马鞍山投宿时，主人谢礼坤家的牛，就一直放在野外，傍晚时仅派人去将牛赶入山洞中过夜，并不赶回家中的牛圈。

当问及采用这种特殊收割水稻方法的原因时，当地老农曾列举其三条好处：（1）此地山高路陡，搬运挞斗困难；（2）将稻穗担回家，可节省劳力，加快收割速度；（3）当地稻田湿，不好将水稻整株割下。但据我们的观察，这三条理由都难以成立。虽然当地道路崎岖，搬运挞斗确有困难，但并不比如此收割法更费事。而且，与中营乡仅一江之隔、条件完全一样的关岭县新堡乡的纳爱等村寨，早就使用了挞斗，那里的农民并没有感到搬运挞斗是件难事。至于节省搬运劳力之说，则更无说服力，显而易见，只把脱粒后的稻谷担回家中，一定比担稻穗省力，而且可以大大减少谷粒浪费。当地稻田虽多在低矮的河谷坝子或盆地中，但田块之间、田块与水流之间相对高度差异很大，排水并无任何困难。这些稻田都是靠天雨注水的"雷响田"，并非经年积水的烂泥田或冷水田。我们在踏勘时，见所有稻田均已彻底排完水，泥土已开裂，足见稻田太湿、不好收割的解释，并非实情。

以今天的生产效率观而论，这种收割法实在不可取。首先，它造成稻谷的浪费。成熟的稻，谷穗在割、捆、运的过程中，谷粒将会大量抛撒于田中、路上；其次，操作十分麻烦，先要理顺稻穗，再用镰刀割下穗头，还得加上一道捆把的工序。挑回家后再解捆分把进行脱粒。工序加多，远不如齐根割方便；再次，这样收割后的稻田，稻草乱如荒坡上的茅草，无法及时翻犁种上小季，因而白白闲置耕地，降低了对耕地的复种指数，也降低了单位面积的总产量；最后，因周围地区已种小季，牧畜改为圈饲，饲草还得从稻田中重新割取，不仅费时费工，稻草往往不免霉烂，而大量残存的稻茬，往往影响春耕进度。

这种特异的水稻收割法，既无明显的实际价值，当事人的解释又难以自圆其说，我们则认为，这是一种文化残留现象，一种业已过时的生产耕作体制的部分延续。经过实地踏勘，我们发现这种收割法的分布面，既不完全依地理环境为转，也不完全取决于民族差异，更不与今天的行政区划相关。这种收割法主要分布于北盘江上游与中游的交接处的河谷台地。该地区地形起伏很大，冬季温暖干旱。而 20 世纪 60 年代以前局部流行过这种收割方法的安顺二铺、宁谷与普定的波玉河一带，地势平缓，冬季凉爽湿润。这两处地理环境，并无相似之处。在我们调查的中心区内，采用这种收割法的民族是苗族的一支——"喇叭苗"，同时有部分布依族，如关岭新堡乡的大盘江寨的布依族。至于安顺同一办法的执行者却是蒙古移民——"屯堡人"。我们还了解到，乌江上游的另一支汉族移民集团——"穿青人"，也有这种收割习惯。在用苗语西部方言的另外三支苗族中"蒙萨"（直译为"汉苗"）并无此习，"蒙拿"（坝苗）和"蒙锣"（直译为"旗苗"，意译为"彝苗"）少部分人有此习。彝族也无此习。更费解的是，同一乡同一民族执行此法的情况竟有不同，关岭县新堡乡的大盘江与纳爱寨同为布依族，前者有此习，后者却无，两寨仅仅一山之隔。

如果仅从今天的情况看，这种收割法的分布似无规律可循，但若上溯到明代以前的情况，却能发现当时这种收割法的分布有以下三个特点。

（一）实行这种收割法的地区几乎都属于彝族土司和土目的领地。如前面提到的中营、长流，在明代设置卫所前，为彝族陇氏郎岱土司领地。而普安为彝族于矢部领地。[①] 就在此次调查中，我们在关岭新堡乡的大盘江村河对面的荒坡上找到了郎岱故城的废址，证实了文献记载的可靠性。至于上文提到的安顺、普定等县的相关乡镇在明代为安顺军民府辖地，但明政府并未直辖基地，而是通过西堡、宁谷等土司实行间接管辖。这些小土司在设置安顺府之前，长期叛服无常。置府后又一直沿用少数民族头人为土司首领。[②] 这些土司头人的名字屡见于《明实录》的朝贡记录，从他们名字的特点可判断这些头人属于彝族。这样的人名有阿宫、阿榜、阿火等。[③] 前面提到的"穿青人"居住地——乌江上游及其支流河谷台地，亦系明代彝族大土司水西安氏领地。清初平定水西后，就其地设置大定等府县。[④] 位于安顺普定与晴隆之间的关岭县东南和镇宁县西南，即打邦河上中游流域区，并无此收割法的实例。据查，该地带明清两代不属彝族土司领地，而是典沙营、顶营、募役等布依族土司管辖。

（二）这种收剖法的分布还与明代时军屯、民屯的移民有关。"喇叭人"原系明初征云南明军的部分，即胡海部的湖广宝庆籍苗族士兵。云南平定后，又奉命戍守安南卫（今晴隆县），其后裔即今天所谓"喇叭人"[⑤]。对于"屯堡人"的来源，学术界尚无定论。有人认为是元蒙时屯军之后裔。但这种看法存在三个疑点。其一，"屯堡人"说北方方言汉语，他们所说古入声字一律读阴平调，没有"入派三声"的现象。由此可知，若他们早于元明交替时即定居安顺，其语言当与其他贵州各卫屯军的语言有较大差异，不会与北方方言保持严整的不统对应性的变化。其二，他们的服装与贵州各卫屯军后裔不同，却未受清初明令改装的影响。

---

① （清）爱必达：《黔南识略》，贵州人民出版社 1992 年版，第 56 页。

② 《明史》中华书局标点本 1984 年 3 月 3 日印，第 1473—1475 页。

③ 《明实录·贵州资料辑录》，贵州人民出版社 1983 年版，第 83、97、105 页。

④ 《清史稿》《二十五史》本，六十一册，第 325 卷 6，上海古籍出版社 1990 年版。

⑤ 晴隆县县志编纂委员会：《晴隆县志》1990 年编印，第二编民族第 11—14 页。

其中原因只能解释为，清政府系满蒙联姻集团掌权，蒙式服装不在明令服装改制的对象之内。其三，"屯堡人"占有的土地资源甚优，他们却不专事农业，多工于经商。从后两个特点推论，说明"屯堡人"在明代享有一定的优待。如果他们真是元蒙时的定居户，明廷绝不可能允许其原地屯戍，也不可能破例放纵其重商轻农。据此，我们认为他们应是明北征时收编的元朝旧部后裔，入黔定居的时间也并非明初，而是他们安置在北方相当长时间、语言已被当时的北方方言基本同化后的事。明代人们往往称他们为"达官"、"达军"，他们不都是蒙古人，还包括归附的女真、契丹等族人，及少数北方汉人。"土木之役"后，明景帝为防范他们与也元串通，又将他们发遣至西南各卫戍守。① 正因为明代一直与蒙古各部对抗，其对"屯堡人"之类的元朝旧部既严为防范，又多所优待。

　　"穿青人"这一称谓不见于明代文献，仅见于清中叶以后的文献，可见其在明代应属水西等彝族土司隐匿的人口。彝族土司收留汉族逃军、逃民，明代文献多有记载，个别人还在土司府衙中任要职。② 这些汉族逃军、逃民，由于不是俘虏，又有强大的汉政权作后盾，因而在彝族土司治下其身份不是奴隶，而是承担税收之自由平民。明时的水西土司，政治机构十分严密，实行"则溪"制度。在该制度下，贵族——黑彝世袭领有土地，任职另有俸禄田地。③ 受"则溪"制度庇护的汉族逃军、逃民则可以从黑彝手中租种土地，同时为黑彝服役。其性质类似北方"辽国"的投下军、州下的汉族居民。清初废除水西土司后，原受"则溪"制度荫庇的汉民改为清政府治下的民户。他们与明代民屯后裔和军屯后裔在源流上的区别便无法体现出来，因而在明代州县所辖汉民户称为"里民子"④。以至于在 20 世纪 50 年代民族识别时，在明代"里民人"的基础上，根据他们深受彝族影响、服色尚青的特点，而将他们称为"穿青人"。

　　上述特异的水稻收割法，即主要在这三个移民集团中实行，个别情况下，"里民人"也有此习俗。鉴于他们的定居地黔西北与明代军屯或民屯有关，因而可以说，这一收割法是因移民引起的民族关系变化诱发出来的

① 《明实录·贵州资料辑录》，贵州人民出版社 1983 年版，第 83、97、105 页。
② 余宏模：《明代水西慕魁陈恩墓碑探证》，《贵州文史丛刊》创刊号。
③ 胡庆钧：《明代水西彝族的奴隶制度》，《历史研究》1964 年第 56 期。
④ 罗饶典：《黔南职方纪略》，贵州人民出版社 1982 年版，第 299 页。

耕作特点。

（三）这种收割法的分布，还与相关民族或移民集团的固有经济生活方式有关。彝族历来很少种植水稻，故该族中罕见此习。苗族在当地长期靠狩猎、游耕为生，居无恒处，地无恒产，故而此习亦少见。布依族专事坝区定居农业，从事水稻种植历史悠久，但凡属彝族土司控制过的地区，一般按此法收割。汉族的传统农业十分发达，其水稻种植极为精细，唯汉移民集团居处彝族控制区者，不论其移民方式如何，均盛行此收割法。“屯堡人”的情况比较特殊，其先辈以畜牧为主业，但到明代中早期他们定居安顺时，已受汉族影响，基本上改营了农业，故而也有此习。不过因其居处地已属彝族控制区的边沿地带，又与汉移民中心毗邻，因而执行这一收割法时有所变异，即地势平坦处用挞斗，但稻草留得很高（0.4—0.5 米）。

综上所述三种分布特点，可见这种收割法的形成与众多民族相关，并非某一个民族传统耕作制度的沿袭，而是一种多民族文化碰撞、文化互动运作的产物。

这种收割法既是多民族文化互动的产物，因而简单地对比相关民族的传统经济特点，很难得到正确的结论；单独就某一民族生产习俗的传承流变，作纵向溯源，也无济于事。正确的做法只能是，从该收割法特点出发，析离出这种收割法与共时并存的各民族生产习俗相抵触的各要素，再对这样的要素进行综合分析，才能得出可靠的结论来。即，以现有特点为突破的焦点，透过焦点去探寻各民族文化的互相嵌合和联动，进而找出这些特点形成与延续的基础。在此，我们将这种探讨方法叫作“焦点透视法”。不言而喻，“焦点透视法”仅适用于多民族杂居地区，仅适用于族际互动下形成的耕作制度变异（当然也包括其他生产制度的稳定性变异），不适用于某一民族的耕作制度发展进化的研究。

显而易见，这种特殊收割法与上述各族传统的农作习俗都有着不相容的因素。传统上从事稻田精细耕作的民族，如：汉族和布依族，稻草往往充作耕牛的越冬饲料，须精心贮存起来，或堆成草垛，或架晾在树上，以防霉变，决不会随意弃置中。传统上实行“刀耕火种”、并兼营狩猎的民族，如：用苗语西部方言的各支苗族，对庄稼往往是随熟随收，用则即收，收割中季节性不分明，收获期也拖得很长，不会在短期内一次性收获完毕，更不会一次性作业到位，彻底进仓备用，其农作物也不会高度单一化，即仅仅只种水稻。传统上以畜牧为主、兼营"刀耕火种"的彝族，由于生产中流动性大，收割也得就近处理，以利轻装上路，故不会把收获物长途搬运后，再集中处理，更不会定点贮存得很久。从上述各民族农作习俗看，没有一个民族会自愿选用这种特殊收割法。有关民族之接受这一收割法，显然是在外在压力下，被迫采取的。

为了弄清这种收割法的成因，我们理当回答下列三个相互关联的问题。第一，促成这种收割法的压力来自何方？性质如何？第二，诱导收割法向这个方向变异的动因是什么？第三，这种收割法一旦定型后，它延续的基础又是什么？笔者认为，迫使这种收割法形成的压力来自三个方面，即文化方面、行政方面和自然环境方面。我们知道，任何民族在不受到外力干扰的情况下，总要尽力地按传统自我延续下去，这就是文化的惯性延续。据此，明代屯军进入所造成的民族关系的新变化，当不会改变各民族固有的文化传统。相关的各民族也会自然地根据自身的文化特点选择自认为有利的环境，按传统的生产模式进行自己特有的生产作业。明代，除了屯军和屯民外，其他各少数民族都是当地的土著，他们在文化惯性延续力的驱使下，早就占据了自己最有利的生存环境，并按传统延续其固有的生产作业。其时进入贵州的各移民集团则不同，他们来到了一个新的环境，不可能按自己的意思来选择最佳的自然环境，照搬自己熟悉的生产作业。这就迫使他们不得不调适其固有的生产作业方式。这才诱发水稻收割方式变异的主要动因。

从行政方面看，当时的移民集团是迫于政府的法令和压力而来到边远陌生的地方定居，而当地少数民族则是迫于中央政权的压迫而不得不接受移民集团。在既成事实面前，有关族群为了求得安定共处，各自都得对自身文化进行调适。又由于这一地带处于边远山区，明政府的控制力当时还有限，而地方少数民族的地方势力颇具实力。因此，相关各族在文化调适的幅度上势必出现差异。移民集团由于进入到的陌生环境，又无法及时得到政府的有效支持，其调适幅度，自然大于其他各土著民族。

行政控制力的强弱、移民点距离汉文化中心区的远近，移民环境接触面的大小也有直接关系。明代移民除了屯戍点和驿路沿线外，其接触面十分狭窄。对此，明初的《机要钞黄》即不乏记载："若差去舍人至军中，须要把逃军的缘故说与各守御军士知道，这蛮人地面里，凡在逃军人，但下路的，不曾有一个出得来，都被蛮人深山里杀了，不杀的，将木墩子墩了，教会他种田。"①

　　生动地记述了当时汉族屯戍军民与彝族地方势力对垒之实情。即明代位于彝族土司控制区的各屯戍点，被压缩到极狭窄的地段上，这些移民集团只能凭借政府的资助和支持才勉力支撑下来。因而其文化调适的可选择余地十分狭窄，他们只能在彝族势力的威压下，在彝族控制力相对薄弱的有限地段上，靠有限的自然资源求生存。

　　上述三重压力，从不同的角度制约了这些移民集团，迫使其生产手段发生变异。第一重压力迫使他们既不能彻底放弃固有文化及固有文化规约下的生产手段，也不能不加调适地延续原有的生产手段。第二重压力迫使他们在遇到自身的传统生产手段与相关各民族发生冲突时，必须主动对之作大幅度的调适，以换取各民族对自身存在的宽容。第三重压力则迫使他们只能面对强大的彝族势力，在彝族控制薄弱的窄狭地段，在彝族生产活动的夹缝间求得立足。这三重压力的合力直接规约了这些移民的文化变异的框架。至于这种变异定型为什么有这样的特点，则取决于汉族传统生产手段与相关各族生产手段之间的互相可兼容范围，特别是与彝族传统生产范式的相互可兼容范围，其作用更为直接和重要。为此，我们先得搞清楚明朝时彝族的基本生产类型及样式。

　　关于彝族的传统生产特点，经过多年的探讨，已有公认的看法。即明初时，彝族"诸部的生产活动尚以牧畜为主，农业还处于'刀耕火种'阶段"②。为了判断彝族与移民集团之间生产之兼容范围及可嵌合点，我们还得进一步探明，他们所营之农与牧的具体内容，弄清他们的农与牧和其他民族的农与牧之间的差异等。先看彝族作为辅业的农业生产。明代彝族耕作的主要作物，从当时税赋对象中可以得到间接反映。明代全国十三个行省中，夏税仅贵州是以麦、筱代米。③ 即以大麦、燕麦等充夏税。明时贵州民户极少，税赋主要来自各土司的贡纳，这一特例出现，主要取决

　　① 江应樑主编：《中国民族史》（下册），民族出版社1990年版，第167、168页。

　　② 同上书，第168页。

　　③ 《明史》卷78"食货志"，中华书局标本1984年版，第189页。

于大土司领地之所出，特别是势力最大的水西彝族土司之所出。彝族的另一种主要作物是荞麦，《蜀中广记》卷三十四曾提到"饥食荞麦饼"。荞麦是一种蓼科植物，生长季极短且耐旱，籽实可食，茎叶可充饲料，是一种农牧兼用的作物。

关于彝族对土地资源的使用特点，《滇志》上有明确的介绍："居深山，虽高冈挠陇，亦力耕之，种甜、苦二荞自赡。"① 这告诉我们，彝族耕地主体是高原顶部既贫瘠又干旱的疏草地段。若考虑到他们的农耕仅是畜牧的辅业，不难看出如此利用土地资源有三大好处：第一，让出了水源较好的坡地，确保牲畜的牧场；第二，高原顶部草疏，易砍易焚，利于刀耕火种而且又满足了荞麦的生产条件；第三，这些地段冬季寒冷，不利牧放，但可种越冬麦类，夏季在牧放之间隙可种荞麦。作物秆蒿又兼作草饲料，农牧可以得兼。这样的耕地资源使用取向，恰好与土地利用向水源充足的坝子倾斜的汉族相反。于是移民集团与彝族在这里找到了双方可以兼容的生产空间，形成了两个民族各自按惯性延续其生产手段的嵌合点。

明代彝族的畜种构成，前人已有充分的研究，主要是一种以马为役，以羊供食与毛用，以牛供食与革用的畜种匹配格局。至于其牧放样式则罕见于文献记载，直到清初大改流后，才有明确的文献记载，其所载内容已非明代情况，已是变异了的形式："披沙夷，尽黑裸裸……好抢掳，不知法度。其大户别无畜积，惟牛羊奴仆百十。随时迁徙，艺山粮者十之七，充水田者十之三。水田多熟地，艺毕上山，成熟下取。"② 但撇开清代新起的耕作内容，比如艺水田。他们在明代时的畜牧样式是一种冬下夏上的垂直式游牧，它与蒙古族冬南夏北的方向游牧样式迥别。在这里，我们找到了移民集团与彝族之间生产时间上的嵌合点，即彝族的冬牧场，在夏季正好用作移民集团的大季农田。

有了这些基础，我们可以论析这一特异收割法的成因了。原来，明初为移民征用屯戍地时，由于受汉文化的规约，必然征用较宜种水稻的坝子——彝族之冬牧场。而耕种屯戍地的移民，必须在彝族大批羊群下山之

① （明）刘文征：《滇志》，云南教育出版社1991年版，第995页。
② （乾隆）《东川府志》卷8户口附种人。

前收割完毕，因而为了抢时间，只好将未全熟的稻穗割走，及时运回家中，而将稻草留在田中任羊群觅食，又达到自然上肥之功效，保障地力不下降。稻草经过冬牧已被啃食干净，且不碍春耕。这样的收割无碍羊群冬牧，反能提供优质饲料，为彝族乐意接受。可见，这是一种农牧兼利的异族生产互补结构的充要环节，因而有明一代长期延续，并成为一种生产组合定式。特异收割法仅是这一制度的组成部分。

但这种定式的延续，只能在汉、彝之间势力均衡的条件之下得以开展。清初大改流后，彝族势力受挫，大批彝族迁往凉山。继续留居者又受到清代税赋制度的诱导——重农轻牧，原有组合定式随之解体。大改流后，移民集团先后改为民籍，再也不能享受朝廷的资助与支持了，而只能向腾空出来的彝族夏牧场求生路，借用从苗族那里学来的刀耕火种法开垦牧场为轮休地。由于地广人稀，粗放耕作仍有利可图，致使旱地作物产品在总产品中的比重上升，原先的主产品稻谷反而成了副产品。因此，水稻种植技术的改进无法引起重视，这才使原先作为汉族和彝族之间互补组合结构主要环节的特异收割，并未因互补结构的解体而消失，反而以残留形式延续至今。至于部分布依族、苗族沿用这种特异收割法，显然是受移民集团影响，并且靠拢移民集团，以利于与彝族势力周旋的派生结果。

乌江及北盘江上游是我国有名的水土流失重灾区。造成重灾的主要原因在于坡地过垦，而大面积开垦坡地正导源于汉、彝农牧互补结构解体。重温这一特异收割法，使我们发现，治理水土流失，可借助于建立一种互补的兼容的多民族生产组合体制。

复杂的生态背景必须孕育出异种的文化，多种文化的并存才有条件深化资源利用，也才有利于经济的互补，从这种特异收割法出发，我们理当注意到要促成经济互补、相互兼容至关重要。

软科学是当今的热门话题。但软科学对我们今天的最大启示，正在于提醒大家注意社会背景对科研取向的导向作用。在这一点上，农业史研究亦有异曲同工之妙。从对特异收割法成因的探析，我们同样看到，社会背景不同，耕作技术发展的方向也会迥然不同。以此为据，再去反省我们关于少数民族地区开发的思路，似应有所启示。

第五节 侗族传统农业伦理对发展畜牧业的制约

我国侗族地区优越的自然、人文条件和市场需求都为畜牧业的发展和更新换代提供了便利。① 随着社会主义市场经济的不断发展与新农村经济建设的全面铺开，调整传统单一农业结构，因地制宜，大规模发展畜牧业经济将成为侗族地区经济发展的根本途径。但是，当地的畜牧业受侗族传统农业伦理的严重制约，目前的畜牧业仍然停留在家庭附带零星散养的小农经济阶段。于此通过对侗族传统农业经济伦理对畜牧业制约的生成及其后果的深层次分析，提出破解侗族传统农业经济伦理制约畜牧业发展的路径。

伦理是民族文化的核心②，具有强烈的民族性。一旦某种伦理形成，必然对人们的具体社会劳动态度和劳动行为产生影响，从而在不同时期起到对社会发展的促进或阻碍作用。侗族在该地区长期繁衍生息，在特定的环境下，在长期生产劳动中，形成了比较稳固的生产生活习俗、习惯及对事物看法特有的族群约定俗成的潜意识的思维定式。年代久了，就得到强化，逐渐被伦理化，成了一种"集体准则"。这种集体准则——传统农业经济伦理，在其形成过程中，一直制约着传统畜牧业发展，可以说，侗族传统农业经济伦理的形成过程就是其对传统畜牧业发展制约生成的过程。这主要体现在以下几个方面：

"以粮为主"的农本经济伦理的形成及其对畜牧业的制约。在侗族地区高低起伏、延绵不断的山脉、山岭之间，有许多大小不同的山谷，亦有一些为数不少的大面积的平整地带。这些地带土壤深厚，土质比较肥沃。而且该地区有舞阳河、清水江、都柳江等河流贯穿其间，山谷间小溪密布，溪水长流，水源丰富。加上地处亚热带季风气候区，气候温和湿润，年降水量为1200毫米左右。这些自然地理环境，很适合水稻和其他一些粮食作物的种植和栽培。自唐宋以来，水稻种植就已得到推广，勤劳的侗

---

① 侗族是我国西南地区的少数民族之一，人口共计 296.03 万人（第五次全国人口普查数据），主要聚居在黔、湘、桂三省（区）交界地区，地处云贵高原的边缘地带。

② 郑英杰：《中国少数民族伦理文化通论》，中国文史出版社 2002 年版，第 19 页。

族先民把该地区的许多山谷及坡度较低的山脚开垦成了大小、形状不一的梯田，种植水稻，在一些山岭、坡度较小的斜坡及山凹处种植其他粮食作物。到了明朝，为了拓荒开垦西南，加强边陲防守，于洪武年间在西南地区"拨军下屯，拨民下寨"，由江西调三万军民进入侗族地区"下屯"、"下寨"，于是山脉之间的谷地得到进一步的开垦，山间可以种植农作物的土地也得到进一步开发。因为人多了，狩猎采集显得更加没有保障，其在该地区的经济作用进一步降低；而粮食生产相对比较稳定，比较有保障，所以耕田种土的生产生活观念意识得到进一步加强。随着人口的不断增长，耕田种土就显得越来越重要，成了人们最基本的生活保障，于是"以粮为主"的农本思想逐渐形成，世代相袭，从而伦理化。"以粮为主"的农本思想在其形成以及伦理化的过程中，人们过多地重视粮食生产而忽视畜牧业的发展，可以说，它是伴随着对传统畜牧业的忽视和制约的情况下形成的。因此，其形成过程及伦理化过程就是对畜牧业的制约过程。

　　"稻鱼结合"的小农稻田经济伦理的形成及其对畜牧业的制约。"稻鱼结合"的侗族小农稻田经济，渊源久远，可以追溯到唐宋年代。所谓侗族小农稻田经济就是指在稻田里兼养鱼类、泥鳅、黄鳝、田螺、河蚌等的一种既有利于水稻生长又能充分利用稻田资源，一举多得的侗族地区自然经济农田耕种模式。它有几个优点：第一，对粮、鱼都有好处，形成一种很好的生态链。掉到水田里的小虫可以成为鱼的食物，特别是一些害虫的虫卵和幼虫在水里成了鱼类很好的食料，促进鱼的成长。鱼在水田里来回游动对调节稻田里的内环境十分有利，有助于对水稻某些病情的防治，鱼类亦食水里的一些水草，从而也减少了杂草与水稻争肥的现象。在水田里养一定数量的鱼，田里的杂草相对比较少，而且鱼排泄的粪便又成了肥料，对水稻有利。在稻田里养鱼，有助于水稻的生长和增产。第二，充分利用水田资源，体现了侗族小农稻田经济的优势。田里水稻的根丛疏稀有间，在水稻丛与丛之间有很大的空间，如不养鱼，显得浪费水田资源。在稻田里兼养鱼、泥鳅、黄鳝、田螺、河蚌等都是充分利用水田资源的表现，它将给水田农业经济带来丰厚的附加值，提高水田农业的价值效益，为生态农业提供了一个良好的范例。第三，可以改善农民的生活。在稻田中兼养鱼，可以改善农民们的日常生活，特别是在耕种和收割季节，农业劳动非常辛苦，劳动强度大而繁重，田中有鱼，可以改善农民的膳食，增加农民的营养，增强农民的体质。正因为侗族传统"稻鱼结合"的小农稻田经济有多种优势，给农民带来好处，因而人们十分重视，乐意接受，在生产生活中占有重要地位，于是不去关心传统畜牧业的发展，这种情形世代相传，成了一种生活习惯和习俗，时间久了，便伦理化了。这种伦理的形成同样也是伴随着对传统畜牧业的制约的情况下进行的。因此，其形成过程也是制约传统畜牧业发展的过程。

"稻林兼营"的特色农业经济伦理的形成及其对畜牧业的制约。侗族地区自然地理环境和自然资源特点决定了"稻林兼营"的经济思想观念和"稻林兼营"的经济伦理的形成。侗族地区的地形结构和气候特点，适宜粮、林的生产。由于种植水稻相对稳定、有保障，大米便成了侗族的主要粮食，是人们生计和养家糊口的最基本食物。种植水稻成了人们生产生活最为重要的内容，从而也加强了人们对它的依赖。而且，农民在各朝各代都必须交粮食赋税，每年上交一定数量的稻谷给各王朝政府，即使在新中国成立后的很长一段时间里，农民们照样要上交公粮（税）和余粮（税），正式免除耕田农业税仅仅是从2005年才开始的事。正由于农民自身对粮食的需要和历代封建王朝政令的诱导，粮食生产成了侗族农民的头等大事，是生存的基本依据，从而形成了粮食经济，形成了粮食经济伦理观。对于林业经济伦理观的形成来说，也是有其原因的。侗族地区传统上森林资源丰富，林区储材量大，这给侗族通过销售木材创收，改善生活状况提供了前提条件。传统上贯穿侗族地区的清水江等河流的水位高、河床深，给放排漂运售木提供了有利的交通条件。湖广等地对木材的需求提供了市场保障，人们乐于此道、谙于此道，又为漂运售木提供了良好的人文环境。于是漂运贩卖木材创收为侗族代代相传，从而形成了林业经济，形成了林业经济伦理观。他们几乎把所有的精力都投入到"粮林经济"上，无暇顾及、也不屑于顾及畜牧业的发展，所以"稻林兼营"伦理观的形成过程也是对畜牧业的制约过程。

无兴趣于牧养牛羊观念的形成及其对畜牧业的制约。侗族人对牛的动物崇拜和对羊的图腾崇拜，使其形成了无兴趣牧养牛羊的观念。在侗族的古老文化中，牛、羊等家畜都是崇拜对象，在侗族典籍中未见有关于猪崇拜的记载。从对牛的动物崇拜上看：牛是勤劳的象征，亦是人类的朋友，传说牛是天神派下来帮人们耕田的，人们常把牛角挂在鼓楼或堂屋里，以示祭奠。每年农历四月初八为牛的诞日，这天让牛休息，给牛洗澡，用杨桐叶做的糯米饭和坛中的老酒喂它，给它插上金鸡尾，以示祝福。每年在春耕大忙之后，还要祭牛。对羊的图腾崇拜体现在对"萨"神①的祭祀上。在祭祀中，要选一头没有一根杂毛的纯白羊作为"萨"的化身，常年由人们供养。经过训练的白羊，每日挨家挨户登门"拜访"，家家都以最好的"禾糯饭"喂它。还特地为它修建一座"萨屋"，供白羊居住。在羊的两角钻孔，系上鲜艳的五色丝线，比拟太阳的五彩颜色，象征着太阳。在古代，牛羊等动物的神圣性表现为对人们的食用禁忌，除非在集体活动或祭祀时才可以宰杀，否则就是对神圣的侮辱和玷污，谁要是触犯了这一规定，谁就会遭受灾祸。古先民相信亵渎会自动地招来不吉，在崇拜的动物中，始终存在着一种令人敬畏的本原，这种本原一旦进入凡俗的有机体，就必然会被扰乱或者破坏。所以，"对于法则的敬重，是理智原因产生的一种感情"②，这些观念意识和感情延续的年代久了，就会习惯化、习俗化和伦理化。体现在现实生活中就是侗族热衷于圈养生猪再屠之售肉，而对牧养牛羊不太感兴趣，迫于生活所需，仅以家庭自给养用为目标。这又进一步促进了传统农业经济伦理的形成和对畜牧业的制约。实际上，动物崇拜和图腾崇拜的形成过程也是制约畜牧业发展的过程。

　　伦理作为"人类精神生活的化石"③，它向我们展示了侗族这些传统的思想观念、经济特点和经济模式的形成；呈现了这些传统思想观念，经济特点和经济模式在历史上确实给当地的经济发展做了巨大的贡献，历代的侗族人也从中得到了不少实惠，于是世代相传，因循承袭，在世代侗族人的思想观念意识中打下了深深的烙印，久而久之，这些思想观念文化化、伦理化，成了传统农业伦理思想。这些思想观念在伦理化的过程中，一直受到侗族人的重视，当然传统畜牧业就不会被人们所关注，时间久了就被淡化，淡化久了，就世代相袭，淡化的功能就得以加强，自然而然地就成了淡化传统畜牧业的伦理观念意识。换而言之，"以粮为本""稻鱼结合""稻林兼营"的侗族传统农业经济伦理的形成过程就是对畜牧业制

---

① "萨"：神为侗族传统上的最高神，即祖母神。
② ［德］康德：《实践理性批判》，关文运译，商务印书馆1960年版，第76页。
③ 高力：《民族伦理学引论》，新疆人民出版社1998年版，第10页。

约作用生成的过程。

　　侗族传统农业经济伦理在其形成的过程中对畜牧业制约的后果是多方面的、复杂的。在过去特殊的年代里，这种"以粮为本""稻鱼结合""稻林兼营"的农本思想为基础所形成的农业经济伦理，对侗族地区的稳定和农业经济曾经做过巨大的贡献，为侗族特色文化的形成功不可没，这是积极作用的一面。另一面，传统农业经济伦理在对畜牧业制约的过程中，畜牧业被冷落、淡化、歧视和边缘化，于是人们几乎把全部的精力都集中在"以粮为本""稻鱼结合""稻林兼营"的传统农业的投入上，从而使"以粮为本""以粮为纲"的"重农思想"又得到进一步加强，传统农业经济伦理意识信息得到叠加和增长，从而加强了这方面的单边发展，又进一步促进对畜牧业的制约，这主要表现在以下几点：

　　"耕田种土厌迁，崇尚安居稳定"的伦理观对发展畜牧业的行为进行抗逆和歧视。侗族"以粮为主"的农本思想形成，经过历朝历代的承袭和政令的诱导，已经成了人们传统思想意识的主要内容，在整个族群里已被文化化、伦理化。"耕田种土"这种生产方式不宜流徙从业，而且比较稳定和有保障，年代久了，形成了侗族讲究安居稳定，"甚厌转徙不恒"。加之受"鼓楼文化"和"风雨桥文化"等传统文化的影响，传统上侗族有恋群的情结，不愿在村寨以外的偏僻地方散居，不喜单独在山林里从牧，而崇尚在村寨间群居，更讨厌有规模地迁徙牧养家畜，于是养成了不正视无所定居的流徙生活及散居生活的伦理观。因为该地区地形崎岖，交通不便，不利于大规模圈养家畜。在山林、草坡之间放养与圈养相调节，放养与混养相结合是因地制宜，发挥区域优势的新型畜牧业发展的途径，在山林的流徙或散居生活是发展该地区新型畜牧业的前提条件。伦理并非仅仅是个体人的自然本性，而是具有很强的社会性，正如马克思所说，"不管个人在主观上怎样超脱各种关系，他在社会意义上总是这些关系的产物"[①]。"由于伦理要对整个文化教育起到一个评价标准作用"[②]，所以，

---

　　① ［德］马克思、恩格斯：《马克思恩格斯选集》第 23 卷，人民出版社 1972 年版，第 12 页。

　　② 郑英杰：《中国少数民族伦理文化通论》，中国文史出版社 2002 年版，第 93 页。

对于崇尚安居稳定的侗族来说，农闲时偶尔结队上山打猎消遣可以，讲到为了从牧而过着流徙或散居的山林生活是不敢越雷池一步。人们对流徙喂养及山林散居一直不予正视，那是因为流徙从牧或山林散居的生活缺乏群体性，没有得到族群社会的认可。以致到了20世纪七八十年代，甚至90年代，对远离村寨的流徙养鸭、养鸡的人士，不少人亦持贬低态度，其行为遭到传统农业经济伦理的顽强抗逆。如果在山林里散居从牧或流徙从牧，那更不为人们理解和接受，会认为那不是正道，乃奇技淫巧之术，属于无能力务正业，投机取巧混日子之流。耕田种土不宜迁徙，更不愿迁徙，崇尚安居稳定的伦理意识决定了侗族不愿流徙从牧而过无所定居的山林生活或远离村寨的散居生活，于是畜牧业遭到传统农业经济伦理抗逆和歧视。

"贮积备荒"的传统农业经济伦理导致畜牧业被淡化。正是由于耕田种土的世代劳动实践，养成了侗族崇尚安居稳定，人与自然和谐相处。可是，要想安居稳定，除了承袭祖法，因循耕作种植外，尚需天遂人愿，风调雨顺。人们最怕的就是灾荒降临，一旦灾情（如蝗灾、旱灾、水灾等）临世，轻则歉收，食不果腹；重则颗粒无收，背井离乡。历史灾荒逃难、颠沛流离的阴影老幼相传，给世代的侗族人留下了共同的心理特点：那就是居安思危，贮积备荒。为了太平，过着稳定的日子，"贮积备荒以图稳定"成了侗族世代沿袭的伦理观念意识。该伦理观念意识的形成决定了侗族平时都推崇艰苦朴素的生活，崇俭黜奢，平时十分节俭，除了过年和大型活动，从不随便大鱼大肉。在新中国成立前，即便是中等地主家庭，甚至于比较大的地主，亦很节俭。并非他们消费不起，而是由于传统的伦理意识观念促使他们贮积备荒，有备无患，以防来年，希望过着安居稳定的生活。为了贮积备荒，就必须耕田种土，而且是把这个当作第一要务来抓，其他在平时认为不是很重要的可以不予关注。因此，畜牧业被冷落和淡化，从而影响了畜牧业的发展。换而言之，耕田种土，贮积备荒的侗族传统农业经济伦理制约了传统畜牧业的发展。

"轻视畜牧营利"的传统农业经济伦理使畜牧业遭到排斥。伦理具有很强的排斥性，"它的职能就是展示人生必须以何种方式度过，以实现它的目标或目的。"① 对不属于该伦理观范畴和内涵的行业和行为，伦理观会发挥它应有的功能，该行业或行为会遭到很强的排斥，被侗族传统农业经济伦理淡化和歧视的畜牧业自然也不会例外。又由于因循守旧，世代承袭祖业的原因，以及历代封建王朝的"农本商末""重农抑商"思想的影响，人们把对传统畜牧业的更新换代和发展的行为视为异类，轻视畜牧业市场。这体现在畜牧业上就是不受任何感性利益的影响，平时习惯于传统的家庭养猪，不屑于通过批量地牧养牛羊等赚钱，否则就是对"神圣本质的玷污"。当代著名英国哲学家马奇曾言，"价值不是客观的，它不是世界结构的一部分"，而是人们主观结构的一个部分。② 这在价值观的问题上，极大程度上取决于传统伦理的定位，主观方面起着主要因素，而不是客观因素——市场价值起决定作用。在侗族的传统生活习惯中，猪肉和鱼肉是人们的主要肉食品，有"不养猪就不像一个家庭"的传统认识。在侗族地区无牛耕田可视为正常现象，如果一个家庭不圈养几头猪，会被认为是一件怪事，起码认为这个家庭不太正常，会遭人白眼。家庭养猪成了人们生活的一个重要环节，成了一种风俗习惯和伦理观念意识。

在侗族地区，养猪主要是以自给食用，炼制食用油为主要目的，亦有出于解决一些日常生活开支而屠宰售肉或出售生猪的。但是传统养猪并不赚钱，有"养猪不赚钱，肥了一丘田"之民谣。传统养猪不但不赚钱，因每年要砍伐大量的柴薪用作煮猪食，反而对森林资源造成极大的破坏，尽管养猪"肥了一丘田"，但与养牛、养羊相比显得相形见绌。人们习惯于宰猪售肉，而不屑于牧养牛羊赚钱，并不是牧养牛羊的经济效益差，而是传统的伦理观念意识在作怪。现仅以养牛与养猪的经济效益比较为例：在侗族地区的自然生态环境下，传统上养一头刚满月的小猪成为可以出栏的成年猪（200多斤），一般需要1.5—2年时间，屠宰售肉可创收1100元左右，年均收入550—700多元，而养牛的效益就大得多。俗话说"三岁黄牛四岁马，岁半水牛任你耙"。意思是说，

---

① ［德］弗里德里希·包尔生：《伦理学体系》，何怀宏、廖申白译，中国社会科学出版社1988年版，第7页。

② J. L. Machie. The Subjectivity of Values, J. P. Sterba ed., Contemporary Ethics, Prentice - Hall, 1989, p. 265.

黄牛三岁就可犁田或出栏，而水牛只需一岁半。传统上养一头刚满月的小牛到可出栏的成年牛，黄牛需三年左右，可创收 2400—2800 元，年均收入 800—900 多元；水牛需 1.5—2 年，年均收入 1000—1500 元。很明显，养牛比养猪赚钱，而且养牛比养猪更能肥田。侗族居民尽管知道养牛、羊的效益比养猪的效益高，但是"理解不能保证接受，也不等于接受"，他们不以规模化牧养牛、羊而养猪，这主要是传统农业经济伦理在左右着人们的思想和行为，传统畜牧业被传统农业经济伦理排斥的结果。

动物崇拜和图腾崇拜的原因，使人们对畜牧业不感兴趣，畜牧业被人们冷落。古代的动物崇拜和图腾崇拜对先民的心理形成了较大的影响，因世代承袭，形成了一种伦理观念意识。尽管年代久远，其影响力仍潜在于具体族群的伦理意识之中，潜意识地支配着人们对事物的兴趣及认识，规约人们的自然心理。自古以来，侗族热衷于在家养猪，而对牧养牛、羊等不感兴趣，仅以自给自足，家庭养食养用为目标，这与古代的动物崇拜和图腾崇拜有关。动物崇拜实质上是对自然力量的崇拜，图腾崇拜则是对社会力量的崇拜。崇拜物本身只是一个物质形式，崇拜的并不是具体崇拜的动物，而是隐藏在他背后的力量——即自然力量的崇拜或社会力量的崇拜。这种力量非常容易转化为一种确切意义上的神性。由于动物崇拜和图腾崇拜，在古代人的心灵里就形成了一种心理定式，对崇拜的动物种类有敬重意识。久而久之，在侗族群体中就形成了这种伦理观念，潜在地制约着人们的心理活动和生产、生活习俗，具体表现在畜牧业上就是对牛羊的畜牧发展不感兴趣。平时迫于生活所需，传统的畜牧业仅以家庭附带养殖，零星地散养少量家畜供日常之用。于是，畜牧业被人们冷落，从而人们不想通过对传统畜牧业的更新换代发展来改善经济收入状况。

传统伦理作为一种社会意识，它也是具体的，历史的，不是一成不变的。"传统伦理不是静态的理念，而是动态的事实"。[①] 面对侗族畜牧业受侗族传统农业经济伦理的制约，畜牧业未能得到应有的发展的难题，"发

---

① 房登科：《中国传统农业经济伦理文化转型之精义》，《内蒙古农业大学学报》（社会科学版）2003 年第 4 期。

展新农业经济伦理"是一个较为有效的措施。但是，发展新农业经济伦理是一个比较棘手的难题。人们应该根据新旧事物的更替和发展原理，考虑到传统农业经济伦理的稳定性、抗逆性、否定性和排斥性，不以行政手段、法律定义来扭曲传统农业经济伦理，亦不以经济利益否定传统农业经济伦理，宜在传统农业经济伦理的深层里挖掘适合新伦理观滋生的潜在因素，在承认传统农业经济伦理的前提下诱导新伦理观的萌生，并促使新伦理观在传统农业经济伦理的土壤中成长，随后使侗族传统农业经济伦理逐步同化于新农业经济伦理之中，与新萌生的农业经济伦理合二为一，完成伦理观的"发展"和"蜕化重生"，实现"诱导加拖动，发展新伦理"的新农业经济伦理的形成。

首先，避开传统农业经济伦理的障碍，因势利导。侗族传统农业经济伦理对不属于其蕴涵内的农业经济行为持否定态度，它作为一种精神支柱，又有极为坚强的排斥性和抗逆性。因而，在"发展"新的农业经济伦理之初，就必须绕开传统农业经济伦理的障碍，避开它的制约作用，找出传统农业经济伦理中可以滋生新农业经济伦理的潜在的合理因素，使新生的伦理观作为传统农业经济伦理框架内所能容纳的一部分，在传统农业经济伦理的土壤中滋生、成长，并逐渐以传统农业经济伦理的身份表现出独特、新颖的一面，使新农业经济伦理能在传统农业经济伦理的框架内创新和发展，使二者不相冲突，同生共容，并借助于传统农业经济伦理的力量和有利的土壤促进新农业经济伦理苗壮成长。并根据形势需要，促进新农业经济伦理取得传统农业经济伦理的认同，使农业经济伦理在社会上所体现的主要角色由新农业经济伦理的表现形式出现，让后者促进前者，进行一段时间的磨合，让人们意识到新农业经济伦理就是传统农业经济伦理的另外一种体现形式。

其次，淡化传统农业经济伦理，并施以诱导加拖动，促进新农业经济伦理的成熟和发展。在新旧伦理共容磨合期间，新农业经济伦理的表现形式要体现出其独特的新内涵，并逐渐淡化传统农业经济伦理，尽量让新农业经济伦理在农业活动中有展示的机会，代替传统农业经济伦理在农业活动中作为认同体出现，使人们对新伦理有更深的印象，逐渐淡化传统农业经济伦理对生产、生活的影响，淡化对传统农业经济伦理的认同，让传统农业经济伦理随时间的流逝，在人们的思想意识中被淡化。这种淡化传统农业经济伦理的做法有助于新农业经济伦理的成长和发展。在淡化传统农业经济伦理的过程中，要取得传统农业经济伦理框架的支持，突出新农业经济伦理的作用，让新农业经济伦理尝试充当社会生产、生活观念意识的重要角色，这就是诱导。当新伦理在社会中获得主角地位后，要拖动传统农业经济伦理一起发展，不让二者产生冲突，促进二者整合，让传统农业经济伦理以新的面孔慢慢融入新伦理观当中，促进新农业经济伦理的成熟和发展，最终实现新农业经济伦理完全取代传统农业经济伦理。

　　从历史的必然性出发，市场经济伦理代替自然经济伦理不仅是历史的必然，而且是历史的进步。挖掘侗族传统农业经济伦理文化深层下的适合新型畜牧业发展的伦理意识，发展新的农业经济伦理以适应市场经济的发展是大势所趋。在侗族传统农业经济伦理中，亦有适合发展新型畜牧业的潜在的"文化因子"[①]。在这些"文化因子"中，有相当部分是"伦理因子"，只是这些潜在的"伦理因子"并不明显，平时未被人们所重视，它们作为侗族传统农业经济伦理的一小部分，为传统农业经济伦理所容纳和接受。在事物普遍性范围内，它们处于传统农业经济伦理的内容，但是在事物的特殊性概念下，它们又与传统农业经济伦理的其他内容有所不同，有其特殊的一面。这些特殊的一面，正适合侗族畜牧业的更新换代，适合社会主义新农村经济框架内的新型畜牧业发展，只要把其在这方面的功能加以强化和壮大，就可以通过农业经济伦理的逐渐改变来限定经济行为。这既避开了侗族传统农业经济伦理对畜牧业的制约，而且也得到了传统农业经济伦理的支持，使新型畜牧业在传统农业经济伦理的环境下滋生并茁壮成长，并逐渐在伦理观念意识中扮演重要角色，成为畜牧业伦理观念意识的主角，实现社会主义新农村经济伦理观代替传统自然经济、小农经济伦理观；把传统的"有田有山是地主，别无他处出状元"的小农经济伦理观过渡为"市场经济新农村，三十六行出状元"；把传统的"甚厌转徙不恒，执着贮积备荒"伦理观念意识转变为"资源利用灵活，市场赚钱为荣"的伦理观念意识；把因循守旧的伦理观转化为勇于开拓创新进取

---

① 杨庭硕等：《民族文化与生境》，贵州人民出版社 1992 年版，第 43 页。

的市场经济精神。依据以上"发展新农业经济伦理"的途径，侗族会逐步完成传统农业经济伦理向新农业经济伦理的平稳过渡，从而最终实现新农业经济伦理下的侗族新型畜牧业。

第四章　生态环境与生态文化

第一节　水土资源维护的失范与文化矫正研究

不同文化规约下的人们希望水土资源更适应他们的需要，因此，人类对水土资源的维护其实在于实现人类自身的延续和发展，而优化水土资源的匹配使之适应于不同的利用需要，以及因地制宜地提高水土资源的利用价值，这是不同文化下各民族所期待的。但水土资源维护的目标与行为在各民族间出现偏离，进而会出现失范。这样的偏离与失范导致了人类生存环境的生态失衡与生态危机。因此，对水土资源维护失范矫正的实质不是要另造水土资源，而仅是通过社会力量的努力保持水土资源固有结构的稳定，以确保水土资源的可持续利用。

水土资源是自然的产物，并将继续随着自然的演替不断地变化。分布在地球表面水土资源的结构不同、性质不同是一个客观事实，而不同性质的水土资源在演替的过程中其结构和性质会发生变化。就纯自然的角度看，不同性质的水土资源并存，其间并不存在优劣之分。只是由于人类社会存在和延续的需要，以文化的方式去利用水土资源而已，人类需要什么样的生物产品和生物能是因人类的文化而异。这样一来，从人类社会的角度着眼去评估水土资源时，其利用价值才会互有区别。

不同文化规约下的人们希望水土资源更适应他们的需要，同时又很自然地担忧他们手中所控制的水土资源使用价值下降，会影响其生活质量和文化延续。于是，在文化的作用下人类社会需要对水土资源加以维护。但这样的水土资源维护行为在各民族文化之间出现的差异被人为地忽视，因而导致了水土资源维护的偏离，乃至失范。这样的偏离与失范导致了人类生存环境的生态失衡与生态危机。① 但我们认为这样的生态失衡与生态危机导因于人类的文化，因此对其进行矫正也可从人类的文化入手。

水土资源维护目标之一就是为了人类自身的延续和发展。人类以文化为分野而区分为不同的民族，但各民族建构的文化体系有赖于水土资源提供生物产品和生物能，从而获得其存在与延续，为了确保其生物能的稳定供给，进而要求水土资源的结构也必须高度稳定。各民族都希望他们能利用的那部分水土资源，在利用的过程中能够稳定地提供生物产品和生物能，以求得各民族的延续与发展。

人类社会作为一个高度有序的自组织系统，也是以自然生态系统作为其延续的基础。我们知道，地球上的自然生态系统也是一个具有自组织能力的复杂系统，并具有更高的稳定性，人才能加以利用。人类社会对水土资源的稳定性提出了更高要求，因为水土资源具有了稳定性，才能被人类的文化所感知与理解，并能够加以利用。因此，水土资源的稳定直接关系着人类社会自身的稳定。

水土资源在自然力的作用下，其演替的速度极为缓慢，其演替周期大大地长于任何一个民族文化的延续期。人类在不同文化的规约下结成为一个个有意识的社会群体——民族。各个民族凭借其文化而凝聚社会力量，按照其文化模式采用相对单一的方式对水土资源利用，这就打乱了生态系统中水土资源的制衡关系，其表现形式主要表现为水土流失和生态灾变。② 当然，人类的文化也具有抑制这一不利过程的能力，通过文化回归的力量形成社会行动对水土资源进行维护。③ 人类在维护水土资源的过程中，是按不同文化的价值要求去分别采取行动，通过文化的回归能动地抑制水土流失。

水土资源维护目标之二就是优化匹配水土资源，使之适应于人类的不同需要。水土资源自身结构最为关键的是水与土壤的匹配。从自然的角度看，水土资源的匹配关系虽然千差万别，但其间并不存在优劣之分。若从人类社会的角度出发，水土资源的匹配关系则会因文化的差异而呈现明显

---

① ［韩］全京秀：《环境人类亲和》，崔海洋译，贵州人民出版社 2007 年版，第 44 页。

② 李凤、陈法扬：《生态恢复与可持续发展》，《水土保持学报》2004 年第 6 期。

③ 罗康隆：《文化适应与文化制衡：基于人类文化生态的思考》，民族出版社 2007 年版，第 57—67 页。

的差异。于是，人类社会不可避免地要对水土资源匹配做出优劣等次标准。当然，这样的区分标准因文化而异。对农耕民族而言，由于经营稻田农作的需要，浅水沼泽是最优化的水土资源匹配；但对于草原民族来说则认为半干旱的平旷草场更为重要。

自然界的水土资源匹配当然是基础，也是难以自己更改，是不以人类意志为转移的客观存在。但由于人类文化的作用，人类社会力量可以对水土资源的匹配关系加以调整。比如，人类通过水利工程的建设，可使一些地方淡水资源供给较为充裕，也可以在一定程度上排出过多的水资源，使当地的水土资源匹配更有利于人类的生存与发展。人类还可以通过工程设施缩小水资源补给的季节差异，甚至通过水利设施将丰水地带的水资源调节到缺水地区，有效地做到以丰补歉，以优化水土资源的匹配，使之适应于不同的利用需要。

从特定意义上说，优化水土资源匹配具有的文化属性，这是当今人们在维护水土资源配置时需要认真考虑的关键问题。我国境内并存着 56 个民族，每一个民族对其所面对的水土资源都在进行优化匹配，但对其优化配置的理解都不相同。基于这样的文化差异，民族间可以实现水土资源利用互补和转让。比如对农业生产不利的水土资源匹配，可能对畜牧业生产是最优的组合。这样的优化组合还可以节约下较多的水资源来满足农业生产和工矿企业的需要。对高山旱地农牧兼营最优化的水土资源匹配，也许对定居水稻农业没有多大价值，但在高山河谷交错地带实施农牧兼营，不仅可以减缓水土资源的流失，还能为下游暴雨季节截留地表径流，使之成为稳定江河下游水土资源匹配的屏障。但令人深感遗憾的是，在当今的水土资源维护中，由于水资源使用的法律体系尚未健全，以至于如何兼容我国各民族对水土资源优化匹配的观念，还无章可循①，这极大地损害了水土资源维护的成效。

水土资源维护目标之三就是因地制宜地提高水土资源的利用价值。地球表面千姿百态的水土资源，显然不能用一种方式去加以利用并获得同样的效益。水土资源的差异存在，要求人类用各自不同的方式去加以利用，这正是民族文化得以建构，并互有差异，且稳定延续的物质基础之一。然

---

①　田圃德、张淑华：《水资源优化配置需要水权制度创新》，《水利经济》2002 年第 1 期。

而，在我国以往乃至当今的水土资源维护中，却忽视了这一至关重要的水土资源利用原则，不加区别地对互有差异的水土资源按同一的标准去加以利用，这就降低甚至损害了利用水土资源的效益，并种下了水土流失的祸根。为此，水土资源维护的目标应当是以人类的文化为中心，因地制宜地开发水土资源的价值。

但是，在人类历史的进程中，这样的基本原则往往被强势的文化所偏离。如我国汉族农耕文化处于强势文化时，以推行以粮为纲的时代发展到了极端。这种极端的"农业"发展模式，导致了我国非宜农区规模性的水土流失。那一时期在非农耕地区控制水土流失的对策，忽视了不同民族的水土资源利用方式。目前，我国西南山区的水土流失、石漠化，河套地区的土壤沙化，内流河地区土地盐渍化，以及青藏高原的草原退化，从某种意义上讲都与这种"一刀切"式的利用方式的推行直接或间接相关。[①]

水土资源是可再生的资源，但各民族对水土资源的利用需求，往往大过于水土资源的再生速度，这就造成了供求的尖锐矛盾。当今世界上几乎所有的民族都认为自己的水土资源是稀缺的，不是取之不尽、用之不竭的资源。世界上水资源最丰富的国度也会出现局部用水成本的居高不下，因此，水土资源维护就是要在每一个民族已有水土资源再生能力的前提下，最大限度地提高水土资源的利用价值，减少无效地流失和耗损。[②] 因此，如何提高水土资源的利用效益，乃是一个民族文化的问题。

不同民族由于去文化的作用，对水土资源的利用方式可以千差万别。而这样的文化差异能否与当地的水土资源再生能力相适应，可以在其文化调控的范围。因而通过文化的借鉴作用，调整对所在处水土资源的利用方式，乃是提高水土资源利用效益的可行途径。

自20世纪50年代以来，我国在水土资源维护方面做出了重大的努力，也收到了一定的成效。但就总体上看，水土流失至今仍在不断地加剧，水土流失灾害仍在不断地发生，水土资源维护没有达到预期目标。我们认为这既不是工程技术的失误，也不是政策法规的失误，更不是维护力

---

① 杨庭硕等：《生态人类学导论》，民族出版社2007年版，第89页。
② 黄占斌、山仓：《北方干旱地区农业水环境变化与适应对策》，《生态经济》2000年第4期。

度不大、重视不够而导致的后果。而在于水土资源维护思路与观念上的偏颇——采用单一文化的思维模式去应对我国千差万别的水土资源局面，以至于在农耕不适于的地区，机械照搬农耕的方式去对水土资源加以利用。

由此看来，对我国水土资源维护现状的评估，不能理解为局部的失误或失当，而应当理解为维护方略上的偏颇，由此导致维护目标的混淆，是一种维护思路的失范。以致对水土资源维护的理解长期以来没有形成共识，在水土资源维护实践中出现了理解上的分歧和行动上的不相协调，损害了水土资源维护的成效。要改变目前的这一被动局面，必须从改变水土资源维护的思路入手，将水土资源的多样性与民族文化的多样性有机地结合起来，发掘我国各民族文化的生态智慧与技能，并辅以现代的科学技术，才能开创 21 世纪维护水土资源的新局面。

由于对水土资源维护理解的偏颇，以至于我国在半个多世纪的水土资源维护的实践中，主要表现为重治轻防；重显轻隐；以单向救治代替全局维护；片面强调工程设施，轻视社会力量参与；重视集中投资维护，轻视持续性维护工作；各民族传统文化中有价值的技术技能未得到有效的发掘利用等方面。

水土流失是自然与社会力量综合作用的结果，因而水土资源的维护关键在于通过改变水土资源的利用方式和人为移植造成水土流失的不利做法。从持续性的人地关系中去防范水土资源价值的降低。故此，日常的维护行动比灾变发生后的救治更为重要。但在我国相当一段时间的水土资源维护中，不到水土流失成灾往往不能引起有关部门的必要关注，更谈不上及时地采取未雨绸缪的日常维护举措。这样的水土资源维护格局在我国各地均造成了程度不同的水土流失灾变区。有的地段本来可以通过日常的维护活动逐步消解人为水土流失，但由于长期以来重治轻防，未及时采取相应的维护措施，致使到了今天这些地区已经发展成不可逆的水土流失灾变带，若不采取特殊的对策，就无法自然恢复其土地的使用价值。

我们可以清醒地看到的是，我国江河上游的水土资源维护其核心问题是坡耕地的退耕还林还草和高原湖泊的退耕还湖，以及江河下游的储洪水域的稳定。要做好这项工作，决不能单凭行政命令，更不能依仗经济补贴，正确的处理办法是要给江河流域各族居民找到适合于当地水土资源结构特征的利用办法和利用方式。要实现这一目标并非奢望，我国各族人民的传统文化中本身就具有多途径、多方式利用水土资源的智慧和技能。随着我国市场经济体系的健全，国内外市场已经有了全局性的改观，不再是仰仗粮食填饱肚子的时代了，江河上游丰富的生物资源完全可以形成多样化的生物产品，可以在国际国内市场中实现其经济价值。在粮食相对宽裕的今天，在继续考虑单靠固定农田提供粮食的同时，还需要考虑各民族利用生物资源的传统经验和智慧，实现产品创新，推动江河流域各族居民因地制宜地建构多样化的水土资源利用模式，才能最终确保退耕还林还草还湖全面落实，水土资源的人为流失才能得到有效的控制。

在以往的水土资源维护中，我们总是特意关注明显的水土流失区段，或者是政治经济影响大的区段，不同程度地忽略了隐性存在的大面积水土流失地带。只注意点而不注意面，其结果只能是局部地段水土流失得到了明显控制，但在更大范围内水土流失却愈演愈烈，致使在我国的大众传媒中，人们经常看到的是沙漠变成绿洲的镜头，但却很少注意到我国的沙漠化速度正在与日俱增。20 世纪 50 年代初到 70 年代中期，我国的沙漠化土地面积年均扩大了 1560 平方公里，年均增长率为 1.01%；70 年代中期到 80 年代中期，年均扩大面积为 2100 平方公里，年均增长率为 1.47%；而目前我国沙漠化土地面积正以每年 2460 平方公里的速度扩展。① 这同样不是个别人的决策失误，而是维护思路的偏颇。水土资源的维护从来都具有全局性，治理的成效不能以点为代表。

我国近半个世纪的水土流失治理，在某种意义上正是犯了这一水土流失维护的禁忌。我们不是针对各地区水土资源结构实情，建构稳定的维护方略，而是动用政治、经济力量人为地改变水土资源结构。如果不能达到预期目标，就不惜牺牲周边地区的水土资源结构稳定将有限的水资源集中到重点治理区段，换取逐步实现沙漠变绿洲的宏伟蓝图。这当然招致了周边地区沙漠化进程的加速，局部区段的生产效益提高完全抵消不了大面积沙漠化造成的损失，致使局部的成功只具有象征意义而没有实际价值。为今之计，关键是要启动各族人民广泛参与水土资源维护的机制，具体做法则需要改变水土资源的利用方式。完成这项努力，在

---

① 周立华、樊胜岳：《中国土地沙漠化的现状、成因和治理途径》，《中国地理》2001 年第 1 期。

国外通常都由国家全额投资，在这一问题上我国不应当有例外。否则的话，光有点上的成效，掩盖不了全国范围内的大面积水土流失造成的经济损失。

水土资源维护是一项系统的社会工程。水土资源的维护本是一项综合性的社会活动，不仅牵涉到众多学科的理论与资料，还必然涉及错综复杂的社会关系。因而简单的一两项措施根本无法解决水土资源的全局性维护问题，更不能解决全国不同地区、不同民族的水土资源维护难题。长期以来，我们对水土资源维护的理解往往具有很大的局限性，误以为数世纪积累下来的水土流失灾变可以凭借群众性的植树造林运动或者一两项技术措施就能解决。然而在实际维护活动中，我们面对的问题远比规划上的问题要错综复杂得多。以退化草原的恢复为例，一些专家依据降雨量的地区差指出，年均降雨量高于 400 毫米的退化草原，即使实施围栏封育后也至少需要三年的时间才能基本恢复。这样的地区仅限于科尔沁草原的东南部和毛乌素沙漠的东南部。而年降雨量在 300—400 毫米的退化草原，围栏封育后至少需要 5 年的时间，这样的地区包括乌兰察布市南部、察哈尔草原和河北省的坝上高原。至于年降雨量在 300 毫米以下的地区，围栏封育至少需要 10 年才能得以恢复。① 需要注意的是，这里仅涉及降雨量这一个因素，事实上，内蒙古草原的恢复不仅与降雨量相关，还与所在地的土壤结构相关联。高度沙化的地带，即令完全封育，牧草也无法顺利生根发育，若不采用特殊的植草技术，全凭自然力自我恢复所需的时间还会相应地延长。因而，单凭封育决不能解决草原恢复的全部问题。更何况能封育的地段只是局部地区，封育范围的扩大客观上加重了未封育地带的草场载畜压力。在封育区好转的同时，未封育区同时普遍恶化，两相抵消，封育收到的成效并不明显。据此认为只要减轻人口压力，把尽可能多的人口牧业等第一产业彻底转移出去，草原就可望得以大面积恢复，然而要实现这一目标直到目前还没有妥善的对策。

维护水土资源本来有更多的对策，而且这些对策需要因地制宜，然而在以往的治理中却将千差万别的水土资源维护简单化为种树种草，而不具

---

① 樊胜岳、高新才：《中国荒漠化治理的模式与制度创新》，《中国社会科学》2000 第 6 期。

体考察相关地区是否有可能种树种草，以及该种什么树、种什么草。大规模的群众植树造林运动往往是有什么树苗种什么树，种完了事，无人经营也无人监管，结果是只见种树而不见森林。事实上，要实施有效的水土资源维护光有人种树种草是不行的，更关键的需要所种的树与草能在当地存活，存活后有人监管。由于种树后的一切都不配套，花费大量人力物力种下的树和草在水土资源维护中发挥的效益极为有限。

在内蒙古草原上，年降雨量不超过300毫米的地带由于高大乔木的年需水量高达数吨，要在这样的地带兴建连片的森林是根本不可能做到的。在这样的地带即使在生态条件良好的情况下也只能存在疏林草原，甚至仅是在草原中有孤立的大树。这样的地段上要求形成林带根本不切实际，能形成稳定的灌丛草原就不错了。

我国金沙江河谷处于干热焚风带，常年高温少雨，只有在暴雨季节土壤才短期湿润，因而在这样的地段上原有植被破坏后，长出的都是耐旱的灌木丛，甚至只是仙人掌科的肉叶植物。在这样的地段要恢复森林光靠植树同样是不可能实现的，因为它必须要等到地表的植被覆盖度超过75%以后，土地表层已经形成了落叶层堆积，具有较大的储水能力以后，高大的乔木才能着根生长，逐步地取代灌草而形成森林。自然演替的时间绝不是十年八年而是至少半个世纪才能完成。对这样的干热河谷，与其植树造林，还不如引种耐旱植物，提高土壤的覆盖率，对水土资源维护和未来植被的恢复更为有利。

以此为例，展开水土资源维护是一篇大文章，需要的是一种跨学科、跨部门的协调努力。单靠群众的植树热情以及"一刀切"的维护方案，显然达不到水土资源维护的预期效果。然而困难之处正在于，眼前的水土资源维护并无权责明确的相关制度作保证。绝大部分的水土保持措施都是根据单方面的材料笼统做出的，在实施过程中缺乏明确的针对性和使用范围，这正是水土资源维护仅见投入而收效不明显的重要原因。

长期以来，人们总是把水土资源维护视为公益事业，问题严重时上级主管部门也往往设置各式各样的工程指挥部，专门主管水土资源维护的行动。但这样的工程只具有公益性质，经费是临时划拨，人员是临时抽调的。热闹一阵子之后，或因投资不济，或因工程见效不明显又冷下来。有工程而不具备持续能力显然无法适应需要长期投入并稳定运作的水土资源维护需要。这正是水土资源维护声势大、见效小的原因所在。

近年来，有的学者主张生态建设、水土资源维护需要纳入企业经营的渠道去运作，才能确保水土资源的维护行动具有可持续能力。有的学者从生态经济的角度出发，希望生态工程获得可持续运作力。其用意可嘉，所揭示的问题也很有代表性。长江上游生态林建设，应计算其经济效益，且纳入 GDP 计算体系，才能持久。过去种树不见活树、造林不见成林，主要是缺乏经济观点，仅把植树造林当作"做好事"的公益事业，觉悟高的多栽些、勤管些；觉悟低的则不栽，还乱砍；国家对生态林建设也多视其为一种只投入不产出的"负担"，资金往往不到位，或所投入的与应要投入的相差太远。我们应从生态经济的角度，计算每一片造林、保护每一片草场所带来的经济效益、生态效益、社会效益，并以货币的形式加以量化。[①] 需要指出的是，水土资源维护其成效的实现具有牵连性，不仅维护者可以受惠，非参与者也可以间接受惠，一些重大的维护项目做得好还可以福泽子孙，这样一来，要过细的实施经济核算，客观上存在着极大的难度。因而，水土资源维护的报偿在很大程度上只能定性而难以定量，这就要求水土资源的间接受惠者应当分担一定的维护费用，水土资源的破坏者应当支付罚金。但这只具有奖惩性质，还不能视为真正意义上的市场交易。正因为如此，即使在市场经济最健全的国家，对水土资源的维护也主要靠国家投资，而不能全凭市场运作。

因而，我们认为水土资源的维护者应当获得报偿，以便支持这一利及全国的社会活动。但水土资源维护从根本上讲无法真正纳入市场化运作，国家将永远是水土资源维护的主要投资来源。这从逻辑上也十分明确，在我国水土资源属于国有，国家为自己所拥有的资源支付维护费用理所当然。因此，要让水土资源维护获得持续动力，不能光靠市场经济行为。市场经济行为只能起到诱导作用，要使水土资源维护获得持续力，最终还得仰仗各民族的文化，使所涉及的各族居民把水土资源维护视为伦理准则的有机组成部分，去履行自己的义务，水土资源维护才可望获得较为稳定的持续能力。能否做到这一步，不同专业的学者可能会有不同的见解，在这里仅提请注意，在我国洞庭湖的围湖造田区，洪水季节围垸中的居民无论

---

① 陈国阶：《关于长江上游生态建设的几点思考》，《生态环境与保护》2000 年第 5 期。

男女老幼都会自动地投入到护堤防洪的任务中去，如果仔细计算个人的付出与回报，谁都知道是永远也算不清的。但这样的活动年年做、人人做，而且一直做到真正完成退耕还湖后。这应当是一个生动的实例，足以表明只要水土资源的维护能与相关民族的文化有机地结合起来，各族居民是可以自觉参与水土资源维护的。

当然这种参与需要来自外部的经济支撑，更需要精神方面的褒奖，而这两方面需要在我国的制度创新中加以体现。同时，制度的创新也需要通过各民族的文化才能发挥效应。在这样的水土资源维护行动中，各民族的文化始终是主导因素和内在因素。也只有这样将水土资源维护具体化，各民族能动参与维护的积极性才能调动起来，只管上工程而不问持续能力的习惯性偏颇才能得到有效矫正。

水土资源维护从根本上讲，应该是一项长期性的社会活动，它需要调动一切有关的单位和个人通力合作，持之以恒，才能收到明显的成效。然而长期以来，我们仅注意用有限的投资兴建水保工程，或者搞群众性的水土资源维护活动。与水土资源维护直接相关的单位和个人反而可以置身事外，这就导致了一项需要持续努力的社会工程变成了无关痛痒的公益性群众运动。这也是水土资源维护质量低下的一个直接原因。

由于是采用群众性的活动来维护水土资源，因而对各地区不同的水土资源显然无法采取有针对性的对策，而只能采用"一刀切"的方式普遍号召集体行动。举例说，我们仅是从一般性的科学结论出发，认定抑制水土流失就该植树造林，于是就发动了全民植树造林活动。然而植树造林本身是一项极其错综复杂、地域性差异极大并需要成本核算的应用性科学。这样一来，就不免出现文不对题甚至无益反损的实际操作来。长江上游是我国水蚀性水土流失重灾区，为了抑制这一地区的水土流失当然需要大面积恢复植被。然而在这一地区，地形地貌、气象水文和土层土质千差万别，"一刀切"式的要求全面种树，在有的地方做不到，有的地方根本没有必要；有的地区需要长时间的努力和精心管护才能恢复植被，单靠短期的群众植树造林事实上能收到的成效极其有限。

水土资源维护具有很广的牵连性，单有个别人、个别组织和个别部门积极参与还远远不够。正如《韩非子》所载："夫杨，横树之即生，倒树之即生，折而树之又生。然使十人树之而一人拔之，则毋生杨。"① 在我国的行政管理体制中，很多社会公益性的活动都没有专职的协调机构，水土资源维护亦如此。尽管国务院明确授权林业部门主管造林和育林，营建各种防护林和用材林。然而造林必须有造林地，但需要退耕还林的大量陡坡地却已经承包到户，这种承包和转让则由各级行政部门主管。我国的水利部门管理各种水域和水面，林业部门的造林如果涉及河滩地，其管理权限还会与水利部门交叉。在水土流失治理中，除了植树外，在很多地区无法植树，需要恢复的是草原。于是，林业部门牵头主持水土资源维护又得与畜牧部门打交道。更值得注意的是，不少特殊地段的水土资源维护与林业管理部门无关，如盐渍化土地的治理、石漠化土地的生态恢复。这些地区要涉及的土地都不是宜林地，林业部门不能越权代管。这使得我国涉及水土资源维护的各部门间相互扯皮、相互推诿的现象层出不穷，使有限的资金无法落到实处。

更为困难的是，有关水土资源维护的科研工作都分散到各行政部门，科研人员不管它自愿还是不自愿都得立足于本单位去确定研究取向，这又会造成研究工作中的重复劳动和研究结论的不相兼容。在这样的背景下，基层群众更是无所适从，林业部门要植树造林，农业部门要求他们坡改梯，水利部门要求他们兴修水利，最终结果只能一概应付了事。有鉴于上述各种困扰，近年来有的学者主张建立统筹安排的水土资源维护职能机构，以免和水土资源维护相关的平级部门之间相互推诿。②

我国干旱荒漠地带的水土资源维护，如何高效利用水资源是一个关键问题。考虑到水资源是一种易于流动的可再生资源，高效利用就意味着对周边的水资源进行优化配置。然而在我国现有的体制下，行政划分与水资源的分布和流向不相关联，各个地区往往只能就本地区的地表和地下水资源实施管理和开发利用，很难建立起水资源的统筹安排、计划使用。于是，经济条件好的地区可以凭借先进的技术装备无节制地使用水资源，造成了极大的浪费。同一流域内经济条件差的地区，即使有水资源也得不到

---

① 《韩非子》说林上第二十二。

② 樊胜岳、高新才：《中国荒漠化治理的模式与制度创新》，《中国社会科学》2000 年第 6 期。

利用，甚至被富裕地区造成的水体污染所殃及。这就是缺水与浪费水并存，治理与污染并存的原因之一。对此，有的研究者主张建立流域性的水资源管理机构区协调这一矛盾。一方面，流域往往地跨数县甚至数省；另一方面，农、林、牧、副、工矿、城建、国防等部门均要用水，因此必须改变现行的水资源分散管理体制，按流域成立统一的水资源分配和管理体制，按流域成立统一的水资源分配和管理机构，从流域的上、中、下游整体利益考虑，超越地方与部门局部利益，立足国家长远利益，科学地管水、配水。同时，提高水资源收费标准，采用"多用多收，少用少收，节约奖励，浪费处罚"的原则，大力鼓励和提倡节水。①

上述建议很有参考价值，但要真正付诸实施仍然有很大的距离。原因在于这样的机构势必将水资源和土壤资源分离开来按不同的体制进行管理。在实际的应用过程中，水资源必须与相应的土壤资源相匹配才能发挥效益。两套体制并行管理必然造成管理上的死角和盲点，发生管理过程的相互抵牾。这些问题都需要在今后的体制改革中通盘考虑才能得到妥善的解决。总之，水土资源维护必须强调它的社会性和群众参与性，必须强调职能部门之间的相互协调。这个问题如果得不到妥善的解决，有效的水土资源维护仍然会遇到众多来自社会的阻力和障碍。

水土资源维护涉及众多的学科理论。然而，与水土资源相关的现代科学的资料积累在我国很不完善，不管是水文气象，还是土壤和植被等学科，其资料大多是在 20 世纪 30 年代以来才陆续由专门机构收集整理的。相比之下，西方发达国家相关资料的积累至少达半个世纪到一个世纪。而在我国西部最需要加强水土资源维护的各民族地区，其科学数据的储备最为缺乏。举例说，我国西部各地的气象站往往仅是县政府所在地，而西部某些县的管辖范围有的很大，大多数一个县的辖地将近 1 万平方公里，在北荒漠地和藏沙漠腹地甚至在 10 万平方公里内没有气象观测点；在我国的西南山区，一山之隔其气候条件迥然不同，这里气象资料显然不敷使用，难以满足水土流失治理的需要。在这样的背景下，可以凭借的资料只有西部各民族的母语记录或许才最具有参考价值；其次是各民族的民间传

---

① 樊胜岳、高新才：《中国荒漠化治理的模式与制度创新》，《中国社会科学》2000 年第 6 期。

闻、家族史传、地方掌故也会有一定的参考价值；而最能与实际结合的资料莫过于各民族还在运用的生态智慧和生态技能。由此看来，我国西部各民族传统文化的价值在水土资源维护中仍然具有无法替代的作用。

从前面的分析可以看出，我国水土资源利用的偏差，乃至生态环境的灾变，可以归结为对民族文化的忽视。那么在当今我们要实现对水土资源的维护也可以从各民族的文化入手，以文化的矫正来维护我国的水土资源。比如我国西部河套地区为疏林草原生态系统。年降雨量大致在300—400毫米之间，年际波动值大于30%，属于半干旱的草原地带。加上风蚀作用烈度较大，降雨过于集中，水蚀作用十分强烈。水土资源的利用格局长期维持半农半牧的经营组合，因而在历史上该地带是北方的游牧民族和农耕民族交错杂居的地段。在游牧民族与农耕民族和睦相处的年代里，游牧民族都要将畜群驱赶到半固定的农田上越冬，并就便向农业民族出售牲畜。而农耕民族也乐于接待游牧民族前来放牧，一方面可以利用畜群的粪便提高土壤的肥力；另一方面可以利用过手的牲畜贸易谋取利益。至今，陕西、山西北部的汉族农民还将这种农、牧两利的做法称为"羊踩屎"。

在20世纪以后这里的水土资源利用状况发生了逆转。20世纪30年代傅作义任绥远省省主席，为了扩充兵员和征集军粮，按照农耕模式对土地资源加以利用：给当地的蒙古族应征青年划拨三百亩土地，供其家属种地养家。但蒙古族妇女只会畜牧而不会农耕，于是划拨到手的土地租给陕西、山西两省汉族农民代耕，从而开启了"以农代牧"的先河。1949年以后，该地区和全国各地一样实施了土地改革，以前受雇到内蒙古草原租地耕作的汉族农民，由此变成了固定居民，草原上的"以农代牧"再一次被行政措施固定下来。

然而，该地带本身并不适于固定农耕，在农耕换季时土地会大面积裸露，从而失去了抗风蚀能力。在暴雨季节，除庄稼外地表没有其他植被庇护，大大降低了抗水蚀能力。加上将原有的天然林地也扩大为农业耕地，更加重了风蚀和水蚀的破坏力。以致到20世纪80年代该区域成了我国沙漠化发展最为迅速的地段之一。

当前，尽管对该地区的水土流失控制对策不断地调整，花样翻新，但却很少有人注意到在该地区不应当建构固定的农田，而应当维护农牧兼营的利用模式——在收割农田时必须留茬，并在农田中播种牧草；放牧必须实行"浅牧",确保终年地表的覆盖度不低于75%。然而,这一思路不仅是该地区的居民难以接受,就连很多专家也难以接受。大家都不自觉地受到"以农为本"思路的干扰,强调要在该地区建构固定农田,企图通过提高农田产量去改变这一地带的贫困现象,并以此减轻人口对水土资源利用的压力,从而达到维护效果。这样的手段不管采用程度如何,其收效都大可怀疑。在风蚀严重、水资源短缺的前提下,稳定农田建设和维护费用,都会大大超过所能获得的经济收益。这不仅不能实现当地居民脱贫,而且对水土资源的维护也将无济于事。目前,这一地带沙漠化未能得到控制,正是这类违背实际的做法而引起的。我国每年被沙漠吞噬的土地资源高达2460平方公里,其中有很大部分就发生在这一地区。这事实客观地表明,该地区水土资源维护对策,就在于以文化的方式去矫正目前土地资源的利用方式。[①]

在我国干旱的内陆沙漠的蒙古族、维吾尔族本来就有一套防治沙丘移动的有效对策——他们用芨芨草、胡杨枝条、骆驼刺和柠条等干旱植物编成疏篱,在起风的季节将其竖立在沙丘顶上,狂风携带的沙粒碰上这些疏篱后,会顺势下落,沿着沙丘坡面下滑,从而有效地阻止了沙丘的移动,保护了农田和牧场的安全。这种做法对防治沙丘移动十分有效,但在学术论著中很少系统地提及,更缺乏在此基础上的创新。值得庆幸的是,联合国的防治沙漠化行动委员会将这种办法引入到了撒哈拉沙漠的治沙之中,在防治沙漠南移上发挥了重大效益。这一办法表面上很笨,其实只要稍加创新后就可以比耗费巨资设置沙障还要有效。

我国西南地区的苗族、彝族在木材采伐中,有意识地将山林中最高大、结籽最多的母树保留下来,但这种做法的各民族互有区别。苗族和彝族认为这样的树有神力,为宗教信仰而留下的母树在植被恢复中却发挥了使用价值。但在实践中,这样的母树是采伐期森林重新恢复的依托,因为这样的母树在被采伐的宜林地森林就可以起到自然恢复的作用。在彝族地区,高山栎不仅是用材树,其落叶和幼树还是羊的饲料。一株成年的高山栎所结的种子,可以在一年内自然长出上千株幼树来。只需有意识地移植这些幼树,成为我国长江上游水源储养林,这使得恢复森林的成本极低。

---

① 丁运华:《关于生态恢复几个问题的讨论》,《中国沙漠》2000年第3期。

遗憾的是，很多伐木企业为了追求短期的经济效益，认为留母树大，能够派上用场，而被砍光，致使这种有价值的传统不能得到推广。

我国的瑶族和苗族在从事旱地耕作时，都要在耕地的上方保留5—15米宽的野草带，在烧畲清理耕地时也必须防范这些野草被烧掉。这些民族的群众一直认为耕地上方长了草，庄稼才不会被土压。这种做法诱导出山区带状退耕的水土流失治理新模式。可惜的是，在片面要求退耕还林的指导思想下，主管部门片面强调退耕就必须植树。其实，植了树，如果树下没有杂草，树木即使存活，也不能起到抑制水土流失的实效。

事实上，陡坡植被的恢复是一个客观的自然过程，任何森林都是在草坡的基础上发育起来的。成熟森林的乔、灌、草、藤多层次植被结构也是从低层逐步发育而来的。这些少数民族留草带的做法，看似简单，却蕴含有科学道理，坡地的草带更有助于防治水土流失。

由此看来，各民族都有成功的水土资源维护经验，只是我们的水土资源维护部门没有注意到，更没有想到在科学的指导下对少数民族的传统经验加以创新。未能把这些具有实际成效的维护措施加以利用，这就难怪当前很多水土资源维护的举措成效低下了。①

总之，在我国有关水土资源的系统资料缺乏、历史文献记载残缺的情况下，在各民族地区的水土资源维护中，如果忽视各民族的传统生态智慧与生态技能，这不能不说是一种失误。当今我们看到这种失误，就需要对其进行纠正。这样一来，我国的水土资源维护才能做到因地制宜而事半功倍。

在我国当前的水土流失治理中，大多数人总是较多地关注水土资源上着生的生态系统的演替，不同程度地忽视了水土资源结构的稳定比生态景观的稳定更为关键。在自组织系统中，总是要以下一层次的稳定来换取上一层次的稳定。生态景观的恢复固然重要，在恢复生态系统之前，更多地关注水土资源是否还保持相对的稳定，其意义更加重大。

近年来，一些学者注意到了我国当前水土资源维护的这一严重不足，指出在实施退化了生态的环境进行恢复时，首先得关注当地的水土资源是否已经衰退。"土壤具有抵抗退化的稳定性，它是土壤性质的综合表现，

---

① 尹绍亭：《文化生态与物质文化》，云南大学出版社2007年版，第25页。

土壤稳定性是支撑草地生产力恢复和稳定的重要因子。"① 该论述虽然涉及水土资源的生态恢复问题，但这样的见解并不适用于我国所有地区的水土资源维护。因为水土资源维护的实质不是要另造水土资源，而仅是通过社会力量的努力保持水土资源固有结构的稳定，以确保人类的可持续利用。

第二节　多元文化视野中的地方性知识反思

"自第二次世界大战以后，西方学术界在理论上有一种追求普遍、贪大求全的倾向。在人类学这一领域也一度时兴'整合'趋势，强调宏观、全方位（holistic），注意共性，追求寻找'规律'，而抹杀了个性，导致了学术研究在某种程度上的肤浅化倾向。"② 在这一背景下，美国著名的文化人类学家克利福德·吉尔兹提出了"地方性知识"这一概念，由此开始地方性知识的研究成了学术界的一个重要话题，对文化人类学领域的研究产生了极为深刻的影响。但迄今为止，学术界对地方性知识的认识存在很大的差异，甚至是相反的。本文试图从地方性知识的特性、建构方式来厘清人们认识差异原因，并进而对科学主义下的地方性知识价值进行反思。

"地方性知识"是与普同性知识相对的一种知识形态。它"不是指任何特定、具有地方特征的知识，而是一种新型的知识观念。而且，'地方性'（local）或者说'局域性'也不仅在特定的地域意义上说的，它不涉及在知识的生成与辩护中所形成的特定情景（context），包括由特定的历史条件下所形成的立场和视域等。'地方性知识'的意思是，正是由于知识总是在特定的情景中生成并得到辩护的，因此我们对知识的考察与其关注准则，不如着眼于如何形成知识的具体情景条件。"③ 因为，"直到 20 世纪中叶以后，人们进一步认识到，所谓的'知识'，是随着我们的创造性参与而正在形成的东西，而不是什么既成的，在任何时间、场合都能拥

---

① 李绍良等：《土壤退化与草地退化关系的研究》，《干旱区资源与环境》2002 年第 1 期。

② ［美］克利福德·吉尔兹：《地方性知识》，王海龙、张家宣译，中央编译出版社 2004 年版，第 40—41 页。

③ 唐晓明：《地方性知识构造》，《哲学研究》2000 年第 12 期。

有并有效的东西。……人们同时也认识到，知识的主体也既不是单一的个体，更不是什么普遍的人类性，而是特定时间和场合中具有连带关系的共同体。"①

对同一学术概念，不同的学派甚至同一学派不同学者之间也极有可能不尽"重合"。因而可以认为，对于"地方性知识"的内涵理解在很大程度上取决于每个学者自身的知识结构与认知视角。他者的理解当然也有道理，但只能作为一种参考。根据杨庭硕先生的理解，"地方性知识"是人们为适应所处自然环境，在长期生产生活中创造、积累、运用和传习的知识和技能。其特点是将研究对象视为一个复杂的体系，靠超长期的不断试探与验证，去找出最稳妥高效的解决方法，并以经验形式世代传承下去。现代科学技术则是将复杂的研究对象尽可能抽象化，通过精确测算揭示其间的逻辑关系，并按统一架构定位贮存下来以便分享。两者属于不同知识体系，无法简单地相互替代。地方性知识得出的成果有赖于与当地环境紧密结合的经验和技能，很难大面积推广，甚至换一种环境就可能无效，而现代科技办法的起步成本虽然高，但很容易传播、复制和大面积推广，并且随着研究的深入，成本可以稳步下降。

"文化的知识体系是在一个特定的文化或亚文化中普遍盛行的某组观念，这组观念为关于世界或世界之任何一方的信息提供了一种方式。这种意义上的文化的知识体系就包括世界观、哲学、神学、政治意识，以及科学理论，只要这些体系在一定的文化背景中是盛行的。"② 地方性知识是与土著或少数民族（共同体）联系在一起的，是土著或少数民族通过其世界观的实践活动形成的知识体系。这种知识体系在很大程度上是没有被纳入当今的主流科学体系，基于这样一种现实状况，美国科学社会学家科尔把科学知识分为核心知识与外围知识（或"前沿知识"）。核心知识是科学知识中的一小部分，是被科学共同体承认为"真实的"和"重要的"的那一部分知识。外围知识则是在核心知识以外由共同体成员生产的所有知识。由于核心知识已经得到了公众的普遍认可，而外围知识尚未得到普

---

① 同上。
② ［美］小摩里斯·N. 李克特：《科学是一种文化过程》，顾昕等译，生活·读书·新知三联书店1989年版，第55—56页。

遍认可，因此核心知识属于"公共知识成果"，而外围知识则属于"地方知识成果"。① 在特定意义上，土著或少数民族的知识体系就被称为"外围知识"或"边缘知识"。

科学是现代社会最重要的制度之一。从科学关注的焦点或对主题的选择看，是受到社会因素的影响与制约，在首次出版于1938年的著名专著《17世纪英国的科学、技术与社会》中，默顿说明了在17世纪的英国，科学家们所选择的研究课题怎样受当时社会面临的一系列经济和军事事务的影响。默顿认为，由于英国当时正在扩张海外帝国，增加对外贸易，因此当时的英国科学家也就把他们的注意力集中在如何帮助船舰提高航运能力这样的研究课题上。由此看来，科学家选择的研究问题必然要受到社会因素的影响，科学家解决问题也要受到社会因素的影响，以及科学家在研究问题发展起来的那些理论的实际内容也要受到社会因素的影响。"最终之所以被选择，是因为它适合了一种理论框架，这框架是由一种理论应该如何的预想决定的……总之，从各种都可适应观察到的现象的理论中，之所以选择某一种是因为它所提供的智力上的适应性。但是，在任何时候，构成智力适应性的标准却在很大程度上是由倾向性的文化因素决定的。"② 因此，我们有理由认为，科学知识的发生、发展都与特殊的文化条件是分不开的，甚至可以说，科学知识本身就是特定社会的文化产物，就是文化的一种反映。

对于土著或少数民族而言，土地与自然具有神圣性，是令人崇拜和敬畏的。他们不仅将土地看作是一种自然资源，而把它视为生命最初的源头，它哺育、支撑和执掌着人类的生命；土地与自然不仅是一种生产资源，它是宇宙的中心，是文化的核心，是共同体认知的起源。在这种观念中，是把有机物与无机物、自然与社会以互惠的原则联为一个整体，成为一种可以调剂人类利用资源与管理资源的机制。由于土著的知识体系具有这些特性，以至于格尔兹把它称为"常识"。在这儿没有什么奥秘的知识，没有什么特殊的技术，或罕见的天才，几乎没有什么特异的训练跟常

---

① ［美］史蒂芬·科尔：《科学的制造——在自然界与社会之间》，林建成、王毅译，上海人民出版社2001年版，第285页。

② 同上书，第71页。

识有牵连——除非我们冗赘地称其为经验或干脆神秘地称其为常识。常识，用另外的方式而言，即把我们的世界用熟知的形式来展现，展现成为一个每个人都能够、都应该、都认识的世界，就此使得这种常识具有了自然性、实践性等。[①] 然而我们认为土著或少数民族的知识体系还具有当地性、集体性、长期性和整合性。

事实上，由于土著或少数民族长期利用自己所处环境的自然资源，他们对自己朝夕相处的自然资源产生了一整套认知系统，并代代相传。正像埃文斯·普里查德在对阿赞德人的充分研究后写道："一代又一代，阿赞德人通过延传其知识本体建立其经济活动准则，在其建筑、手工业方面也如同在其农业和狩猎一样，谨遵其训。他们在对自然的关系中有其足够的生产知识来获得其福利……当然，他们的这些知识是经验性的、不完整的知识，它不是系统地接受而是慢慢地、随意性地经孩童时期和青年成人时期代代沿袭授受的。但这些对日常事务和四季的捕猎活动而言已是足够了。"[②] 由于这种知识的传递靠的是口耳传授，通常没有文字记录，由此以来，记忆本身也就成了土著或少数民族文化中最重要的智慧资源。日本文化人类学家渡边欣雄则把这种知识称为"民俗的知识"。[③] 这只是与所谓的"文明"的知识、上层社会的知识、外来的知识或者新知识、科学的知识等相对应而言，它们之间相互可以分类开来，但未必构成对立，民俗的知识也绝不是与那些知识体系完全无法沟通的知识。其实，所谓"科学"的知识，也不过是在民俗的知识的基础上被加以整理而产生的。

土著或少数民族的知识体系，既可以表现为特定的个人的智慧，同时也是集体创造的表现。也就是说，在共同体内由于长期历史经验的堆积，通过特定的文化群体代代相传，为共同体成员充分分享，并且在年复一年的自然与生产的循环中不断地验证与丰富，使个体生产者在生命的延续中把一个历史的、文化的综合体系转变成为现实，使个人的经验转化为共同体的创造。

土著或少数民族的知识体系并不是像格尔兹所认为的那样是"无序

---

① ［美］克利福德·吉尔兹：《地方性知识》，王海龙、张家宣译，中央编译出版社 2004 年版，第 109—118 页。

② 同上书，第 102 页。

③ ［日］渡边欣雄：《民俗知识论的课题——冲绳的知识人类学》，凯风社 1990 年版。

的"、"稀释性的"，也不像马林诺夫斯基所看到的原始部落的人们只关注与他们的物质利益直接相关的事实和普里查德认为的那样土著或少数民族的知识是"不完整的"或仅仅"在与他们的生活利益有牵涉的事儿上他们有足够的关乎自然和劳作的知识，除此之外，他们没有对科学的兴趣或情感上的愿望。"① 那种"以为未开化人只是受机体需要或经济需要支配"的看法是一种"错误"。② 土著人所具有的知识体系"不是要推进行动而是要促进理解，是要使事件之间存在的关系可以被理解。因此，这些分类首先被用来联系概念，统一认识，如此，它们可被严格地说成是科学的，是形成了最初的自然哲学"。③ 比如，有的菲律宾部落能够分辨 600 多种不同的植物名称，其中大部分的植物都是没有用过或不使用，而且事实上是从来没有人遇见过。美国东北部和加拿大的美洲印第安人有着对爬行动物相当精致的分类，而这些爬行动物对他们来说既不食用也不与之交往。一些西南部的印第安人——帕波娄人几乎对每一种松柏属的树木都给予了详细的称谓，他们这种分类绝不是为了物资利益方的考虑。这也正如列维—斯特劳斯在反对普里查德的观点后所写的那样，"这或许是一个命题，这一类的科学（意即植物学的分类，爬行动物的观察学，或诸如此类的）几乎不能在应用层上有什么意义，对这类问题的回答是他们的主要目的不是实践性的。这里在智识层上的要求远高于在物质需求上的满足部分。"④ 任何一个共同体的知识体系都不可能在同一时空全部派上用场，能够在日常生活中发挥作用的实在是极少一部分，但是，一个民族的知识储备却是巨大的，这就可以帮助我们今天理解为什么人类有数以万计的发明与创造只能停留在档案馆，而没有在实际的社会生活中发挥作用。对于人类来说，知识储备是十分重要的，对土著或少数民族来说也是相当重要的。

---

① ［美］克利福德·吉尔兹：《地方性知识》，王海龙、张家宣译，中央编译出版社 2004 年版，第 113 页。

② ［法］列维—施特劳斯：《野性的思维》，李幼蒸译，商务印书馆 1987 年版，第 5 页。

③ ［英］布林·莫利斯：《宗教人类学》，周国黎译，今日中国出版社 1992 年版，第 391页。

④ ［美］克利福德·吉尔兹：《地方性知识》，王海龙、张家宣译，中央编译出版社 2004 年版，第 113 页。

　　土著或少数民族的知识尽管是建立在对有限的地理范围进行观察的基础上，但它必须提供在不同空间尺度上被具体景观所代表的详细信息，而正是在这些具体的景观中，人们在充分地利用和有效地管理着自然资源。于是他们不仅拥有关于植物、动物、真菌及一些微生物的知识，他们还认识许多类型的矿石、土壤、水、雪、土地、植被和景观等。他们的知识并不仅限于认识与划分自然组分有关的自然结构，还包含了自然资源动态的相互联系的关系与规律，形成一个完整的知识体系。① 作为任何一种知识体系，只要被具体的共同体所操持，它就必然是体现为一个完整的整体。它不可能包容人类所有的知识，这对任何一个民族来说不仅不可能，也是没有这种必要，只能从自己的实际需要出发去构建其知识体系。

　　当然这种知识体系的整体构成是与该共同体所处的自然环境与社会环境相一致的。并不像建构主义认为，科学知识的内容不是对自然界的描述，只是社会性地建构或构造出来的。他们极力强调人工环境和偶然性因素在知识生产中的作用，认为科学知识是建立在科学事实的基础上的，科学事实是在实验中得出来的，而实验本身就是一种人工环境。一个实验室使用哪一种仪器，使用什么材料、使用何种药品、使用温度多高的水等这些都是人为的结果，带有相当大的偶然性，建立在这些人为因素上的科学事实只能是人工制造（manufacture）、构造（construction）、甚至编造、捏造（fabrcation）。因此他们过分地强调了知识的社会性，夸大了社会因素的作用，以致贬低乃至否定了自然界、否定了客观真理的相对主义倾向。土著或少数民族的知识体系的建构虽然是在特定的社会文化背景中实现的，但是它同样也离不开他们所处的自然环境。因为构建知识体系的目的就是要与自然界进行交流，在交流中实现对自然资源的利用与管理，通过构建起来的知识体系从自然界中获取能量，转而又不断地丰富完善和创新知识体系，推动社会的进步与发展。

　　现在的问题是，土著或少数民族的知识体系作为"外围知识"或"地方性知识成果"是否可以转化为核心知识或公共知识成果，为全人类

① Victor M. Toledo: Ethnoecology: A Conceptual Framework for the Study of Indigenous Knowledge on Nature, In J. R. Stepp, et al. (Eds.), 2001, *Ethnobiology and Biocultural Diversity*, The University of Georgia Press.

所共享或为其他共同体所借鉴，为人类的整体进步做出贡献。我们认为这不仅是必需的也是可行的。以侗族的人工营林业为例，侗族近500年来的人工营林业在各个环节都已经形成了成熟的定型的技术，由于侗族只有语言而没有自己的文字，这些技术只是保存在侗族村民的智慧里。目前急需的工作就是将这些技术完整地进行记录整理，上升为科学理论，以文字图片音像等多种形式向世界展示，让世界了解侗族精致的人工营林业科学技术。使这一份侗族的智慧成为人类的共有财产，作为人类知识库存的一份储备，在人类需要时就可以随时开启，为人类的文明奉上一份珍贵的礼物。

那么，土著或少数民族的知识体系也是否可以或在什么条件下怎样吸纳当代全人类已有的科研成果，来丰富与完善自己的知识体系，实现对文化的创新。我们认为这也是人类寻求共同发展共同进步共同繁荣的必然之举，尤其是处于后进的民族更应该积极地行动起来，在人类文明的库存中遴选出适合自身发展的科学技术，经由自己的加工、改造，纳入自己固有的知识体系，实现自我文化的创新。科学技术的传播与推广受社会和文化的制约，取决于交往和理解，文化行为规范及遵守行为准则，科学与技术只能在文化的行为及社会机构中实现。

技术同自然、同人如何打交道，并不取决于技术本身，而是取决于人对自然提出的问题，取决于提出这些问题的方式以及人利用自然、揭示其规律的目的。科学技术的去蔽方式是文化的方式，带有人的自我感知，人的目的及人的社会性烙印。这实质上是文化决定着通过技术来提示现实的问题和提出问题的方式，采取何种技术方式是由文化决定的。文化是科学技术的发现、发明和传承、传播的前提。它需要根据民族文化的特征把已经认识的知识组织起来纳入一个知识框架。科学活动在构建这样的框架时，不是随意的，而总是根据该文化系统的需要而构建的。科学技术和文化概念并不是相分离的现实领域，科学技术不只是物质现象，而且也是精神现象，它不是外在于文化的，它本身也正是社会发展中文化作用的要素，科学技术是人的精神活动的世界，它不像自然那样是"自己"形成的，科学技术所包含的知识是人们对外界的应对而引起的，由人们在应对生境过程发现、揣摩、"构想"出来的。科学技术既是文化的产物，又是文化规约的对象，它对文化的发展是必需的，科学技术自然成了文化不可分割的一部分。可以说，科学技术塑造着我们及我们的世界，但同时也被我们所思考与谈论。

科学对世界图像的构造作用以及由此形成的科学主义如今已令人怀疑。人们对科学构造世界图像作用的信仰已经动摇。科学主义与科学世界观不再是普遍的决定意识的东西，也不再是事物的准则与世界观的标准。曾经至高无上的科学被降低为假设或具有中等影响的模式。科学的形而上学要求正在科学内部遭到了质疑。科学取决于正确的知识。技术的缘由目的不在于其自身，而在于人，人的目的决定着技术的形态与方式。人设置技术的种种目的决定着技术问题的提出与解决。这些目的并非"本来"如此，也不仅是由人们的生存目的决定的，这些目的更多地是由文化观念共同决定的。文化决定着选择什么样的目的，而技术便是为此目的而发明并创造出来的。也正是如此，我们认为科学是人类在社会的规律下凭借对经验的验证和不断探索构建起来的知识与知识框架和对这样的知识和知识框架不断完善和丰富的活动过程。[①] 可见，不管是什么样的科学，不管是什么时代和空间范围内的科学，都是人类社会的活动过程，超越于社会之外的科学活动是不存在的。社会是由具体的文化维系起来的，而文化又必然属于具体的民族，于是不管什么样的科学活动总是在具体民族中实现的，然后又在族际的交流中扩散开去，就同时性而言，这种扩散过程是非等速的，因此，任何一项具体科学的内容，在世界各民族间的分布肯定是不均衡的。

一般人总认为发展中民族掌握的知识极为粗糙，无法和当代的科学水平相比较，这样的想法也经不起事实的考验。北美印第安人中可以用十个不同的词分别表示玉米的十个不同生产阶段，而且对每一个阶段都以明确的生产特征作为依据，对玉米生长期规律的掌握比现代农业教科书上所能提供的内容还略高一筹。蒙古族对于马匹的称谓，多达百种以上，能够具体地分辨马的口齿、毛色以及形状特征，对马匹品种特性的描述够一般现代的畜牧学相应内容的知识水平，但是不要忘记这些人不是大学生，而是极其普通的所有牧民都能做到这一点。再比如澳大利亚土著民在医学知识积累上所达到的精细程度也十分惊人，他们懂得用四十几种植物治疗疾

---

① 杨庭硕、罗康隆、潘盛之：《民族文化与生境》，贵州人民出版社1992年版，第116页。

病，能够分别情况同时使用十几种理疗办法。我国好几个民族有了自成体系的医学系统，如蒙医、藏医可以和内地汉族的中医媲美。那种认为原始人的知识是零散的没有条理的大杂烩的说法，也是经不住事实考验的，它们的科学知识与我们的科学知识的差异，仅止于由于价值取向不同，所处的客观环境的不同，因而其知识体系的框架与我们不同而已，这就给我们提出了一个严峻的问题：我们自认为完善的现代科学，在世界上显然不是唯一的科学，应当承认科学是多样性的。

正是这样的理性反省让当代的人们大感意外，远古的先人并不像我们那样，严格区分无机世界与生命世界，也不十分明确人类与其他生物的实质差异。他们常常将人与人之间特有的认识和沟通方式，人为地误置于其他事物之上。这就是文化人类学先驱们所说的，将一切事物'人格化'、'神化'或'精灵化'。由此而得到的认知结果当然会严重地偏离事实，但却不足为怪。凡凭借在有限时空域内积累起来的经验，按照任何一种既定的认知框架，去认识未知的事物，都难免会重犯类似的偏颇。事实上，即使是今天的学人，也会重复同样的失误，只不过做法相反罢了。今天的学人震慑于自然科学已有的辉煌，以至于在不自觉中将仅适用于无机世界的分析办法，误置于复杂体系之上。这同样是认识未知事物的大忌，但愿今天的学人在反省先人的探索偏颇时，不要忘记自己也可能犯同样的失误。

古代人们对简单组合形式的认知，存在着另一个致命的缺陷，那就是在知识的整合与认同中充满了牵强附会，随处折射出人的意志与愿望对客观世界的曲解。中国古代的"五行相生相克"观，古代印度的"四大元素"学说，古代欧洲的"星相术"等，都是如此。由此而建构起来的知识系统尽管未否定物质世界与人类社会的整体性，但却曲解了事物间的客观本质。需要指出的是在这样的知识系统中，并不明确区分简单组合与复杂体系之间的差异，有关无机世界、生命世界和人类社会的各种知识，往往混为一谈，不加区别地塞进同一个认定的知识框架内。很明显，在这样的知识系统中，明晰的学科分类几乎无从界定。哲学与历史几乎包容了古代人们的全部知识内容。

文艺复兴以来，人类的认知取向与方式发生了巨变，兴起的工业类型民族鉴于中世纪的神权泛滥，在大力倡导人权的同时，以理性思维为旗帜，致力于通过实证去探索事物间的客观规律。为此解剖一切事物，揭示事物的内在结构，寻找事物的最基本构成单元，成了一种毋庸置疑的时尚和检验是非的定式。这样的学术背景对正确认识复杂体系当然极其不利，以至于近五百年来人文学科逐步失去了独立认知体系，研究方法大量借入自然科学手段，分析办法也逐步趋同于自然科学的惯例。其结果只能是人文学科的进展相对落后于自然科学。

　　然而不容回避的事实却在于，工业文明仅是当代人类文明的一个有限组成部分，除了工业文明外，还并存着其他众多的人类文明。这些并存的其他文明尽管深受工业文明的冲击，但是其固有的文化特质并未消失，相关的认知传统始终在发挥其作用，因而从古代，乃至远古传存下来的认知方式尚处于稳态延续状况。这样的认知惯例对探索复杂体系依然有效。据此可知，当代的非工业民族对复杂体系的了解不一定逊色于发达的工业民族。在思维方式稳定的大背景下，当代非工业民族从远古传存下来的生态智慧与技能一般会得到较好的保存，只不过这样有用的知识往往被包裹在后世积累的新知中，很难为粗心的观察者所注意到罢了。然而，这些隐而不显的传统智慧与技能却可以为文化人类学提供丰富的经验性资料。

　　各民族在长期的历史过程中都会积累众多行之有效的地方性知识，这对于有效地充分利用地球上的各种资源，使人类获得可持续的发展来说都是珍贵的财富。但是，这样的智慧和技能总具有明显的地域性，虽然值得借鉴并赋予科学的解释，但要推广使用时必须高度审慎。凭借经验积累去认知复杂体系，当然不是非工业民族特有的禀赋，工业类型的民族也具备这样的能力。然而无法回避的事实正在于，当代的工业民族掌握着话语权，致使人类社会中的信息流动并不均等，特别是工业民族与非工业民族之间的信息交流不对等。工业民族对复杂体系的认识与理解可以通过其人文学科，顺利地进入跨民族的信息通道，被全人类所熟悉。非工业民族对生态系统的认识与理解却只能徘徊于本民族的信息圈之内，很难被其他民族所知晓。

　　文艺复兴运动在批判神权的同时，高涨了人权。需要指出的是，那个时代的人们高涨的仅是抽象的人权，而非具体的、可界定的人权。在这样的人权引导下，抽象"人"被抬高到凌驾于宇宙万物的地步，于是除了"人"之外，人所能感知的一切全部被"人"置于解剖台上。这样的思维方式对认知无机世界而言，当然不会产生太大的偏差。因为无机世界基本上属于物质与能量的简单组合形式，这一形式通常所表现出来的可彻底通约性，可以确保将研究对象分解到最基本的构成单元其性质不发生明显的变化，因而这一思维方式带来了自然科学的大繁荣。

这一思维方式的得失也得一分为二。在看到其长处的同时，决不能忽视其先天的片面性，近 5 个世纪的学术思想史可以佐证。就在人类建构起近代学科体系的同时，传统的人文学科研究思路受到了冷遇，因潮流所染，原先行之有效的思维方式逐步被人淡忘。更多的人文学者则是向自然科学家讨救兵，套用他们解剖所有研究对象的惯例，务求找到最基本的构成单元，以便凭借对这些基本单元的观察分析，去认知错综复杂的各种人文事实。500 年间，一方面是自然科学的突飞猛进；另一方面则是人文科学上演了一出邯郸学步的悲喜剧。到头来，世人不得不承认，当代经济学中那些冗繁的高等数学公式在投资决策时，并不一定比老经济人凭实践经验做出的判断高明多少。对纷繁复杂的社会事实，宁可重温希腊先哲们有关人性的晦涩论辩，也比过分地依赖从抽样问卷中统计得出的数据获益明显得多。应当正视当代的人文学科不仅逊色于自然科学，而且远不如古代先哲论辩的深邃。人文学科的研究思路之所以误入迷津，并不一定是受到自然科学家的鼓动，在更大程度上，反倒是当代人文学科的贤能们放弃了前人成功的经验积累。

在康德的哲学论著中，总不难发现这位哲学巨子几乎抛开了前人的经验积累，一心要将他那个时代自然科学业已验证的结论，确立为检验世界上一切事物的真理标准。然而若真用这样的标准去检验一切事物时，不仅对人文学科的判断会捉襟见肘，就是对某些自然科学也难以尽如人意。对生物分类学就是如此，不管是植物分类，还是动物分类，其门、纲、目、科、属、种的区分标准，就很难一贯到底地保持其必须的普遍性与互斥性。以至于在具体的研究实践中，研究者的经验一直在发挥着重要作用，从而导致不同分类者的结论很难确保相互兼容。这从不同分类者对物种数量的统计结果中就不难找到佐证。原因全在于生物分类学面对的是复杂体系，而非物质与能量的简单组合。

人类对复杂体系的认知过程则稍有差异。远古的人类由于受到观察视野狭小的制约，无法将不同的复杂体系加以比较，因而不自觉地将复杂体系混同于简单组合。他们对人类社会和自然界的认知，主要是依靠经验的积累去做出推演与判断。这样的认知方式虽然适用于认识复杂体系的反馈特征，但是当时的人们并没有清晰地意识到这一点。然而远古人类由此而积累起来的地方性智慧与技能，却是全人类的珍贵财富，也是人类学需要认真收集和总结的宝贵资料。此外，远古人类的这种认知方式还传承到其后的各个时代，在很大程度上规约着人们的思维习惯。不同时代、不同社群的人们，对所处社群和自然环境系统的认知，也会在各民族的传统文化中，积累起相应的地方性智慧和技能。这同样是人类学需要整理和深化的宝贵资料。人类面对外部世界是一个纷繁复杂的无限空间和时间，人类认知外界却要受到时间和空间的制约而具有有限性。从原则上说，任何一个民族都不可能把有限的认知能力，不分主次地用到一切它可以感知的事物上。它必须审时度势，针对本民族生存与发展的需要，把自己周围的自然与社会背景分出个主次来，借此合理地安排认知能力的投入，这就形成了各民族认知取向上的差异。这表现为认知主攻对象的级次、认知精度的等次和认知广度的层次。我们在讨论一个民族的地方性知识取向时，其实质就是要剖析这三个方面的综合关系，以及规约这些关系的文化因子符号。

　　一个民族认知取向的形成，与它认知方式的定型与延伸相关。人类认知世界总是从触及的频率最高的事物开始，各民族生存空间不同，生活方式不同，因而接触频率最高的事物也不同，这些各民族最先认知的事物，一旦在该民族的认知框架上标定了位置，就会循例延伸开去，作为认知新事物的蓝本。在延伸认知的过程中，新事物某一属性的重现频率下降，就自然会降低对它这一属性的重视，循此延伸的结果，就建构出该民族认知精度的等次来。而作为蓝本的基准认知物，以及他们具有相似利用价值和重现频率的事物，则共同结成了该民族认知的主攻核心，等而下之者逐级形成了主攻对象的级差。认知延伸过程中，越远离该民族的事物，认知的几率也随之下降，于是又拉开了认知广度的层次。而最终导致该民族认知取向的定型。

　　若考虑到此类资料的积累和传承特点，文化人类学在利用时显然需要注意，此类资料的认知背景、认知方式、知识架构和传承历程，才可望复原此类资料所反映的本质内容。为此文化人类学同样需要从大尺度上去观察与分析，也需要弄清资料出自哪个具体社群，以及该社群的社会规范。

此外，更需要意识到古代的知识整合总是不可避免地会与神灵信仰粘连在一起。只有注意到上述各种情况后，不同时代、不同社群分别积累和传承下来的地方性智慧与技能，才能有效地服务于今天的文化人类学研究。

文化人类学旨在发掘、利用各民族的生存智慧和技能，但却反对其他民族和地区不管当地生存背景而机械照搬这些智慧与技能。只有当各民族的生存智慧与技能获得了科学的解释以后，才有可能进一步探讨它们的适用范围和推行前提。这样的工作需要不同学科的学者相互沟通，协调努力，才能做好。这样一来，如何突破人类社会中客观存在的信息隔膜，从并存的各民族传统文化中发掘出有价值的地方性智慧与技能，成了当代人类知识整合中的重大研究课题。

第三节　生态文化观与生态文明建设

生态文明建设的目标意在重建人与自然关系的和谐共荣，而人类社会安身立命的依据又不得不凭借各不相同的民族文化。鉴于各民族的文化多元并存，再加上各生态系统的多元并存，必将使得文化与生态之间的相互匹配更其多样化。此前的研究习惯于就特定的生态问题，或者是特定的民族文化入手，去展开相应的研究，以至于所得出的结论必然众说纷纭、莫衷一是，最终使得生态文明建设的根基隐而不显。但若从生态人类学所提出的"生态文化"共同体入手，有关的探索和讨论，就可望得到极大的简化，其结论也必然具有毋庸置疑的普适性和代表性。究其原因在于，当前所能观察到的各民族"生态文化"共同体，无一不是经历过漫长历史岁月磨洗的产物，其生命力毋庸置疑。以此为根基，兼顾到时代的需求，辅以现代科学技术的支撑，去实现生态文明建设的创新，此前的纷争与误解就有望获得逐一破解，我国的生态文明建设也就有望做到水到渠成。

基于我国社会经济的高速发展，以及由此而引发的资源利用方式巨变，致使生态问题日趋严峻，已经干扰了我国社会经济的可持续发展。若能引入"生态文化"概念，经过深入地调查分析，揭示众多生态灾变的文化成因，由此而提出了优化我国生态文明建设的可行对策，供有关部门决策参考。

我国当代的生态环境，就一般意义而言，已经不是纯粹意义上的自然生态环境了，而是打上了人类活动痕迹的次生生态环境，也就是打上了不同民族文化烙印，无法按自然规律，实现自我修复的人为生态环境。这样的生态环境一旦失去人类的管理和维护，就会以"灾变"的形式爆发，并抵消社会经济发展业已取得的成绩，从而成为社会经济可持续发展的重大障碍。考虑到自然生态系统的形成和稳态延续，是漫长地质史岁月长期协同进化的产物，因而具有很强的稳态延续能力和自我修复能力，而打上文化烙印后的次生生态系统，则不具有这样的属性。如果失去了相关文化的持续维护，既不可能稳定延续，更不会自然复位。因此，面对这样的人为生态灾变，生态管理和维护必不可少，而且管理和维护失当，还会引发新的生态灾变。就这一意义而言，今天我国所面对的生态问题，决非纯粹的生态问题，而是包含着资源利用失当、管理不到位而铸成的"人为生态灾变"。对这一类型的生态灾变，仰仗自然的修复，不仅难度极大，而且要耗费漫长的时日，因而必然会影响到我国的可持续发展。要想建设"秀美中华"，强化管理和维护，特别是能够切中要害的管理和维护必不可少。

面对这一当代的特殊需要，如果不引入民族"生态文化"概念，就无法切中当代生态文明建设实质，也无法找到切实可行的路径。原因在于，我国幅员辽阔，生态结构极其复杂，而我国每一个民族，包括各民族的特定地方社群，由于世世代代仰仗其所处的自然与生态系统为生，相关民族文化与所处的自然生态系统，经过长时间的协同进化后，已经形成了稳定的"生态文化"共同体，其中必然隐含着众多对当地生态维护和管理能够切中要害的本土生态知识、技术和技能，以及相应的社会保障。因此，可以做到对所处自然与生态系统高效利用与精心维护的和谐共荣，而此前一段时间的资源利用方式和生态管理，由于要服务于我国社会经济的"超高速"发展，对客观存在的各民族"生态文化"共同体，一方面尚未引起足够的关注，当然更是来不及展开深入的探讨。而另一方面要系统归纳出，切实可行的吸收、创新、整合和利用的对策，在短期内更难以办到。于是，此前的社会经济发展，在绝大多数情况下，都只能靠技术装备，甚至是管理办法的全盘照搬和套用，才足以支撑"超高速"发展的需要。在这样一个过程当中，必然表现为对各民族传统生态知识、技能和管理保障的"搁置""忽视"，甚至是实施"强制性的外力干扰"。结果使得在胁迫相关民族文化快速变迁的同时，连带引发了所处生态环境的快速退变。

面对已经暴露的严峻生态问题，受习惯性思维所使然，不可能自觉的反省"生态文化"共同体的特殊价值，而是十分自然的套用国外，甚至是想当然的采取不合时宜的生态环境对策，采用不合时宜的技术和装备。其结果则表现为，生态维护虽然耗费了巨资和人力，但治理成效依然长期徘徊于"局部好转，全局恶化"的困境。

总之，我国当前面对的严峻生态问题，显然不是技术问题，而是无视民族文化、无视传统生态知识和技术所导致的维护不到位。也显然不是无人管理的脱控状态，而是管理思路没有注意到当地民族文化的特异性、生态环境的特异性而导致的管理方式未能切中要害的管理错位问题、制度配套不健全的问题。不是国家投入的生态维护和管理资金不足的问题，而是资金使用失误，资金运转不灵而引发的新问题。不是人员素质低下的老问题，而是生态维护和生态建设的思路，未能切中具体的需要，引发的知识、技术和技能误用而导致的建设和维护无序问题。

上述四个方面的失误，如果得不到及时地调整，未能回归"生态文化"共同体，这一人与自然衔接的关键环节，那么即令国家投入再多的人力、物力和财力，恐怕也将无济于事，因为当前的困境实属"南辕北辙"。只需调整"人"和"车"的走向，看似难以为继的困境，其实仅需一念之转就可以得到妥善地解决。专项的目标只有一个，那就是回归各民族、各地方社群的与自然生态系统所达成的具体的"生态文化"共同体。从民族文化中，发掘、利用本土生态知识、技术、技能和制度规范，推动与现代科学技术的接轨，针对当前我国不同生态问题的实情，完善与健全政策保障，调整生态维护与建设的思路与手段，仅凭现有的人力和物力，我国的生态问题就可以获得妥善地化解，将"秀美中华"的建设任务落到实处。

需要郑重声明之处在于，在我国，无论什么样的生态问题，无不具有广泛的牵连性和可蔓延性。为此，需要系统探讨我国各民族的"生态文化"共同体特质，才能完成生态文明建设的历史使命。

"生态文化"共同体。"生态文化"共同体这一概念，由美国人类学家朱利安·斯图尔德在1955年出版的《文化变迁的理论》一书中所提出。斯图尔德认为，任何一个民族与它所处的自然与生态系统，长期互动运行后，民族文化必然渗入到所处的自然与生态系统中，而生态系统又会反作用于相关民族文化的建构，经过长期的积累后，民族文化与所处生态系统，必然要形成一种新的人与自然的"复合实体"，这就是他所称的"生态文化"共同体。他进而认为，分析文化的变迁需要以这样的实体为研究单元，才能揭示文化变迁的实质及其机制。斯图尔德的这一学术思想，除了深受民族学传统理论的熏陶外，还接纳了当时刚刚兴起的"生态系统生态学"和生物学新进化论中的"协同进化学说"。也就是说，在"生态文化"共同体中，不仅生态系统影响着文化的建构与发展，文化的存在与延续，也必然要对所处生态系统实施加工、改造和利用，以至于两者之间都不能孤立的存在，而是在协同进化中，形成了和谐共荣的"客观实体"。这样的"实体"能确保文化与生态都能实现可持续运行，并有足够的潜力加以调适，去应对环境的变迁，并引导着文化变迁的走向。

在提出上述结论的时代，这样的见解具有鲜明的创新色彩，首次将文化与所处环境的关系纳入了民族学研究的视野和范畴，极大地丰富了民族学的理论建构，使之适用于剖析现代社会的需要，并因此而创建了民族学中的新兴分支学科——生态民族学。

斯图尔德的后继者在他的基础上进一步完善了该理论。萨林斯提出了著名的"双重进化理论"，托马斯·哈定深化了文化适应于所处环境的内涵，塞维斯立足于对酋邦社会的研究，使"文化生态学说"获得了历史的纵深感，并在此基础上提出了文化进化中的两大间断原则和文化跃迁的潜势法则。拉帕波特引入了能量结算手段，明确指出民族文化具有很强的能动性，可以对失控了的生态和失控了的社会关系，做出能动的应对，化解民族文化对所处环境的偏离和失控。内亭和格尔兹则是将上述理论，直接应用于对传统社区的调查和分析，提出了极为翔实的个案资料。韩国的全京秀则提出了"环境亲和人类学"的全新概念，明确指出当代的很多严峻生态问题，都与相关民族文化运行失范，与跨文化的冲突直接关联，从而为探讨当代生态问题的文化成因铺平了道路。

生态民族学引入中国后，也极大影响着中国的学术走向，林耀华从苏联接受了"经济文化区"的概念，而这一概念则来自苏联学者引进斯图尔德理论的消化和改制。宋蜀华则是在我国 20 世纪 50 年代民族学田野调查的基础上，深化了对"生态文化"的理解，明确指出各民族传统文化在维护当地生态环境中所做出的贡献。尹绍亭则是针对"刀耕火种"这一文化类型，展开了人与自然和谐共荣关系的建构，提出了新鲜的例证。崔延虎、麻国庆、阿拉坦宝力格等人对新疆、蒙古族各民族的本土生态知识进行了深入的研究。他们共同推动了生态民族学的"中国化"，并培育了一批年轻的学人，较为全面的在我国开展了"生态文化"研究。

1992年，杨庭硕等人推出的《民族文化与生境》一书，以及其他四本专著，力图将"文化生态学说"系统化和条理化，并确保与民族学其他理论的有效兼容。为了称谓的方便，将"生态文化"共同体，改称为"民族生境"，并对"民族生境"提出了完整的中国式的定义，确认"民族生境"是人为改造后的生态系统，是次生的生态系统，是具有鲜明文化属性的生态系统，同时又是能与相关民族文化和谐并存的生态系统。在这样的系统中，文化与生态不仅可以超长期稳态延续，而且可以实现共荣。以后的研究则沿着这一思路，不断地丰富和完善。到了21世纪初，这一研究进而与生态文明建设实现了无缝对接，成为生态文明建设必须认真考虑的重大学理问题。

当代的"生态文化"脱控。"生态文化"共同体无一不是经历漫长历史岁月磨合、积淀的产物。在传统社会背景下，由于向"生态文化"共同体施加外来影响，输入物质和能量的形式、数量和频度都十分有限，因而文化与生态之间的相互嵌合，很难被外力所突破，而且即令是短期的突破，一旦相关的生态系统失去了利用价值，外力的介入都会望而却步。"生态文化"共同体自我修复的能力，一般也不成问题。这就使得，在历史上，中国境内并存的千姿百态的"生态文化"共同体，一般都能得到较为完好的稳态延续；这就使得，"生态文化"共同体的维护与管理，可以持续发挥效能，对短期造成的损伤也能自我修复。当代能够看到的生态相对健康、安全的大背景，还足以支撑我国当代的"超高速"发展。当代众多生态灾变的暴露则是文化与生态的脱控，并叠加共振的产物，当然也是现代文化引发的最严重的危机。

当代"生态文化"共同体所面对的情况则有所不同。随着化石能源的大规模使用，向特定"生态文化"共同体输入外来的物质和能量的数量、频率和幅度，在局部地区都可以大大超出当地生态系统自我运行的规模，因而打乱当地固有"生态文化"共同体的可能性会随之剧增。受影响的"生态文化"共同体的自我恢复能力，也就随之而丧失了。文化与生态的脱控，逐步变成了常态。但更关键的问题还在于，随着外来物质和能量的输入，还必然伴生异种文化的介入，而异种文化的持续性介入又必然会诱发传统资源利用方式的重组，而人类社会无力加以掌控之处恰恰在于任何异质文化的资源利用方式在短期内都很难在当地形成稳定的"生态文化"共同体。这将标志着人类是在无意中，将不适应于当地生态系统的资源利用方式，强加给当地。这样的资源利用方式，由于不了解当地生态系统结构的"脆弱环节"，不了解规避当地生态系统风险的套路，也无法弥补当地资源结构的缺环，因而，从一开始就注定了对当地的生态系统具有破坏性和不确定性，长期积累后，必然会以"生态灾变"的形式暴露出来。这就充分表明，当代生态灾变的频发并不是简单意义上的外力干预的结果，而是当地传统"生态文化"共同体脱控的表现形式。

生态灾变的出现，不仅与外力输入的物质和能量有关，更与当地"生态文化"共同体的被"边缘化"有关。如果不将其修复，建构新的"生态文化"共同体，简单地降低输入的力度和频度，原有的生态系统也不可能自我恢复。也就是说，时下所采用的生态对策，即主要立足于减少外来干扰的对策，显然不是治本之策，最多只能缓解生态灾变，而不能根治当代已经暴露的生态灾变。

此前的自然科学研究，由于要强调通过实验手段去加以验证，但对于生态灾变的研究，因为当地传统文化与生态的嵌合关系规模过于庞大，目前还无法纳入实验验证的范畴之内，即令付出了高额的代价，所得出的结论依然很难切中生态灾变的真正成因，特别是在忽视了"文化存在"这一客观事实去展开的研究，更难以切中生态灾变形成的人为原因。目前，学者们普遍承认我国的生态形势局部好转，但全局却在恶化，可以为这样的研究思路和结论做出评估。它们显然都属于只能治标、不能治本的对策，不足以成为规划全国生态建设的依据。针对这一现实，对生态问题显然必须引入"文化"的概念，必须立足于"生态文化"共同体去展开对策研究。需要重点关注资源利用方式被置换，当地长期稳定的"生态文化"共同体被边缘化，去展开探讨，才能提出更为有效和切实的对策。在此基础上做出的规划，才能成为生态文明决策的依据。

关于民族文化的研究，此前的民族学和文化人类学已经做了系统的工作，积累了丰富的资料。而不足之处在于，此前的研究仅仅关注文化自身的发展和文化间的互动，对不同民族文化所处的自然与生态系统往往疏于观照。致使其间的复杂关系没有得到全面系统的揭示，但是此前已有的民族学资料积累，恰好是今天研究"生态文化"关系的基础。此前的生态学、人文地理学等，对我国不同地区不同生态系统也做了全面而系统的研究，为我们今天的生态决策提供了有力的支持。但同样存在着不足之处，那就是没有将自然与生态系统和相关的民族文化对接起来，因而无法发现人类利用自然的同时，也在不断地改造所处的生态系统，而我们今天看到的生态系统，其实已经不是纯粹的自然产物，它早已打上了不同的文化烙印。这样的生态系统得以稳定延续，为人类提供服务，其间也包含着人类的努力，包含着民族文化的贡献。所以，单从自然的角度去认识这样的生态系统，显然是远远不够的。只有将"生态文化"作为一个整体去看待，那么我们才可能逐一确认中华大地上不同生态系统，今天所呈现出来的生态特点中，自然因素和文化因素之间各自发挥了什么样的作用，也只有弄清了其间的关系，今天的生态文明建设、国土资源的规划才能做到胸有成竹。为此，从生态人类学的视角出发，正确认识不同的"生态文化"共同体在今天的理论价值和应用价值就显得必不可少了。

通过上文分析，我们必须注意到对一个特定的民族而言，其"生态文化"共同体是一个客观的社会存在，它既是一个可以稳定延续的整体，又是一个可以为人类做出贡献的实体，当然也是打上了特定民族文化烙印的实体。任何一个民族都离不开它的"生态文化"共同体而求得发展。生态人类学正是基于这样的认识，将"生态文化"共同体作为一个基本的单元去展开具体的探讨。目的是要为今天的生态文明建设服务，以确保我国的快速崛起和可持续发展。

将"生态文化"共同体作为一个研究的基本单元，意味着要对我国的不同民族乃至不同民族的不同支系、不同地域群体，展开具体的针对性的探讨，明辨在这样的"生态文化"共同体中，人类对它们改造、加工和利用的具体内容及其后果，同时又要弄清所形成的这个次生生态系统得以稳定延续并服务于人们需要的基本前提和运行机制。只有这两个方面都做到胸有成竹，具体的生态维护措施和具体的生态文明建设，乃至合适的资源利用手段和方法才能得以全面的廓清。因此，各民族的"生态文化"共同体，对今天的中国而言，乃是一种必须尽快展开深入探讨，并关系国计民生的重大研究领域。展开这样的研究，至少在如下五个方面，可以发挥其无法替代的利用价值。

其一，对生态建设目标的指示价值。我国幅员辽阔，自然地理背景千差万别，在不同的自然地理环境下，能够支持何种生态系统稳定延续，并能直接服务于人类社会，各地具有极大的差异性。而我们的生态建设目标，恰好是希望将业已受损的生态系统得以全面恢复。要实现这样的目标，首先必须有一个明确的定位，在什么样的地方应当恢复成什么样的生态系统，显然不能够单凭简单的逻辑推理就做出结论，而必须找到那些经过历史验证后表明，这样的生态系统在当地能够自立稳定存在，并能服务于人类的需要。只有将这样的生态系统确立为生态建设的目标，那么在这样的目标指引下的具体实践，才能够符合当地生态建设的实际需求。当然，生态建设在具体的执行过程中，必然受制于政治、经济，甚至是人们的价值观念的影响，这要求我们的实践操作应该更加理性和谨慎。

令人遗憾的是，此前实施的生态建设和生态恢复恰好缺乏这样的考虑，也没有确定这样的恢复目标。而是习惯性地认为，只要长出树，长出草，任其自生自灭，就算是实现了生态建设的目标。不过，这样的做法事实上违背了"因地制宜"这一根本性的行动原则，所以这显然是一种十足的误解和偏见。最典型的案例，一是我国一段时间以来的以飞机播撒种子和草种的生态恢复办法；二是关于我国竹林的恢复。这两个案例，都存在着错误的生态建设思路，更是违背了"因地制宜"的根本原则。

造成上述种种失误的关键在于，实施生态恢复之前，没有对相关地区的"生态文化"共同体展开过系统的研究，没有针对当地原有的"生态文化"共同体特性制定明确的目标和恢复程序，而是盲目地采用"一刀切"的形式实施行动。如果今后能够汲取这样的教训，推而广之，在实施生态恢复之前就制定了明确的目标和希望恢复的生态物种定型格局，类似的失误完全可以避免。

其二，"生态文化"的制度保障价值。人类改造自然、利用自然，绝不是凭借个人的力量，而是凭借社会的合力。要形成社会合力就得有相应的社会制度作保障，社会制度的建立，又得仰仗于民族文化的正常运行。

可见，失去了生态文明节制的生态恢复和生态建设，其实形同无源之水、无本之木，世界上从来就不存在为恢复而恢复、为建设而建设，恢复和建设都是在特定社会观念节制下，整合起来的社会行动，因而离开了生态文明观，绝对不可能进行有效的生态恢复和生态建设。因此，凡属历史上已经验证过了的"生态文化"共同体，必然有它特有的制度保障，有特定的民族文化作为支撑。今天，要对受损的生态系统加以修复、重建，同样得仰仗一定的社会制度保障。这样的制度保障不可能凭空而来，只得取决于已有的民族文化。因此，就这一意义而言，历史上已经存在过的"生态文化"共同体，它都能为今天的生态建设提供相应的制度保障，使受损的生态系统都能够回归到此前的样态。"生态文化"共同体的这一功能，是其他任何社会力量都无法替代的，也是今天生态文明建设的社会依赖。

今天，我们能够观察到的生态退变，从表面上看，似乎是生态自身演替的结果，但就实质而论，却是民族文化演变的派生产物。文化与生态既然是一个相互关联的共同体，那么生态的受损必然导源于文化的受损，不医治文化的创伤，也就无法恢复生态的原貌。

我国的鄂尔多斯草原，早年在蒙古族文化的作用下，形成了"逐水草而居"式的草原"生态文化"共同体。在这样的"生态文化"共同体中，也形成了特定的制度保障。蒙古族在鄂尔多斯草原实行游牧业，具体表现为"五畜共存"，即马、骆驼、山羊、绵羊和黄牛的共存。之所以需要"五畜共存"，完全是鄂尔多斯草原生态系统使然。在这样的生态系统中，低洼的湿地可以长出榆树、柳树之类的高大乔木，极度潮湿的低洼地带可以长出莎草科一类的湿生草本植物，沙丘的坡面可以发育出菊科、禾本科的草本植物，甚至可以长出低矮的灌丛。这种植物结构的复杂性，最终使得单一的任何一种食草动物都不能加以均衡消费，而"五畜并存"的生计方式，则可以确保地面长出的牧草能被特定的牲畜消费。高大的乔木供骆驼消费，低矮的灌丛供山羊取食，低矮的草本植物供绵羊、黄牛取食，而马则可以取食较为高大的草本植物，每一种牲畜在这样的环境下都可以各取其需。由此可见，当地传统的资源利用方式，以及由此而建构起来的制度性保障，其终极目的都是为了确保当地多样化的植物资源能够得到均衡利用，有利于当地生态系统的完整、稳定和美丽，故而值得借鉴。

这将意味着，"五畜共存"中缺一不可，缺少其中的任何一种，都会导致一部分牧草资源被闲置，无法达到均衡利用的目的。而相应的制度保障中，则相对保存了"五畜共存"。这样的非正式制度保障，包括了游牧的组织、游牧的方式、游牧的季节变化、游牧的路线等具体内涵。总之，有关的制度能够确保"五畜并存"，这就实现了资源的均衡利用，达到了资源利用与精心维护相兼容的目的。

今天的情况则不然。部分学者和行政官员，以骆驼要啃食高大乔木，从而导致防风林带建设的受损为依据，在整个鄂尔多斯草原淘汰了骆驼的存在。然而，始料不及的后果在于，由于鄂尔多斯草原的雨季在年际交替中，波动幅度太大，很多高大的乔木如果没有骆驼去加以消费，消费掉它们的嫩枝和嫩叶，降低它们对水资源的消耗，就会使得高大的乔木，在遇到严重干旱的季节枯死。为了预防高大乔木枯死，当地的蒙古族牧民不得不用砍刀替代骆驼，将这些高大乔木的树枝砍掉，以便在冬季充当牧草使用。因此，从"生态文化"共同体的角度看，这显然是一个大大的失误，而正是这一失误，恰好导致了鄂尔多斯草原的受损。要恢复鄂尔多斯草原的原有面貌，显然得反省上述生态受损的文化成因。原因在于，我们为什么看不惯骆驼啃食榆树和柳树，而骆驼啃食这些植物本来是再正常不过的事情。蒙古族牧民能够认识和理解这一点，而我们却在忽视这一点。因此，我们的生态建设失败，不应当将责任归咎于蒙古族牧民，而应当追究我们为什么会有这种"反生态"的观念。

同样因为山羊的缺失，鄂尔多斯草原自然长出的众多灌丛和小乔木，绵羊、牛和马都不能食用，误以为山羊会破坏生态系统，淘汰了山羊，结果却导致了众多灌丛植物的闲置，最后因为生长过熟，种子没有山羊去传播，反而无法扩大灌丛和小乔木的群落规模。我们同样得追究我们为什么要淘汰山羊。原因在于我们也是看不惯山羊，但我们需要牢记，鄂尔多斯草原之所以会有山羊存在，就是因为当地生态系统有灌丛生长，因而山羊才能生活。我们看不惯的，恰好是生态的"常态"。有鉴于此，生态的受损，难道能够归咎于自然原因吗？能够归咎于蒙古族的传统文化吗？显然不能，关键在于我们为什么要在意识形态上看不惯山羊。与此同时，我们非常偏爱绵羊、黄牛。原因当然也简单，因为绵羊可以提供羊毛，黄牛可以提供牛肉，而这两种牲畜只能觅食低洼地带长出的鲜嫩牧草。然而，我们忽视了一个问题，那就是能够长出这些牧草的地方就是蒙古语所称的"柴达木"，而这样的地带所占比例不到整个蒙古草原的5%。我们这种偏好的实质，事实上是要求用不到5%的土地，去养活布满草原的绵羊和黄牛群。这显然是一个不切实际的幻想，也是一个"反生态"的思维方式。在这样的情况下，必然是杀光了骆驼，驱赶了山羊，只留下黄牛和绵羊。留下的绵羊和黄牛，能够达到我们希望的牲畜成栏数吗？答案肯定是不能。

当然，至于马匹的锐减则另有原因。我们误以为现在有了动力汽车，有了摩托车代步，骑马放牧已经没有必要了，再加上我们提倡牲畜舍饲，而马匹却无法执行舍饲，以至于从表面上看，马匹的价值更是降到了最低点。始料不及之处在于，马是一种非反刍动物，马在取食植物的同时，会将牧草种子吞食到肚子中去，然后随着马粪排泄到草原上。没有消化的牧草种子，正好利用马粪做培养基，重新长出鲜嫩的牧草来。就这一意义而言，马匹在草原上的生态价值，相当于是现代概念中的"播种机"。马匹一旦缺位，很多草原植物的种子都不能扩散，草原的产草量就会在无意中迅速锐减。其结果反而会导致我们精心保护的黄牛和绵羊找不到草吃，极大地压缩了草原的载畜量。这样一来，整体性的生态失衡，其实是从"五畜"比例的失衡开始，而"五畜"的失衡，则是我们的观念失误所致。

仅就这一事例而言，历史上长期形成的"生态文化"共同体，它本身就可以提供制度性的保证，以确保资源利用方式与所处生态系统的和谐，也才能确保对资源的高效利用和精心维护的两全其美。如果换用其他民族的观念及其相伴生的制度，由于不能针对和满足鄂尔多斯草原的特殊生态需求，肯定达不到生态建设的实效。

其三，提供本土生态系统的知识和价值。认识不同生态系统的特点、运行机制和利用价值，是人类一项长期性的认知使命，要完成这样的使命，需要耗费大量的人力、物力和精力，即使在科学技术昌明的今天，要对特定区域展开生态研究，都得耗费巨资，还得耗费漫长的时间才能奏效。中国的国土是如此的辽阔，要全面做好这一工作，直到今天仍然是一件不轻松的事情。加上如果要认识历史上已经消失了的生态知识，那就更加困难了，因为这就需要间接求证才能做到。有幸的是，我国各民族在漫长历史岁月中，为了生存的需要，都得认真去积累自己所处生态系统的各种知识，而且能够一代一代地传承下去，而其中就有相当大一部分得以传承到今天，只需认真地开展田野调查，就能够认清各地的本土生态知识。由这样的渠道去认识这样的生态知识，特别是历史上的生态知识，不失为一种可靠的、省时省力气的办法。

当前，随着我国各族居民生活水平的提高，一些具有特殊药物的植物备受社会关注，而且直接影响到相关地区的经济发展，但有关这些药用植物的生态知识，由于它们都不是主导产品，此前做过的生态研究，关注度都很低，所积累起来的生态知识也极为有限。肉苁蓉就是一个有说服力的实例。

这种卫矛科的植物，在10—13世纪的西夏王朝控制着今陕甘宁一带时，曾经是党项族居民日常的蔬菜，通过简单的采集就可以获取。然而，肉苁蓉一旦运出西夏就能成为名贵药材或贡品。不言而喻的事实在于，当时的党项族和以后各民族药农，对这种特殊植物的生长习性和生态价值，几乎可以做到了如指掌，能够轻而易举地支持这种植物的自然生长，能轻而易举地采集到这种植物，但到了今天，肉苁蓉却成了珍贵植物，很多部门耗费巨资来培育。由此可见，有计划的发掘、整理和解读古代党项族和后世药农所掌握的相关知识，显然可以做到耗费较小代价，也能对这些植物做到准确、周详的了解。

事实上，很多珍稀动植物的发现、采集和加工，都会关联到众多各民族的生态知识，其知识积累的精度和完备程度，都比自然科学家短期观察和研究的结果要完备和精准得多，因为他们要靠这些动植物去生存，因而积累知识的内容肯定比相关自然科学家的知识积累要丰富得多。从他们的身上，搜集、整理世代积累起来的知识，显然可以丰富我们对这些珍稀动植物的理解，这肯定会比派专业的专家去耗费长时间的分析，代价要小得多，至少可以补充专家们所获得知识的不足，对今天的生态建设肯定大有好处。

另一套在今天的生态建设和食品维护中，还能直接发挥成效的生态知识同样值得关注。不管是文献记载，还是20世纪50年代的民族学田野调查，都充分表明棕榈科的董棕类植物，在我国有十多个种类生长。在古代，我国南方好几个民族都是以这种植物的树心提供的淀粉做粮食食用，称之为"董棕粉"或"桄榔粉",而且以这种植物提供粮食,在今天的南洋群岛、澳洲北部各群岛还有众多民族在食用。有关这种植物的种植、维护、加工和利用,积累了众多的知识。我国早期的典籍,如《后汉书》、《桂海虞衡志》、《南方异物志》、《岭外代答》等都有翔实的记载。当代的田野调查对傈僳族、佤族等,如何利用这种植物也积累了丰富的本土生态知识资料。应当看到,这是一笔巨大的财富,因为为了维护我国的粮食安全,我们不仅要确保主导农产品的种植、存储和利用,为了应付自然和社会的巨变,我们显然还需要更多的技术和手段。其中,如何配合生态文明建设,利用各民族种植这样的粮食作物,对粮食安全的维护可以发挥积极的作用。决不能因为"桄榔粉"目前的消费量很低,仅做滋补品使用而看轻了它。事实上,我国的生物工作者为了配置人行道的景观树,曾经花费了大量的人力、物力和财力去培育这一类型的植物,但相比之下,收到的成效却并不理想。很多少数民族种植桄榔木,收到的成效往往比我们的科学工作者收到的成效还要理想。轻视这些知识显然是偏见。利用好这些知识,则是我们当下的粮食储备和防范自然、社会灾变,应当说是非常理想的后备手段。遗憾的是,我们并没有把这样的工作纳入科研渠道,目前仅是部分民族学工作者和食品工作者、生态学工作者做过零星的调查和整理工作,这显然是远远不够的。如果对科学研究取向稍加调整,让民族学工作者和专业的植物学家共同解读各民族有关种植和加工桄榔木的知识,那么对推动这种植物的广泛种植才能发挥应有的作用。只要做好这样的工作,桄榔木就不再是需要保护的濒危植物,而是具有巨大经济效用的农作物。就这一意义而言,相关民族的本土生态知识,确实具有能够改变我国生态文明建设现状的精神财富。

在各地区各民族的"生态文化"共同体中,无一不拥有与之配套的成套知识,由于这种本土生态知识对所处"生态文化"共同体具有专属性,具有区域性,因而在局外人看来,这种知识往往隐而不显。只有深入到这种"生态文化"共同体内部,经过周详的调查,再结合生态和社会的特点,才能使这样的本土生态知识获得科学性和合理性的证实,下一步的创新利用也才得以成为可能,而发掘这些传统的知识体系,正是斯图尔德所倡导的文化生态学的长处。

其四,提供生态恢复的特殊技术和技能。在我国各民族的"生态文化"共同体中，各族居民不仅有成套的知识，而且还有与之相配套的完备的技术体系和技能操作。应当看到，这样的知识、技术和技能对于维护生态系统的稳定运行，至今仍然不失其可利用价值。然而，一段时间以来，由于受到各种偏见，特别是民族文化本位偏见的干扰，对这样的知识、技术和技能疏于关注，甚至加以人为的扭曲，以至于直到今天，很多人对这样的知识、技术和技能所知甚少。应当看到，这是一笔重大的损失。这里，我们仅以湘黔桂毗邻地带的人工杉树用材林栽培为例，略加说明。

自从明代中叶以来，湘黔桂交界带逐步发育成了我国南方最大的用材林生产基地，极大地支持了我国南方的建筑用材，并为当地各民族获得了巨额的经济报偿。目前，学术界热衷于研究清水江契约文书可以为之佐证。但有关当地杉木林的育林和护林的技术和技能，学术界的了解至今依然十分粗浅。经过反复调查，并查阅相关典籍记载后，才逐步看清这一地区的育林技术自成体系，而且操作规程极为规范，需要动用的特殊技能，当地居民都能够娴熟掌握，但如何认识这样的技术和技能，却一直没有走上正轨。除了受到文化偏见干扰外，一个更重要的原因在于，此前的研究工作长期忽视了一个至关重要的问题，那就是在清水江的低海拔宜林地，在人力的作用下，历史上曾经发生过巨大的生态变迁。其具体内容包括，将这一区段的自然生长的常绿阔叶树，置换为以杉树为主的针叶林。众所周知，杉树的原生地是海拔较高，纬度也偏高的潮湿、阴凉地段，需要较为肥沃，而且透气良好的土壤，并有利于与落叶树形成混交林。不过，在它的原生地，杉木的生长速度极为缓慢，积材速度很低，往往需要好几十年，甚至上百年的时间，产出的原木虽然质量优良，但产量却很低，满足不了我国南方建材市场的需要。如果让杉木的生长区段下移到低海拔区段，积材量可以得到快速提高。条件好的区段，杉树苗种下后，8 年就可以成材，号称"八年杉"。然而，杉树的生物属性不会因为人类的需要而改变。杉树苗定植到低海拔的温暖潮湿地段后，就会表现出对微生物的免疫能力不足，很容易染病。由于对这样的背景变迁把握欠深，以至于学术界对当地侗族、苗族的杉木种植技术，不少人抱有怀疑态度。最严重时，当地各民族，甚至不得不避开林业工作者的监管，利用自己的传统技术，偷偷地去培育杉树，定植杉木，但结果却出奇的理想，甚至比专业的林业工作者所种出的杉木，生长情况还要好。

经过反复的调查后发现，当地各民族林农的技术套路具有如下一些特点。

一是对主伐后的宜林地要反复进行"火焚"、"炼山"，其目的是抑制有害杉木生长的微生物和真菌的滋生。

二是在定植杉苗前，或在杉木林郁蔽前，要持续地实施"林粮间作"，在杉树苗的行距之间，有计划的种植各种旱地类农作物，其目的也是使土壤中生长发育起来的微生物，具有喜温、喜氧的特性，而这样的微生物对杉树苗不会构成危害，杉树苗郁蔽后，这些微生物会自然弱化，杉树就可以自立地生长了。

三是对杉树苗的定植采取了极为特殊的技术，他们是将过火后的浮土堆成小土堆，在土堆的顶端定植杉树苗，而不是挖坑定植杉树苗。这种做法，在外人看来肯定是一种十分怪诞的做法。杉树苗成活后还要实施"亮根"，确保太阳光能直射到小土堆，小土堆上不能施加任何覆盖。这样的技术操作，同样是有利于喜光、喜氧的微生物和真菌生长，而不利于对杉木有害的微生物和真菌的生长。

四是所有的杉树苗都要实施多物种的"混合种植"。在这一过程中，通常要配种15%的其他树种，如杨梅、壳斗科的各种乔木等，但却不允许配种樟科、木兰科的植物。实施这一技术的目的也是为了防止有害杉树微生物和真菌的蔓延，导致杉树染病。其依据在于，杉木在其原生地，本身就是与落叶阔叶树组成混交林的，这样的技术操作，其实是对"仿生原理"的有效利用。

五是杉木林郁蔽后，采用以间伐代替抚育的技术。林农要不断地监视杉树，一旦发现任何一株杉木的树皮由红色转为灰色，或者是树梢枝叶卷曲，就知道这株杉木已经染病，就必须要实施间伐，防止病害的滋蔓。应当看到，这是一套周密和完善的技术体系，技术规范的指向都是为了控制病害的蔓延，确保定植在低海拔区段的杉树既能快速生长，又不会染病。与此同时，如何发现杉树染病，如何及时的引进病虫害的天敌，如何发现杉树遭受虫害，当地林农都有整套的技术，可以在杉树未受到病害之前，就可以及时的发现并采取相应的技术手段。

这一切都充分表明，看上去很怪诞的技术操作，却十分有效。它是这一地区人工杉树林走向辉煌的技术保障，此前仅仅因为这套技术与一般性的理解差距太大，而受到了有关人员的抵制，无法发现这套技术所隐含在其中的科学性和合理性。以至于在事实上，对当地森林的更新，造成了诸多的负作用。当地杉树林的正常生长和经营，如何排除不应有的偏见，恢复这套技术的利用价值，看来是今天的生态建设，必须要认真对待的重大课题。

上述例证与我国境内各民族所掌握的生态技术和技能而言，不过是九牛一毛而已。但从这两个实例中却可以看出，在特定的"生态文化"共同体中孕育和定型下来的技术和技能，确实经得起时间的考验，也经得起科学的验证。它们应当是不可或缺的精神财富，其应用价值到了今天依然是有效的。搁置，甚至是诋毁这样的本土技术和技能，对于生态维护和生态建设而言，肯定是一种重大的损失。

其五，资源利用和维护的辩证观。一百多年前，恩格斯在《自然辩证法》一书中论述道："我们不要过分陶醉于我们人类对自然界的胜利。对于每一次这样的胜利，自然界都对我们进行报复。"必须指出，恩格斯的这番话是针对资本主义只关注利润，无视自然规律而做出的批判，但产生于工业文明之前的各式各样的"生态文化"共同体则显然不具备这样的属性。在传统社会中，每个民族的生存延续和发展，在很大程度上都得仰仗他们所安身立命的自然生态系统之上，以至于任何一个民族都不得不做出明智的选择，只能是在利用自然的同时，必须精心维护他们所立身的自然与生态系统。在人与所处生态系统之间的关系上，他们只能坚持人与自然和谐共荣的基本准则。这就使得，凡属传统的"生态文化"共同体，都能做到高效利用与精心维护的辩证统一。这样的理念，理所当然的是一种明智的举措，是至今仍然值得借鉴和仿效的生态文明建设范本。

事实上，人类仅是大千世界中的一个特定物种，其生存与延续，都得仰仗于所处的自然与生态系统，做出全面综合的供给。这就使得，在这样的"生态文化"共同体中，人们对生物资源的获取必须保持适度，必须尽可能地做到资源利用上的均衡消费。与此同时，还时刻不忘再利用的同时，加以力所能及的维护，将维护熔铸到利用的全过程之中。具体表现为，对一切生物资源，都要尽可能的加以多层次、多方式的利用，都要将废物作为资源重新加以利用。其执行的结果才能确保生态系统的稳定，舒缓当下中国人与自然之间的突出矛盾，也才能确保人与自然的和谐。今天我们在倡导可持续发展的同时，需要认真反省和吸取的，正好是这样一种可贵的理念。生态系统所能产出的生物资源与无机资源不同，它们都是真正意义上的可再生资源，但既然是可再生资源，那么它就存在着再生的条件和前提，人类对资源的利用，如果干扰或动摇了这样的前提，那么生物资源的再生就会受到冲击，生态系统的稳定存在也就成了泡影。于是，可持续发展的理想也将化为乌有。

纵观我们接触到的传统"生态文化"共同体，都会惊讶地发现，在利用与维护上的统一，表现出惊人的相似性。10世纪以来，汉族发达地区的圩田水稻耕作，可以为此作证。

在长江三角洲实施圩田种植，可以追溯到10世纪以前。到了宋代，圩田耕种趋于鼎盛，因而才有了"苏湖熟，天下足"的民谚，而范仲淹更是发出了"江南应有圩田，每一圩方数十里，如大城，中有河渠，外有门闸，旱则开闸，潦则闭闸，拒江水之害，旱涝不及，为农美利"之感慨。目前，圩田的研究是农史领域的一个重镇，但其结论却不一而足。有人认为，圩田的大规模推广打乱了当地的水系，有损于当地的生态系统。也有人认为，圩田的建构费用太高，劳动力投入大。还有人认为，圩田违背了中国古代先哲的名言"圣人不与水争地"。可是，综合探讨圩田运行的实况后发现，长期以来支持汉民族经济高速发展的这套农耕技术，在利用与维护之间确实做到了和谐共荣。不错，大规模推广圩田确实改变了原有的水系运行，圩田本身确实是不折不扣的人为生态系统。但问题在于，这种人为的加工和改造并没有打乱湿地生态系统的根本属性，稻田产出依旧是当地的湿生物种，圩田废弃后，当地的生态系统很容易恢复原状。至于圩田需要精心维护，恰好从另一个侧面证实，这样的耕作体制，乃是利用与维护辩证统一的表达。至于说圩田大规模兴建后会导致深水区的挺水植物和沉水植物群落规模缩小，会使得某些鱼类的洄流受到阻碍。这一切都是事实，但我们不得不试问，其他任何农耕技术，不也是在一定程度上改变原有生态景观吗？比如，畜牧业规模的扩大，不也是同样要压缩野生动物种群的数量么？即使不建圩田，利用这样的天然水域执行渔业和采集业，不是同样要改变当地的生态结构吗？更值得注意的是，长江三角洲在未建立圩田之前，其原生生态系统本身就是潟湖生态系统。当时的长江三角洲在海水上涨时，都要蒙受海水的倒灌，钱塘江和长江水域可以互通，其生态结构，特别是它的植物群落都属于半咸半淡的植物物种，其鱼类也具有海洋型和淡水型的并存状态，这样的生态系统对渔猎和采集当然是适合的，但却绝对不是固定农耕的支持环境。建筑圩田虽然改变了原有的生态属性，但确是水稻大面积推广的前提条件，对汉族的发展而言，是绝对必需的支柱。由此而导致的生态改变，也就不可避免了。不过，维护的责任就得由人类来承担。就这一意义而言，维护圩田的劳力投入和技术投入，也应当是一件理所当然的事情。但必须牢记，这样的圩田建构并没有彻底改变湿地生态系统的属性，但却能满足汉族高速发展的需要。因此，就本质而言，圩田的大规模兴建，基本上是属于适度和可控的，而且具有"仿生性"的耕作。这是一种可贵的人与自然关系的杰作。它仅仅是在稻田中，突出水稻的种植地位而已，更多的逻辑推论都显得没有必要。

圩田耕作这一技术体系，能够稳定延续 10 多个世纪，直到今天这一地区还没有出现明显的生态灾变，这一历史事实本身就足以证明，大规模人口在长江三角洲一带定居是正常的，人与当地生态系统仍然处于和谐共荣状态。有了这样的历史事实佐证，有限的人为生态变迁，显然只能理解为是适度的利用。与此伴生的技术和劳力投入，去实施生态系统的维护，又能通过汉文化的制度性设计得到合理的分担、稳定的运行和推进，就不能说圩田建构违背了利用与维护辩证统一的原则。

总之，抛开各种技术细节和生态改变的局部内容，从总体而论，圩田的推广和种植确实兑现了利用与维护的辩证统一，而这正是长江三江洲能用有限的耕地，却能养活当地数千万居民的正常生产和生活，这反倒是值得肯定的创造。明白了圩田垦殖的上述情况后，我国各少数民族所实施的传统生计同样具有类似的属性。

时下，一批睿智的民族学工作者对云南各少数民族实施的"刀耕火种"也提出了类似的结论。他们明确指出，云南境内的"刀耕火种"已经延续了上千年，但直到新中国成立前期，从横断山脉到西双版纳的腹心地带，也就是云南境内各少数民族持续实施"刀耕火种"地带，其森林覆盖率仍然高达 60% 以上。生态环境，无论从任何角度看，都处于良好状态。这样的历史事实，显然不能成为诋毁"刀耕火种"的依据。其原因也在于，他们执行的"刀耕火种"有整套的技术和社会制度保障，他们往往在实施"刀耕火种"的同时，也在实施生态恢复和生态维护。独龙族在"刀耕火种"地退耕前，都要人工引种水冬瓜树，这一速生树种在弃耕后的三五年就能成林，几年后就能够再次执行"刀耕火种"了。在这样的实例中，利用与维护照样得到了协调。其背后隐含的理念，依然是人与自然的和谐共荣。依然是工业文明之前，人类与所处的自然与生态系统，相互依存、相互制约的和谐共荣关系。以此为例，为了削减工业文明引发的生态负作用，恰好需要吸取传统人地关系的这种辩证统一观念，立足于安身立命的生态系统，去规划和发展，去兑现高效利用与精心维护的兼容。今天，借鉴和吸纳这样的理念，恰好可以作为生态恢复和生态文明建构的立足点。搁置利用，禁止利用，并不利于生态的恢复。榨取式地利用资源，同样是"反生态"的行为。只有在利用与维护之间达成平衡，才是人类社会可持续发展的根本原则。

上述五个方面的介绍说明，"生态文化"共同体，作为探讨人与自然和谐关系的研究单元，不仅可行，而且合理，因为"生态文化"的实质是指文化与环境——包括技术、资源和劳动——之间存在一种动态的富有创造力的关系。从这样的研究中，可以为我们提供今天所缺失的知识、技术和制度保障，弥补我们所缺失的正确理念。这一系列的价值，无一不是我们今天从事生态文明建设的精神财富，其价值即使在科学技术昌明的今天，也是无法替代的。深化"生态文化"共同体的研究，可以为我们科学规划生态文明建设，提供参考和启迪。

正确认识"生态文化"共同体的目的，是为了更好地服务于当代的生态文明建设，当然也是为了保护和延续传统文化，但在具体的实践应用中，却需要做出层次上的区分。原因是多方面的，一则由于此前一段时间，"生态文化"运行的失控，已经导致了相关生态系统的退变。二则当代的国内外环境也发生了巨变，资源利用方式，有的不得不做出必要的调整。加上当代科学技术的高速发展，可以对传统的资源利用方式，提供强大的支持，以至于不加区别的机械恢复传统的资源利用方式会显得不合时宜，也达不到预期的生态文明建设目标。为此，需要将"生态文化"的实践运用，分为直接利用和创新利用两大层次。当然，这两者之间并不存在不可逾越的鸿沟。其间，相互交错的实践需要总是存在的。做出这样的区分，仅是为了满足实践运用的方便而已。

所谓直接利用是指，通过政策认可，乃至鼓励，使那些在当代还有利于生态文明建设的资源利用方式，按照此前原有的"生态文化"格局，使之有限度的复兴。之所以这样认为，是因为民族文化在不同的发展阶段，后一阶段总是包含了前一阶段发展的内容。因此，这样去加以利用，最大的好处在于，不需要额外的投资和规划，当地各族居民及其传统文化可以在正常的运行中，推动"生态文化"共同体的重建和规模的扩大，从而收到社会文化和生态恢复的两大目标。考虑到我国广大的少数民族地区，恰好是我国发达地区的生态屏障区，又是传统文化保持相对完好，退变的生态系统又比较容易恢复的地区，因而采取这样的实践应用办法，可以收到较为理想的成效。但直接利用绝不等于放任自流，或者不加区别的鼓励。这是因为我们面对的环境和面对的国内外形势，都已经发生了巨变，即令是实施直接利用，也需要正确的引导，也需要做过细的深入研究。为此，系统的讨论直接利用的理论依据和实践操作就显得必不可少了。

直接利用在今天之所以仍然可行，其依据在于，自然与生态系统的演化，其速度极为缓慢，而社会因素引发的社会变迁则非常迅速。不过，凡属人为因素引发的生态变迁，只要其自然生态结构的本底特征，没有发生质的变化。比如，地质、土壤、气候等，这样的大背景没有发生质的变化，采用直接利用就较为合适。事实上，自然与生态系统在大多数情况下，也很难发生质的变化，那么已有的各种自然要素的合力，最终都会使得原有的生态系统得以自然恢复，只不过需要的时间极为漫长而已。执行直接利用，实质就在于，利用这些自然的因素，借助传统"生态文化"共同体所凝结起来的社会合力，加速这一恢复过程而已。

基于同样的理由，人为因素引发的生态变迁，既然可以快速退变，那么反向的快速修复也应当是顺理成章的事情。实施直接利用，其基本原理正在于，借助文化的正常运行，去驱动受损生态系统，按照传统利用的需要得以快速恢复。为此，按照传统利用办法的需要，通过人类的干预，引进原有的生物物种，支持其种群规模的扩大，就可以引导生态系统，按照传统的"生态文化"共同体结构重新形成。如下两个案例可以为上述理论依据，提供有价值的说明。

在我国西南的滇黔桂毗邻地带，目前是石漠化灾变的重灾区。面对这一灾变，虽经各方专家的努力，治理成效依旧不理想。面对这一现实，有计划的改变思路，从认知这一灾变的"生态文化"原因入手，就渴望获得一个有效的治理。根据相关的历史记载，这一地区在早年曾经拥有过茂密的藤乔丛林生态系统，当地各族居民包括苗族、布依族、仡佬族、彝族等，都能从中加以高效利用，并获得可观的经济收益。这一地区的原有生态系统，虽然地处亚热带季风区，但因石灰岩基岩的大规模裸露，可供作耕地的土壤都镶嵌在岩缝中，以至于生态系统的结构中，生物总量中的1/3 以上都属于藤蔓类和丛生类植物，因而可以将这样的丛林生态系统，称为藤乔丛林生态系统。藤蔓植物在这一生态系统中，扮演了关键的角色，因为这一类型的植物能够在有限的表土中生活，能够将根系扎入岩缝的土壤中而茂密生长。加上这些植物大多有块根，因而能够抵御季节性的干旱，而茂密生长的结果就能将裸露的基岩和砾石覆盖起来，从而在藤蔓类植物和基岩之间，形成有利于苔藓类植物生长的空间，进一步将基岩覆盖起来。并借着这些低等植物的作用，发挥储集大气降水的作用，支持高大乔木的生长，最终才形成了茂密的藤乔丛林，使裸露的基岩和岩石隐而不显。前人评价说，这一地区的生态系统"山虽清而水不秀"，确实道出了这一地区的生态特点。地表不见明水，但却不妨碍生态系统的正常运行。当地各民族就是利用这样的生态系统，去建构自己的传统生计，实施农林牧的混合产业。凭借这样的生态系统，既可以放牧山羊和猪，并配合饲养鸡。与此同时，还能配合种植经济林木，特别是可以种植桃榔木和葛藤一类可以充当粮食的丛林作物。在丛林没有庇护的山脊地带，还可以实施"刀耕火种"，种植耐旱的草本粮食作物。在低洼的峰丛洼地底部还能种植湿生植物，主要是芋头一类的作物，从而做到在粮食供给充裕的前提下，还能提供经济作物和畜牧产品，进而实现人与生态环境的和谐共荣。

这样的生态系统目前已经退变为荒草灌丛生态系统，只能稀疏的生长出耐旱的菊科、禾本科、景天科、仙人掌科的植物，导致了可利用价值的锐减，甚至大面积的退变为石漠化山地。退变的原因与传统的资源利用方式无关，而是在近两个世纪以来，出于特殊原因的需要，人为引进不适合当地自然生态特点的资源利用方式，经过长期积累后的产物。其中，最有代表性的资源利用方式改变包括如下一些内容。

18 世纪在这一地区大规模实施"改土为流"后，为了确保国家税收的稳定，先后引进了棉、麻等经济物种，麻的引种取得了重大的成功，使这一地区能够规模性的产出可以销往内地的工业原料皮麻。这不仅使得当时国家执行的"地丁银"税收可以稳定缴纳，当地各民族也能够从中获得丰厚的现金报偿。但要种植麻类作物就要在峰丛洼地底部排干沼泽，特别是需要打通"地漏斗"，以便往地下的溶洞和暗河排放积水，但这一看似合理的技术操作一旦大规模推广后，却会引发意想不到的生态负作用。大雨时，地表积水通过地漏斗排往地下后，到干旱时就会引发地表严重缺水，使原有生态系统受到缺水的威胁。这就导致这一地区地表水的枯竭。

在其后的历史发展进程中，也是由于为了让当地能够产出销往内地的农产品，而引入了玉米的种植，在引种初期也取得了一定的经济成效，同时又满足了国家税收的便利。但大量种植玉米必须以摧毁坡面丛林为代价，以至于随着玉米种植面积的日益扩大，坡面藤乔丛林面积陆续被蚕食，结果使得玉米种植面积虽然扩大了，但单位面积的玉米产量却持续性地下滑，经济效益也随之下降。更严重的生态损害还在于，一旦清除了坡面丛林中的藤蔓类植物块根和乔木的根蔸后，原有的藤蔓类植物的自我恢复能力也就彻底被摧毁了。随着水土流失的加剧和地表温度的升高和脱水，整个生态系统向荒草灌丛过渡，就成了不可逆转的生态灾变，也就是今天所能观察到的石漠化灾变。由于这样的生态退变具有不可复性，以至于今天即令花费巨大的劳力和资金投入，要经过简单的植树种草，都不可能恢复为原有的藤乔丛林，甚至动用现代技术从外面实施"客土种植"，都不可能达到预期的治理目标。

回顾这一地区生态退变的历程，显然不应当简单地将生态退变归咎于人口的增长，或者资源利用的过度，因为当生态系统没有退变以前，当地的农林牧的综合产出能力，事实上比当前的产出能力还要高得多，养活现有人口并不困难，如果以市场价格折算，其经济效益还更大。问题的症结恰好出在，当年实施农林牧复合产业，其单种产品的批量不大，不少产品无法销往内地，无法为其他民族所接收。再加上当时的交通条件太差，商业渠道又不完备，以至于在当时的经济结算中，无法实现其经济价值而已。然而，时过境迁之后，此前被窒息，甚至是被淘汰的产品，在今天反而成了珍稀的"土特产"。随着交通条件的改善和商业渠道的畅通，这样的"土特产"反而具有极高的价值，因为它们都是真正意义上的"绿色产品"。在这样的新背景下，如果能够复兴此前的农林牧复合产业，置换掉那些不适应于当地的外来生产项目，人的存在就不再是生态退变的原因，更不是阻碍生态恢复的原因，反而成了能够推动生态快速恢复的积极因素。因此，仿效此前已有的"生态文化"结构，引导传统的优势土特产进入市场，去实现其价值。其实是不需要外来的额外投资和技术，就可以同时解决当地的发展和生态的快速修复两大生态文明建设目标。

所谓创新利用，是以此前的"生态文化"共同体为蓝本，借助现代科学技术加以改进，使之可利用于当代的生态恢复。实施这样的利用，不仅融入了现代科学技术的适用成分，而且还调整了它的运行方式，还有助于解决一些生态恢复的艰难问题。但人与生态系统的和谐关系，则是取材于业已证明有效的"生态文化"共同体，甚至是对多种"生态文化"共同体的重新再组装，因而它是一种有现代意义的资源创新利用方式，所以理当称之为"创新式利用"。这里仅以"架田"种植为例，略加说明。

当前，我国江河下游的水体污染，干旱带水资源的无效蒸发，水库建设中，大片农田被占用，滨海滩涂地带红树林的锐减，无一不是最头痛的生态难题，时至今日一直没有妥善的处理办法。其原因在于，治理的思路过分的关注技术，甚至是迷信技术，而忽视了传统资源利用方式的价值。如果针对性的仿效历史上曾经有过的"生态文化"共同体结构，并加以变通使用，那么情况就会大不一样。

"架田"是我国古代南方水域曾经长期执行过的特殊农耕方式，历史典籍都能找到相应的记载。在当代的民族学田野调查中，也能找到尚在执行的实例，如台湾日月潭地区曹人所实施的漂浮鱼礁就是一例。此外，中美洲阿兹特克人现代还在执行的"奇南帕"，也是真正意义上的架田，东南亚滨海地带也有类似的耕作传统。其基本原理是，用芦苇的块根，甚至是原木，作为漂浮的载体，扎成排筏后漂浮于固定水面，并在这样的排筏上垫上土便可在上面种植各种作物。种植粮食、蔬菜、牧草、经济作物等等无一不可。由于这样的架田可以随着水位的涨落而漂动，植物可以从下面吸取养分、水分和营养物质，以至于很多常规的农耕操作都可以免除，如翻耕土地、除草、防治病虫害等都可以变得容易执行，而且投入少产出高，符合传统生态文化能够减少生态建设制度性经费开支的研究结论，因而不失为是一种高效利用水域的成功典范，是值得研究和推广的。

至于我国历史上各封建王朝，以行政方式禁止这种耕作范式则是另有原因。中国是一个农业大国，朝廷之所以要将农民和土地捆绑起来，意图在于便于行政管理，又便于赋税和徭役的征收，而实行架田种植后，将会有大量的农民处于游动状态。这就会使得户籍的编订，田亩的核实，徭役的征发都变得难以实施，甚至是无法监控，而且这样的水上经营会成为逃犯和反叛势力的避难所，对封建王朝更为不利。用行政命令禁止这种水上种植方式的根本原因正在于此。对此，今天我们必须注意到，当年封建王朝的忧虑已经不存在了，只要这样的种植方式及其所代表的"生态文化"共同体，能够为我所用，为当代所用，那么我们就没有理由拒绝这种资源利用方式的复兴。如果再辅以现代科学技术的支持，上面提到的我国水域生态维护的四大难题，都渴望通过这样的创新利用，得以逐一化解，而这正是传统的民族文化必须要在新时期实现转型的要害所在。

历史上，由于受到技术和材料的限制，传统的架田通常都是采用木材、芦苇根和竹类材料。今天则不然，随着建材业的发展、塑料工业的前进，要建构更坚固的浮体已经完全不是问题了。以现代科学技术，去实现架田的创新，可以说得上是轻而易举了。此外，随着育种技术的提高，环境监测水平的提升，更好的经营水上耕田也不成问题。真正难以逾越的障碍在于，我们的生态建设思路需要彻底改变。

具体到我国江河下游大面积水体污染而言，技术专家习惯于等待大量的淡水去稀释，或者是限制污水排放。但这一切对策都不现实，因为工业不可能停下一刻，等待大气降水更是不会发生大面积的改变。更严重的还在于，我们一方面在哀叹水体污染；另一方面却在这样的固定水域大规模的实施网箱养鱼，而网箱养鱼又需要大量投入饲料。这无一不是雪上加霜。但如果将架田反其道而行之，在那些大面积污染的水域表面推广架田种植，被污染的水体就不再是废物，而是农作物的营养，只要把收割后的农作物秆蒿收割到陆地上，无论是作为可再生能源使用，还是用作饲料，都可以实现高效利用的同时，快速降低被污染水体的富营养物质，甚至水域底部的淤泥，只需要用污水泵吸出淤泥，并浇灌到浮体上，支持架田的种植，那么既加快了污泥的降解、脱污，又支持了作物的生长。这比将污泥搬出湖面另作处理，将更有利于水质的达标，更无须另建污水处理厂。事实表明，只要生态建设的思路不要过于僵化，能够从传统的"生态文化"共同体中吸取借鉴和参考，再辅以现代科学技术的支持，看似无法治理的水体污染，就会得到有效的治理。

我国黄河中上游地带，水库众多，建设水库的初衷是储积淡水资源，以满足生产生活之用。但水库建成之后，一方面占用了大量的农田沃土，同时还导致大面积的水域暴露在强烈的日照下。我们必须牢记，在这样的地区，年蒸发量高达3000毫米以上。每一个平方米的库区水面，都会有3吨以上的水被蒸发掉。这样的结果显然与修建水库的初衷背道而驰。可是，如果引入架田种植后，情况就会出现完全相反的结果。不仅可以从库区中换回耕地和肥田，还能净化水质。更重要的还在于，由于大量的浮田覆盖了库区水面，库区水域可以得到普遍降温，无效的蒸发量就可以被削减一半以上，农作物的秆蒿移出库区后还能支持当地的其他产业的发展，可谓是一举三得。不将这一创新式的架田尽快付诸实践，显然是我国水资源维护的一个重大失策。这样的利用方式对我国南方的丰水带而言，抑制水资源无效蒸发的效用虽说不明显，但提高水质，争取更多的耕地却同样有效。

总之，我国拥有极其丰富的"生态文化"共同体储备，只需转变观念，在直接利用和创新利用两个层面做出努力，那么就可以使得很多生态灾变得以消解，同时又不影响现代化的进程，还能形成新的生产力，又能兼顾到生态维护的需要，为我国新一轮的发展奠定基础。"生态文化"共同体的当代利用价值，就能够得到全面的体现。

人类社会与地球生命体系的关系，就本质而言，必然体现为辩证统一的协同进化关系。人类为了生存，利用所处的自然与生态系统。这是一个永远无法回避的事实，因为人类也像动植物那样需要阳光、水。但如果人类的利用必然导致生态系统的崩溃，那么人类社会也就走向了自己的终点。有幸的是，人类社会在地球上已经存在了数百万年，即使到了今天，也仍处于可持续状态，生态环境虽然出现了各式各样的灾变，但还远远没有到达山穷水尽的地步，现有的生态系统，还可以支持人类社会的存在。这就足以证明，人类对生态环境的利用与维护，其间依然是辩证统一的关系，离开了利用，就失去了保护的意义。离开了保护，也就不可能做到可持续的利用。就这一意义而言，将人类社会与生态系统的维护对立起来，把人类视为生态受损的敌人，是完全没有道理的，也是与人类的历史不相符合的。

人类既然是地球生命体系中一个普通的物种，那么人类就永远离不开生态系统，而且只能紧紧地依赖于生态系统去谋求生存。作为一个普通的物种，人类也像其他物种一样，只能在整个生态系统中，占据一定的"生态位"，并以这样的角色参与整个地球生命体系的物质、能量和信息的交流，而这正是自然界的反馈。人类与其他物种的不同仅在于，人类可以凭借自己的聪明才智和建构起来的社会合力，通过对所处自然与生态系统的针对性控制、加工和改造，可以在一定程度上改变所处的生态系统，使人类自己能同时占有更多的生态位。这样一来，人类的种群规模与其他生物物种相比，就可以变得更庞大，也更有力。这对人类自身而言，无疑是一件大好事，但对生态系统而言，则是喜忧参半。人类在谋取自身生存的同时，既可能损害生态系统，也可能维护好生态系统，而这一切都取决于他们所建构起来的"生态文化"共同体。如果他们建构起来的"生态文化"共同体能够与所处的自然与生态系统，达成和谐共荣，那么人类社会的延续和可持续发展就可以实现，所处的生态系统也可以健康存在，直到永远。反之，人类和所处的生态系统就只能是两败俱伤。其间的所有问题，都出在他们所采用的资源利用方式上，并体现在他们所动用的知识、技术和技能中。但凡经过长期历史验证，表明可以做到人与所处自然生态系统和谐共荣的"生态文化"共同体，那么都属于我们今天可资利用的精神财富；必然引发生态灾变的资源利用方式，则属于错误的利用，需要引以为戒，需要代之以可行的资源利用办法。

总之，人类要生存就绝对不能拒绝利用，要使生存得以可持续运行，就得精心维护生态系统。利用和维护是人类的两项天职，两者不仅可能，而且必须要做到辩证统一，人与环境必须结成稳定和谐的辩证统一关系。就这一意义上说，今天所面对的各种自然生态灾变，绝对不是利用所引发的结果，而是"生态文化"共同体脱控才派生出来的暂时现象。人类既然能够存活到今天，那么他们肯定就有改变生态系统的禀赋，当然也就具有修复受损生态系统的潜能，成败的关键都得立足于对"生态文化"共同体的正确认识和妥善应用。因此，离开了人及其文化的活动和运行，就谈不上生态环境问题。

应当看到，地球上的陆上生态系统，在漫长的地质史岁月中，无一不经历了从无到有的协同进化过程。当原始的大陆突出海面的时候，除了岩石和沙砾外，根本不可能有任何形式的生命，而是在协同进化的过程中，各种陆上生物在其发生和壮大的过程当中，靠生命的运行，不断地改变大陆表面的面貌，发育出土壤，形成了生物群落，陆上才充满了生机。因此，从终极意义上讲，陆上各种生态系统，事实上是靠自己的生命运行，创造了它自己的生存根基，而最终实现了生命的繁荣。到了今天，即令是受损最为严重的灾变带，其呈现的景象，比之于原始的大陆而言，不知有利于生态恢复多少倍！因而对受损的生态系统感到失望和悲观是完全没有根据的。不错，要靠受损的自然生态系统自我修复，就得耗费漫长的历史岁月，要靠有限的生物物种不断积累、改善生存条件，才能发育出有利于人类生存的生态系统来。可是，人类既然贵为万物之灵，而实践又证明，人类具有损害生态系统的潜力，那么人类同样拥有快速修复受损生态系统的潜能。然而，解铃还须系铃人，如果反其道而用之，那么人类完全凭借自己的力量也应当是可以做到。就这一意义上说，将人类视为生态的敌人，也于理不通。人类自己需要认真反省和吸取经验教训，改弦易张，建设好生态家园完全可以做到。将人类排除后，受损生态系统的恢复只会放慢其脚步，更是无法实现快速修复。因此，误以为将受损生态系统封闭起来，拒绝利用，生态就可以自然恢复。这种想法，就实质而言，反而对生态快速修复不利。

我们必须牢记，人类所拥有的聪明才智，以及与人类社会结合起来的社会合力，既然可以比任何一个生物物种占据更多的生态位，那么人类利用生态系统的空间，不仅在历史上已经证明做得到，在今天更容易做得到，而且做成之后并不会必然引发生态的受损。此前的诸多研究都习惯于界定单位面积的人口容量，每每断言地球上哪些地区人口过载。综观类似结论，值得反省之处就非止一端。一方面，现在地球上的总人口早就超过了70亿，早就超过了200年前地球人口的三倍以上，但我们仍然没有理由断言，整个地球人口已经过载了。随着科学技术的发展，全球人口还要增长，同样没有理由证明人类社会走到了尽头。另一方面，此前的类似结论本身就存在着疏漏，大部分的结论都来自于不同地区的农业单位面积产量。但如果从事的是复合型的土地资源利用方式，其单位面积的综合产出，必然会比单一作物的种植产出要高得多。在我国的各种"生态文化"共同体中，复合种养生计往往普遍存在，以至于此前的人口容量的估计往往偏低，加上近年来科学技术的发展，早就突破了此前估算的单位面积产量，我们更没有理由相信，地球人口已经接近于饱和。更重要的还在于，此前计算的人口容量基本上是立足于陆地人口做出结论，现代社会对海洋生态系统的利用已经有了很大的提高，更没有理由把单位面积内的人口容量看死。事实上，在当代社会的人口中，早就超过了以往任何形式的估计。总之，将人口过载理解为生态灾变的必然结果，理解为生态灾变的主导原因，无论从历史，还是从现实来看，都难以成立。相反的情况，反倒更具说服力。

我国的长江三角洲和关中平原，事实上在数百年前人口容量就已经超过了当代西方发达国家的水平，但这两个地区在漫长的历史岁月中，却并不是生态灾变的重灾区，而是经济发达和生态稳定的乐土。当前我国真正的生态灾变区之一，反倒是人口密度极低的蒙古草原、西南的喀斯特山区、乌蒙山区等，这些地方的生态灾变程度反而更加严重。历史上，水患最为严重的黄河中下游，不仅古代人口十分稠密，现代也极为稠密。可是，黄河水患在今天已经不存在了，反倒是严重的缺水阻碍了当地的社会经济发展。既然如此，把资源的过度利用，确定为生态灾变的关键原因，显然不具备说服力。

任何一种生态系统，其结构都极为复杂，多层次、多渠道的利用，本来就是人类生存的常态。在我国的蒙古草原，除了畜牧外，旱地农耕也多次成为当地的主流，狩猎采集经济也一直延续到新中国成立前期。值得注意的是，无论是畜牧，还是农耕，就是在蒙古草原上也是具有各式各样的，而足以引发生态灾变的资源利用方式仅是其中的有限部分，而不是全部。明清时期，在蒙古草原实施的"板升农业"，历史证明并没有留下生态隐患。这至少表明，执行"板升农业"对蒙古草原是无害的。鄂尔多斯草原，早年"五畜并存"。据史料记载，北魏道武帝灭亡匈奴人所建的夏国时，俘获的骆驼就多达 150 万头，马 250 万匹，牛羊数倍于马匹数。这样的载畜规模，不仅比当代的载畜量还要高，甚至超过了当代西方集约农牧业最发达的荷兰。可是，北魏时代，鄂尔多斯草原的生态退变并不明显，反倒是当代这里的土地沙化才严重到无以复加的地步。这更足以证明，资源利用方式不适应当地生态系统，才是导致生态灾变的关键原因，载畜量的大小，并不是关键原因，骆驼和山羊更不是生态灾变的替罪者。事实上，当代鄂尔多斯草原的土地沙化，最关键的原因是对耕地的随意弃耕。在鄂尔多斯草原上，地表的"风化壳"具有举足轻重的生态维护作用，综合性的畜牧业不会损害地表"风化壳"，有规律、有节制的农耕也不会大面积的损害"风化壳"。清末民初的"走西口"，以及由此而带来的无序垦殖和随意弃耕，对地表"风化壳"的损害才日趋严重。鄂尔多斯草原沙化，也是到了 20 世纪才愈演愈烈。当前的问题在于，对特定的生态系统而言，理当查清何种利用方式具有破坏性，这才是避免生态灾变的关键之举。要查清何种资源利用方式不利于特定的生态系统，只有通过对"生态文化"共同体的分析和仔细研究，才能做到彻底弄清。

总之，对资源的利用，甚至是高强度的利用，都不是生态灾变酿成的必然原因，而不恰当的利用方式，即便是轻度利用也足以酿成灾害。因此，利用与生态维护完全可以做到相互兼容，靠停止利用去实施生态保护，未免因噎废食。关键是禁绝错误的利用方式，极力支持有利于生态系统稳定的资源利用方式，这才是生态文明建设的正确做法。因此，将人类的存在视为生态建设的大敌是完全站不住脚的。中国的每一寸土地，每一种生态系统都应当有适度的人口居住，甚至得最佳的人口容量居住，但用什么的方式获得当地的资源，反倒是需要认真研究和科学确定的重大问题。只有我国的任何一种生态系统都得到合理的利用，同时又得到精心的维护，这才是我国生态文明建设的必由之路。

任何一种生态系统都是一种生命的存在，都具有自组织能力，都可以自我修复，任何一种民族文化都能激活庞大的人群，它同样是一种生命的存在形式，它同样具有自组织潜力，同样具有适应于所处生态环境的禀赋。于是，在生态系统多样并存、民族文化多元并存的当今世界上，民族文化与特定生态系统的匹配必然极其复杂而多样。此前的研究习惯于就特定的生态问题或特定民族文化展开探讨，而没有注意到民族文化与所处生态系统的对位关联极其复杂多样，以至于所形成的结论往往众说纷纭、莫衷一是。要协调上述认识上的分歧，当然可以采用各不相同的渠道，不过生态人类学所倡导的"生态文化"观却是一个有价值的选择。其原因在于，生态人类学所研究的"生态文化"共同体，事实上都是经过漫长历史岁月磨练并证明其有效的和谐共荣实体。因此，从"生态文化"观出发，去全面审视我国的民族文化与生态环境之间的耦合关系——文化生态，我们的研究结论就可以获得毋庸置疑的代表性和普遍性。以上论述正是沿着这样的思路，去探讨我国的生态文明建设问题。生态文明建设的实质，就是立足于当代社会需求，立足于现有科学技术做支撑，去重建人与自然关系的和谐共荣。然而，这样的和谐共荣不可能凭空而来，更不可能面部虚构，而必须以史为鉴，以现成的并通过历史验证其有效的各民族"生态文化"共同体为研究对象，总结其经验与教训，探明其科学性和合理性，再结合时代的需要，选用适合的现代技术手段，重新协调人类的思想和行为方式，生态文明建设才可能有望实现。其间贯彻的是辩证统一的协同进化理念，只有将文化与所处生态系统的协同进化历史加以全面梳理，生态文明建设的目标、程序、手段，才能够得到逐一落实，而这正是当前亟待深入探讨的新领域。

第四节　生态民族学的当代价值

在当代的主流话语氛围中，人们都乐于强调理性和文明，而人类总是自认为自己的行为很文明。既然如此，那么又为什么会出现生态灾变呢？是人类的理性酿成的祸患，还是人类的非理性酿成的祸患？如果真是这样，那么同样是人，为什么有时候有理性，而有时候又没有理性呢？

理性与文明，似乎成了当代的代名词。但我们往往忽视了当代社会所谓"理性"与"文明"的概念所形成的文化背景与社会基础。在这里我们可以简单地加以分析。当代社会所谓的"理性"与"文明"话语，发端于16世纪欧洲文艺复兴。而后随着工业文明的兴起与扩张，"理性"与"文明"也就随之获得了深厚的社会基础和宽广的文化场景，并推及到了世界不同的"文化体系"之中。因此，从本质上说，这样的理性与文明，也只是欧洲文化中的理性与文明而已。而当英国生物学家达尔文的生物进化论引入到社会科学之中，在人类学民族学中诞生了该学科的第一个学派——古典进化论学派。该学派的理论基点就是把18世纪的欧洲文明标定为世界文明的顶峰，地球上其他的文明都被安排于这个顶峰之下的不同阶段。在这样的人类文明坐标体系中，是以欧洲的文明去判断其他文明的价值与意义，凡是接近欧洲文明的文化在其坐标中就靠近欧洲文明的位置，反之亦然。在这样的文明判断框架内。人类的理性以及所创造的文化就是在这条轴线上不断与欧洲文明接近，不断地向欧洲文明靠拢。并进而认定，欧洲文明有责任和义务去影响地球上已有的其他文明，唯有如此，别的文化才有出路。否则的话，其他文明就只有等待衰败、等待消失，坐以待毙。这就是所谓的欧洲文化中心主义。

当然，像欧洲文化中心主义的这种思维模式，也并不是欧洲独有的。在之前，人类所形成的诸多文明，都认为自己是世界的中心，华夏文明如此，印度文明如此，两河流域文明如此，尼罗河流域文明如此，玛雅文明如此，等等。其实，就连那些没有见诸文献、没有文字民族也都认为自己是文明的中心。也就是说，人类不仅自认为自己的行为很文明，而且还是人类文明的中心。只不过这样的文明中心是在有限的范围内获得了认同，获得了推广而已。而不像欧洲文明那样随着工业文明的推进几乎蔓延到世界的每一个角落。

至于为什么会出现生态灾变呢？是人类的理性酿成的祸患，还是人类的非理性酿成的祸患？对这个问题的回答，我们仍然需要回到文化的理解上来。人类的理性是在特定文化下的理性，人类社会不存在无文化的理性，人类的一切理性行为都是特定文化下的理性行为。在欧洲文化中心主义下，欧洲人把自己的理性看成为了全人类所具备的"理性"，所共同遵循的"理性"，并以欧洲文化中的理性行为去判断他者文化下的行为是否理性。凡是不符合欧洲文化理性行为的统统被打入"非理性"的另册。

但我们已经清楚地认识到：地球上并存的人类文化多样性，在欧洲文明形成以前早就形成了。每一个文化共同体在其特定的历史长河中，与其所处自然环境和社会环境不断地冲突、磨合、调适，形成了丰富多彩的文化事实体系。这样的文化事实体系都在竭力地耦合其所处环境，以持续地利用环境资源而获得持续的发展。因此，如果说人类有共同"理性"的话，就是"文化"这一指导人类生存延续发展的人为信息体系中所体现的行为而已。这既是人类文化的本质，也是人类共同理性行为的本质。

然而，我们当代社会所谈论的"理性"不是建立在人类文化概念上的"理性"，而是欧洲文明"文化事实体系"中的"理性"。这二者是在不同的层面上，也正如文化与文化事实在不同的层面一样。因此，在近四到五个世纪以来的欧洲文化事实体系中的"理性"去评价乃至框定、影响其他文化下人群的行为时，不免会出现种种问题。可以说，当代人类所居地球出现的"生态蜕变"乃至"生态危机"就是这种行为的直接后果。

因为我们知道，由于"理性"是在特定文化事实体系中的表现。于是就会出现这样一种现象，在甲文化事实体系表现为理性行为的东西，在乙文化事实体系中可能就会是非理性的行为。因为甲与乙的文化事实体系在建构过程中经历着不同的历史遭遇，有着不同的生态背景，交往着不同的族群关系。于是其所模塑的文化行为也就会呈现出系统差异来。其文化差异的"理性"与"非理性"就难有一个统一的标准。在这样不对等的文化信息中，如果以一种文化事实去替代另一种文化事实，如果这样的文化替代叠加到一定程度，以致到积重难返的程度时，就会出现文化对环境的偏离。也就是说，以一种文化事实替代另一种文化事实，就是对文化多样性的侵吞。而一旦这样的偏离值超越文化自我回归能力的程度时，就会出现生态危机。这里有很复杂的机制。这样的机制我在自己出版的论著中多有表述。概而言之，就是以一种强势的文化去替代弱势的文化，从表面上看，强势的文化取得了成功，弱势的文化屈从了，但随之而来的是强势文化对生态环境的不适应，而需要不断地提供代偿力。而一旦这样的代偿力不能持续提供时，生态蜕变就会出现，生态危机就会发生。

当前我们接触到的自然环境，包括自然的和生态的，到底是纯自然形成的，还是人类社会的存在发挥了巨大影响。如果是纯自然形成的，那么发生灾变后，人类为何有力量使之恢复？如果是人类的失误酿成了生态灾变，那么自然规律在其间扮演了什么样的角色，人类应当如何利用这些规律？

我认为这一系列问题涉及生态人类学的本质问题。生态民族学要成为民族学的一个分支学科，要与人类生态学区别开来，就必须科学地回答这一系列问题。这里涉及生态民族学的一个基本概念，就是"民族生境"。这一概念是我们在 1992 年出版的《民族文化与生境》中首次提出，后来1997 年出版的《文化适应与文化制衡》中得到进一步完善。其实，只要我们解释清楚了"民族生境"之一概念，也就可以回答这一系列问题。目前学术界之所以在这些问题上还存在较多的模糊，其主要原因就是对

"民族生境"这一概念的理解不充分。

我认为，首先要系统区别"自然与生态环境"和"民族生境"。以往学者（不论是自然科学的学者还是社会科学的学者）在其研究中，一旦遇到环境恶化、生态危机、生态灾变等客观环境的事实时，总是将这样的环境改变不加区别的理解为纯自然的环境遭到了人类社会的破坏所致，进而将人类社会的存在视为环境维护的"敌人"。进而，研究者大多认为要修复和维护生态环境，就必然要彻底排除人类的因素和社会的因素，将受损的生态系统搁置起来，让它纯粹仰仗自然力去完成自我修复。这样的对策不是不可行，因为在漫长的地质史中，地球上各种生态系统本来就是从无到有地发育起来的，所以，只要没有人类干预，它们肯定可以自我恢复。不过，这样的修复速度将极其缓慢，甚至缓慢得超出人类社会可以容忍的极限，因而，这样的对策思路对人类社会来说绝对不适用。我认为这种否定人类社会在生态恢复中的价值的做法，是不足取的。

事实上，在辽阔的我国各少数民族分布区，今天的研究者所能够观察到的自然与生态环境，在绝大多数情况下都不是纯粹的原生环境，而是我国各少数民族凭借其民族文化长期加工、改造后形成的次生生态环境。这样的次生生态环境无不具有特定的民族文化属性，因而，我们应该称之为"民族生境"，绝不能将它们理解为纯粹的"自然与生态环境"。对纯粹的"自然与生态环境"而言，它本身就可以自我存在、自我维持，人类社会存在与否与之无关。因而，它是中性的存在，也就无所谓好坏优劣之分了。

而"民族生境"则不同，它们既然打上了民族文化的烙印，因而民族生境一旦改变，就会导致该民族文化的失效，对该民族而言，这将是一个灭顶之灾。与此同时，对民族生境而言，一旦失去了相关民族文化的呵护也将是一场灾难，因为没有民族文化的不断加工、改造和利用，它绝对不会自我复位，所以，它只能像漫长的地质史演化一样，按照自然规律缓慢地演变成另一种稳定的生态系统。因此，今天我国广大少数民族地区所面对的生态挑战，并不是纯自然的环境恶化，而是发生在各民族生境中，由于社会因素而导致的环境受损。因此，我们认为要快速修复这样的环境受损，关键就是要排除社会的干扰因素，重建和创新各少数民族的文化生态耦合体。只能凭借民族文化运行的力量，去实现生态的快速恢复和有效维护。与此同时，也就理所当然的做好了各少数民族的非物质文化的保护与传承。从这一理解出发，单凭工程技术手段，靠社会力量去替代自然力运行肯定达不到生态恢复的行动目标，也无法根治我国少数民族地区生态环境的恶化。同样的道理，要维护我国各少数民族优秀的民族文化，如果离开了相关民族生存的根基，即各少数民族的自然生境，民族文化的保护也成了空中楼阁，无从做起。

其次，我们需要回答各民族文化生态耦合体到底是社会性的存在，还是纯自然属性的存在？面对生态环境恶化，在此前的诸多研究者对生态恶化的原因进行探究，有人主张是自然因素所使然，有人主张是人为因素所使然，而折中的观点则主张既有自然因素，也有人为因素。围绕这一线索而展开的争论，至今还在延续之中，但始终不得其要领。我认为其症结在于没有理顺文化生态耦合体的本质属性。我们必须注意到，所谓生态环境的恶化并不意味着地球上出现了前所未有的"恶劣"生态环境。无论是土地的沙化，海平面的上升，局部性的干旱和洪涝，还是凝冻和过热等，在漫长的地质史上早就出现过多次。我们谈大范围的生态环境恶化，既然仅仅是到了当代才提到关注的日程，那么它存在的时空域肯定极其有限，绝对不能与自然界的地质史相比附。与纯自然力造就的生态系统的灾害的性质有质的不同，绝对不能够画等号。多样并存和不同生态系统之间的消长是自然因素的产物，这是生态学研究的对象。到了 20 世纪后期才凸显出来的生态环境恶化，由于仅仅存在于当代，仅仅表现于某些地区，而不是全球均衡性的恶化。因此，它存在的时空场域不仅时间很短，而且又突出表现在所谓现代化进程最快、最发达的地带，因而即使存在自然因素的变迁，也不表现为主导的方面。主导方面最关键、最直接的原因只能是人类社会，特别是当代的人类社会，因而当代所称全局性生态环境恶化的主导原因应当是社会性的，而不是自然性的，也不是自然因素和人为因素的不同比例组合。

鉴于当代的全局性生态环境恶化，其存在的时空场域与现代化进程直接关联，因而其成因也应当在现代化进程中所导致的民族文化变迁范围框架内去探寻，而这样的探寻正好与众多民族文化生态耦合体的松动直接关联。文化变迁是公认的社会性事实，文化生态耦合体的松动不言而喻也属于社会性范畴，因民族文化生态耦合体松动而引发的生态环境恶化，同样属于社会范畴。在这样的认识基础上，争论到底是自然因素为主，还是社会因素为主诱发了当代的生态环境恶化也就没有任何意义了。我们只能够从社会性出发，去探明生态环境恶化的人为原因，只有在特殊需要时，才连带考虑自然因素的副作用，并立足于民族文化去消除这样的副作用，而不是在自然与社会因素之间摇摆，更不是在自然与人为因素之间盲目地拼合生态环境恶化的原因。

我们必须认识到，纯粹靠自然力造就的各种生态系统，它们都具有自组织能力，都能够自我维持、自我发展和自我修复，都能够超长期的稳态延续，而不必依赖社会力量去维持。进一步的考察后还可以发现，各种无机因素的组合对生态系统的稳定存在至关重要，而这样的组合绝对不可能十全十美，以至于不管是什么样的生态系统都得靠它自己的自组织能力，去规避无机因素波动而造成的风险，都需要补救无机资源配置上的缺环，还得化解某些无机因素过分富集造成的危害。这一切都得靠生态系统自身的生命行为，去确保自身的稳定延续。也就是说，不管是哪种生态系统都具有适应环境的能力，都具有自我完善的潜力，而人类社会产生之后，正是利用了这样的能力和潜力，才求得人类社会的可持续发展。今天的人类不过是继承、分享前人的恩惠罢了。此前多元并存的民族文化之所以能够获得可持续发展，原因全在于各民族的传统文化兼备利用生态环境和维护民族生境的双重职能。其中，能够维护好民族生境的要害正在于，相关的民族文化具有规避民族生境中脆弱环节的禀赋，而这样的禀赋乃是前人所称的文化对所处环境的适应的另一种表述。

能够自立成活、延续和壮大的生态系统本身就具有生命功能，即使没有人力的干预，它们也是可以持续发展的。对于民族文化作用下形成的生境也具有相似的禀赋，而生态危机总是表现为一种对特定人群具有价值的生态系统变成了难以利用，甚至是无法利用的生态系统。发生这种不可逆生态变迁的原因固然很多，但真正起关键作用的却往往只是一两个而已。按照"木桶效应"原理，只需修复，或者延长这一两个最短的桶板，受损的生态系统就可以凭借其自组织能力加以修复。对此类灾害性的生态变迁的最低桶板可以通称为某一特定生态系统的脆弱环节。生态灾变酿成的关键原因正在于，特定人群的生存方式和资源利用方式恰好冲击和损害了该生态系统的脆弱环节，从而引发了生态系统的连锁反应，最终酿成了生态悲剧。对生态系统脆弱环节的冲击和损害，显然是纯粹的社会性问题，而不是自然问题，因为每一个民族对其生境而言，既是文化创造的次生环境，又是有能力规避脆弱环节的社会根源，也是民族文化与生境可以长期和谐、稳定延续的根源所在。因此，冲击和损害生态系统的脆弱环节绝非本民族成员所为，而是异种文化，或者异种社会干扰导致该民族文化生态耦合体松动，从而引发的意外现象。这样的意外现象，同样是社会性原因导致的产物。正是基于这样的理解，我们坚持认为目前所能够观察到的一切生态环境恶化具有不容置疑的社会属性，消除生态灾变主要得仰仗社会力量。同样的道理，保护优秀的民族文化同样得靠社会力量，而不是求助自然。原因在于，同时并发的传统文化流变和生态环境的恶化是同一个社会问题的两个不同表现侧面，争论其间是人为因素重要，还是自然因素重要完全没有意义。

在我们的研究中，希望通过民族文化的手段，在维护传统文化的同时，维护好我国各少数民族地区赖以生存的生态环境。最终的结果是要借此建构我国生态建设和决策的思路，为生态建设提供来自各少数民族文化的依据。

目前学术界频繁的提到"文化生态"这一概念，对这个概念应当如何理解？能否举一个例子谈一谈我国目前面临挑战的一两种生态现象，帮助大家正确理解这一概念。

我认为"文化生态"不是一个空泛的概念，而是针对特定民族而具有特定的内涵的概念。不同的民族具有不同的"文化生态"。就其实质而言，各民族的"文化生态"是指该民族成员凭借其特有的民族文化，在世代延续的漫长历史过程中，一方面加工、改造了该民族所处的自然与生态系统，使之获得了文化的属性；另一方面，通过民族文化适应环境的禀赋，不断地完善和健全民族文化自身，最终使民族文化与它所处的生态背景之间，结成了相互依存、相互制约的耦合关系。文化与生态的这种耦合体就是该民族的文化生态。当然，一个民族的文化生态都是极其复杂，并且又是隐而不显的社会规范实体，它的外在表现形式则是各民族的传统生计。因此，我们只需要从传统生计入手，经过整体性的结构功能和价值论证，就能够把握该民族的文化生态。

由于我国各少数民族的文化生态，无一不是在漫长的历史岁月中长期积淀的结果，因而文化生态耦合体必然具有极强的稳态延续能力，能够经受住来自自然和社会两个方面变迁的各种挑战，且具有自我修复、自我完善和自我创新的潜力，具有维护文化与环境双重稳定的价值。然而，一旦民族文化与所处环境的这种耦合关系松弛，那么民族文化就会由于失去了它所依托的生存环境，必然要发生流失和退变。与此同时，该民族所处的生态环境也会因为得不到相关民族文化的利用和维护而迅速退变。今天，在我国广大的少数民族地区，生态环境的恶化和民族文化的流失同时并发，其总根源正在于各民族的文化生态耦合体受到了不同程度的损害。两方面的挑战和危机是同一个社会根源派生出来的两种表现形式，因而，要应对这两大挑战，使生态环境的恶化和民族文化的流失得到根本性的救治，必须从修复各民族的文化生态入手。此前的研究工作，两方面的危机割裂开来应对，即将民族文化的流失交由社会科学工作者研究和提出应对策略，而将生态环境的恶化交由生态学家等自然科学工作者研究和做出应对策略。这种做法，虽说可以取得局部的成效，但却无助于问题的根本解决。因为它割裂了民族文化生态这一不该割裂的整体，因而无法抓住问题的实质。因此，我们需要彻底改变过去研究的思路，将中国各少数民族的文化生态作为一个整体去加以对待，从而提出一套既能解决民族文化保护又能维护生态安全的有效对策。

这里，我举一个关于水资源方面例子来加以分析。由于大气降水的分布本身就不均衡，地质、地貌和相关的生态系统对水资源的维护也各不相同，因而各民族都不避免的要遭逢水资源匮乏和过剩的打击，以至于为水而战是古已有之的通例。在漫长的历史岁月中，不管是哪个民族在其传统知识结构中，都必然包含得有针对水资源稳定供给的内容，更可贵的是这样的传统知识是在化石能源未大规模开发以前积累起来的有关水的知识，因而这样的知识必然表现出不依赖化石能源这一特点，以及投资少、收益稳定的特点，还必然具有不依赖于现代工程设施的特点，上述三个特点是现代工程建设、大都市和现代集约农业绝对不可能拥有的优势。借助这样的传统知识去化解现代工程建筑和大都市对水资源维护的负作用，本身就有无可比拟的优势。即使人类社会的发展，始终需要反思，始终需要总结经验，更需要不断地升级、换代。针对我国水资源匮乏而言，这样的反思和创新更具有必然性和有效性。民族学家和历史学家早就介绍过有关架田的知识和技术，但在此前，不管是学者或普通民众都是将这样的研究成果视为是纯粹的历史资料去对待，而且坚信这样的传统知识和技术对现代社会而言毫无利用价值。然而，这是一种思想上的短路。

事实上，这样的传统知识和技术完全可以在缓解我国当代水资源匮乏的过程中，发挥极大的效用。黄河中游要穿越干旱的草原，当地的年均蒸发量一般都超过 2400 毫米，这意味着黄河水一旦暴露在直接的日照下，那么每平方米水域每年就得无效损失 2.4 吨珍贵的淡水。在这样的自然背景下，反思我们在黄河中游修建的大型水库，只要稍加注意我们就不难发现这些水库对水资源的巨额浪费。未修水库以前，黄河干流蜿蜒在峡谷之中，有地表的土石和植被屏蔽，阳光能够直接照射到水面比例很小，因而黄河的水温必然偏低。周围环境的液态水蒸发量虽然很大，但黄河本身的蒸发损失却比较有限。水库修建以后则不同。一方面，黄河水位被抬升后，阳光能够直射的水面面积比例大增，无意之中会导致黄河水库表层水温的迅速提升，加速了可贵液态水资源的蒸发；另一方面，水域面积随即增大数百千倍以上，水资源的蒸发面积也随之而增大，每扩大一个平方米的水库水面，就意味着一年内就得白白浪费掉 2.4 吨水。再加上水库修建后必然连带着出现较大面积的浅水区和不稳定水域，浅水区升温会更快，水退后形成的坡面还会对无效蒸发推波助澜。修建水库的初衷是将水资源储备起来以便利用，但修成之后却把宝贵的水资源无偿的奉献给了大气。意图与结果相背确实令人惊讶，但此前的学者和普通民众对此却无动于衷，原因在于他们认定这是无法避免的自然事实。水库修好了至少能发挥防洪、发电、灌溉等众多功效，因而也只能听凭自然规律。

可是，如果借鉴传统的架田种植情况就会变得完全不同了。如果再借助现代材料去创新架田，那么水库形成的水面除了流出航道外，完全可以用于架田种植。这样的架田种植不仅本身可以构成一项现代化的农业，更关键的还在于，由于有了农作物的屏蔽，水库表面的水温就不可能升太高。架田的存在还能够降低水库表面的风速，看似无法控制的水库大量水资源的无效蒸发完全可以得到明显地控制。架田种植出来的产品本身可以创造巨额的经济价值，即使蒸发量比未修建水库之前稍大，也属于被利用后的蒸发，无效蒸发同样可以得到大部分的抵消。此外，这样去种植架田并不需要施肥，黄河水溶解的无机盐已经可以支持农作物的正常生长了，收割时只要将农作物整株移除出库区，尽量减少有机物散入水域之中。再加上水温的降低，微生物活动必然会受到一定的抑制，水库的水质也可以得到明显的提升。这样做的好处不仅仅只是简单的抵消水库负作用，还可以解决众多的派生社会难题。举例说，修建水库时的库区移民安置从来都是"老大难"问题，在实施架田种植后，库区移民安置的工作量就会大幅度的降低。他们大部分可以留在原地以经营架田为生。库区环境的管理也是水库存在的重大社会难题，但种植架田后，当地周边的居民都成了水库的受益者，对他们实施有效管理就会变得容易得多，因为水库管理结构掌控着他们的经济命脉，水库管理机构提出的合理规章，当地这些经营架田的居民肯定遵循。此外，还有一个意想不到的价值，那就是大量架田的存在还是防范地质灾害和战乱的最有效手段。一旦水坝出现不测风险，只需要将所有架田的缆绳松动，联网的架田顺水而下，可以将水坝的缺口迅速堵上一段时间，从而迅速降低泄洪速度，为我们赢得疏散居民和物资的宝贵时间。可以毫不夸张地说，只要我们在库区拥有足够的架田，在战争中水坝被炸垮的危险时刻，我们还多了一项应急对策。我认为我们需要尽可能多的用此类战略思考，以便在我国的不同地区、不同环境和不同时代需要上，为缓解水资源的无效蒸发、增加地下水的储备，提供可资利用的补救对策。

强调要借助这样的本土生态知识才能够正确的搞好我国的生态建设。在科学技术高度发展的今天，人们掌握的工具和手段有的是，我们是基于什么样的考虑还要强调本土生态知识的价值呢？

对这个问题的回答，关键是要弄清楚我国生态建设的目标是什么？是追求生态环境的"稳定"？还是追求生态环境的"优良"？目前学术界对此还存在争议。地球上靠漫长地质史岁月发育起来的生态系统千姿百态，生态学家可以将它们划分为各不相同的生态类型，且在每个类型之下又划分为千差万别的不同样式。生态系统的多样并存乃是自然规律使然，是无法改变的自然事实。因此，不管哪一种类型，哪一种样式的生态系统，只要它仍然存在，它都必然有其存在的理由和基础。它的存在对整个人类社会而言，是一种中性的客观存在，并无好坏优劣之分。

但是，"民族生境"则不同，由于民族生境是特定民族文化加工、改造和长期积累的产物，因而对特定的民族而言，它是命根子，是生存的根基，是可持续发展的依赖，具有特定的价值。对该民族而言，它是无价之宝。失去了生境，相关民族文化必然会退变，必然会流失，这是靠外来的社会力量无法挽回的流失。为此，我们必须清醒地意识到，对生态环境要做出价值评判，只能针对民族生境而言，而不是针对纯粹的自然生态环境而言。当然，由于民族文化也是多元并存，因而对民族生境的评估也会因民族文化而异。

民族生境和民族文化一样，它的价值也具有相对性。这就导致了一个容易混淆的理解：不同的民族生境到底谁好谁坏，谁优谁劣。我们必须清醒地意识到，围绕这一命题而展开的争论是毫无意义。因为对特定的民族生境而言，好坏优劣得凭借相关的民族文化去做出裁断，不可能得出适用于全人类的评估标准来。然而，为了做好我国各少数民族地区的生态建设，我们又必须有一个普适性的评估标准，作为我们确立生态建设决策的出发点和归宿。这样的出发点和归宿必须排除具体民族文化偏见的干扰，立足于所有民族的共同需要去加以认证和确立。

鉴于各少数民族的文化都是可以超长期稳态延续的社会规范，而延续的有效又取决于民族生境的超长期稳态延续。民族生境的稳定延续能力，一方面来自民族文化的呵护；另一方面又源于这样的民族生境与它所处的自然与生态系统具有很强的相似性，可以不必越俎代庖也可以获得自然力的配合和支持。从这一认识出发，我国各少数民族地区的生态建设和生态恢复，其出发点和归宿都只能是追求已有各民族生境的稳定，而不是抽象地追求所谓生态环境的优良。

鉴于我们今天所能够观察到的我国各少数民族生境，全部都是可以超长期稳定延续的次生生态环境，其稳定延续能力早已获得了历史的验证，因而，当代的生态恢复目标只能是将受损、退变后的生态环境恢复为相关民族的传统生境。原先该地是草原，是牧场，生态建设的行动目标就是要将它们恢复为草原，或者牧场；原来是什么样的森林就应当恢复为什么样的森林；原来是什么样的农田就应当恢复为什么样的农田。我们的生态灾变救治就是要针对受损的民族生境采取措施，使它变成此前早已稳定存在的民族生境，而采取的手段既可以是传统的，也可以是现代的，甚至是现代工程式的。

可是，灾变救治的目标仍然是追求稳定，而绝对不是要凭借社会力量去另建一套所谓"优良"的生态环境，因为即使能够造得出所谓"优良"的生态环境，如果它不能够自我稳定延续，或者是证明它能够稳定延续，那肯定是得不偿失的做法，也是不可持续的败招。生态恢复也绝对不是要追求所谓的"优良"生态环境，而是要凭借相关民族文化的运行和积累，去完成民族生境的再建，并确保这样的民族生境在尽可能减少投入的情况下，也能够借助自然力而得到稳定延续，以利于相关民族的利用，也造福于全人类。总之，对生态环境也好，对民族文化也罢，其评估维护成效的终极指标，应该是立足于文化生态耦合体的自身属性，使生态环境能够得以稳定延续。

正是基于这样的理解，我认为即使在科学技术高度发展的今天，人们虽然掌握了所谓现代的高新技术，在生态灾变救治的终极目标上仍然需要依靠特定生态背景下特定文化共同体的本土性知识。这也是笔者多年来一直强调本土生态知识价值的根源所在。

参考文献

［1］（清）爱必达：《黔南识略》，贵州人民出版社 1992 年版。

［2］敖仁其：《制度变迁与游牧文明》，内蒙古人民出版社 2004 年版。

［3］敖仁其：《草原"五畜"与游牧文化》，《北方经济》2007 年第 8 期。

［4］［美］阿诺德·汤因比：《历史研究》（上），曹未风等译，上海人民出版社 1997 年版。

［5］暴庆五：《游牧文明对人类历史的文化贡献》，内蒙古教育出版社。

［6］宝力高编：《蒙古族传统生态文化研究》，内蒙古教育出版社 2007 年版。

［7］白玛措：《生态人类学与西藏草地研究》，《中国藏学》2005 年第 4 期。

［8］［英］布林·莫利斯：《宗教人类学》，周国黎译，今日中国出版社 1992 年版。

［9］摆万奇等：《黄河源区玛多县草地退化成因分析》，《应用生态学报》2002 年第 7 期。

［10］毕节市彝学会：《简明彝汉字典》（贵州本），贵州民族出版社 1992 年版。

［11］陈进福：《三江源区生态保护与建设的思考》，《青海科技》2006 年第 6 期。

［12］陈晓莉：《凉山自然地理环境对彝族文化的影响》，《安徽农业科学》2008 年第 36 期。

［13］陈国阶：《关于长江上游生态建设的几点思考》，《生态环境与保护》2000 年第 5 期。

［14］陈训明：《安顺屯堡与蒙古屯军》，《贵州民族学院学报》1992年第 1 期，第 86—92 页。

［15］段爱国等：《干热河谷主要植被恢复树种水分利用效率动态分析》，《北京林业大学学报》（自然科学版）2010 年第 6 期。

［16］丁忠兵：《论三江源地区的生态地位与可持续发展》，《青海社会科学》2006 年第 2 期。

［17］丁文川、李宏、郝以琼等：《污泥好氧堆肥主要微生物类群及其生态研究》，《重庆大学学报》（自然科学版）2002 年第 6 期。

［18］丁运华：《关于生态恢复几个问题的讨论》，《中国沙漠》2000年第 3 期。

［19］杜永彬：《关于西藏构建社会主义和谐社会的调查与研究》，《中国藏学》2007 年第 2 期。

［20］［日］渡边欣雄：《民俗知识论的课题——冲绳的知识人类学》，凯风社 1990 年版。

［21］董雯、赵景波：《毛乌素沙地的形成与治理》，《贵州师范大学学报》2006 年第 4 期。

［22］《东川府志》卷八，云南大学图书馆藏本。

［23］（乾隆）《东川府志》卷 8，云南大学图书馆藏本，户口附种人。

［24］樊胜岳、高新才：《中国荒漠化治理的模式与制度创新》，《中国社会科学》2000 年第 6 期。

［25］房登科：《中国传统农业经济伦理文化转型之精义》，《内蒙古农业大学学报》（社会科学版）2003 年第 4 期。

［26］方钧：《白灾及其防御》，《民防苑》2007 年第 2 期。

［27］［德］弗里德里希·包尔生：《伦理学体系》，中国社会科学出版社 1988 年版。

［28］傅志上等：《边疆少数民族地区生态环境变迁与脱贫致富——云南省怒江傈僳族自治州经济开发新模式研究》，《思想战线》1998 年第 3 期。

［29］封建民等：《黄河源区土地沙漠化的动态变化及成因分析——以玛多县为例》，《水土保持学报》2004 年第 3 期。

［30］尕藏加：《论迪庆藏区的神山崇拜与生态环境》，《中国藏学》2005 年第 4 期。

［31］高力：《民族伦理学引论》，新疆人民出版社 1998 年版。

［32］葛根高娃、乌云巴图：《蒙古民族的生态文化》，内蒙古教育出版社 2004 年版。

［33］戈敢：《中国压砂田的发展与意义》，《农业科学研究》2009 年第 4 期。

［34］耿冬梅、宣世伟、王鹏等：《高温好氧菌群用于接种垃圾堆肥的实验研究》，《上海环境科学》2003 年第 10 期。

［35］侯艾君、侯爱文：《论游牧文明的当代价值及其命运》，宝力高编，《蒙古族传统生态文化研究》，内蒙古教育出版社 2007 年版，第 125 页。

［36］胡玉婷：《三江源地区的生态危机与保护建设战略探索》，《青海科技》2006 年第 1 期。

［37］胡菊、秦莉、吕振宇等：《VT 菌剂对鸡粪堆肥的微生物指标变化的影响》，《农业环境科学学报》2006 年第 25 期增刊。

［38］胡庆钧：《明代水西舞族的奴隶制度》，《历史研究》1964 年第 56 期。

［39］黄占斌、山仑：《北方干旱地区农业水环境变化与适应对策》，《生态经济》2000 年第 4 期。

［40］［德］弗里德里希·包尔生：《伦理学体系》，何怀宏、廖申白译，中国社会科学出版社 1988 年版。

［41］江应樑主编：《中国民族史》（下册），民族出版社 1990 年版。

［42］康兴成、张其花：《青藏高原高海拔地区柏树生长季节的探讨》，《冰川冻土》2001 年第 3 期。

［43］［德］康德：《实践理性批判》，关文运译，商务印书馆 1960 年版。

［44］［美］克利福德·吉尔兹：《地方性知识》，王海龙、张家宣译，中央编译出版社 2004 年版。

[45] 李子贤、李期伯：《首届哈尼族文化国际学术讨论会论文集》，云南民族出版社 1996 年版。

[46] 李绍良等：《土壤退化与草地退化关系的研究》，《干旱区资源与环境》2002 年第 1 期。

[47] 李凤、陈法扬：《生态恢复与可持续发展》，《水土保持学报》2004 年第 6 期。

[48] 李清飞、孙震宇：《微生物调控对牛粪堆肥的生物特性影响》，《环境污染与防治》2012 年第 2 期。

[49] 刘燕华、李秀彬：《脆弱生态环境与可持续发展》，商务印书馆 2001 年版。

[50] （明）刘文征：《滇志》，云南教育出版社 1991 年 12 月印刷，第 995 页。

[51] 芦清水等：《应对草地退化的生态移民政策及牧户响应分析——基于黄河源区玛多县的牧户调》，《地理研究》2009 年第 1 期。

[52] 梁正海、柏贵喜：《村落传统生态知识的多样性表达及其特点与利用》，《吉首大学学报》（社会科学版）2009 年第 3 期。

[53] 罗康隆、杨庭硕：《传统稻作农业在稳定中国南方淡水资源的价值》，《农业考古》2008 年第 1 期。

[54] 罗康隆：《文化人类学论纲》，云南大学出版社 2005 年版，第 274 页。

[55] 罗康隆：《论藏族游牧生计与寒漠带冻土层的维护》，《青海民族大学学报》2014 年第 5 期。

[56] 罗康隆：《文化适应与文化制衡：基于人类文化生态的思考》，民族出版社 2007 年版。

[57] 罗饶典：《黔南职方纪略》，贵州人民出版社 1982 年版。

[58] 廖中建、黎理：《土壤氮素矿化研究进展》，《湖南农业科学》2007 年第 1 期。

[59] ［法］列维－施特劳斯：《野性的思维》，李幼蒸译，商务印书馆 1987 年版。

[60] 马翀炜：《文化符号的建构与解读——关于哈尼族民俗旅游开发的人类学考察》，《民族研究》2006 年第 5 期。

［61］马晓琴：《地方性知识与区域生态环境保护——以青海藏区习惯法为例》，《青海社会科学》2006 年第 2 期。

［62］《玛多县志》编纂委员会：《玛多县志》，中国县镇年鉴出版社2001 年版。

［63］《玛多国家生态环境建设项目全面启动》，《治黄科技信息》2000 年第 4 期。

［64］马国君、李红香：《云南金沙江流域干热河谷灾变的历史成因及治理对策探究——兼论氐羌族系各民族传统生计方式的生态价值》，《贵州民族研究》2012 年第 2 期。

［65］马国君、李红香：《略论经济开发与生态环境的再适应——以黔西北畜牧业的衰落为例》，《古今农业》2012 年第 3 期。

［66］马国君：《我国西南干热河谷灾变研究的回顾与展望——兼论本土生态知识在生态维护中的价值》，《原生态民族文化学刊》2013 年第 2 期。

［67］马国君、李红香：《传统生计与生态安全——以金沙江流域氐羌族系各民族“耕牧混成”为例》，《吉首大学学报》2013 年第 1 期。

［68］《明史》，中华书局标点本，1984 年印。顾成传，贵州土司传。

［69］《明实录·贵州资料辑录》，贵州人民出版社 1983 年 12 月版。

［70］《明史》，中华书局标点本，卷 78 “食货志”，1984 年 3 月印刷。

［71］［德］马克思、恩格斯：《马克思恩格斯选集》第 23 卷，人民出版社 1972 年版。

［72］牛兰兰：《毛乌素沙地生态修复现状、问题与对策》，《水土保持研究》2006 年第 6 期。

［73］南文渊：《从现代生态伦理学的发展看藏族传统生态伦理在现代社会中的作用》，《青海民族学院学报》2004 年第 4 期。

［74］南文渊：《藏族农耕文化及其对自然环境的适应》，《青海民族学院学报》（社会科学版）2000 年第 2 期。

［75］潘盛之：《一种多民族经济互补结构的残留》，《贵州社会科学》1995 年第 4 期。

［76］《清史稿》，上海古籍出版社 1990 年 7 月《二十五史》本六十

一册，第 325 卷 6 地理志贵州大定府。

　　［77］《晴隆县志》（打印初审稿），晴隆县县志编纂委员会编印 1990
年 6 月。

　　［78］［韩］全京秀：《环境人类亲和》，崔海洋译，贵州人民出版社
2007 年版。

　　［79］石磊、马俊飞、杨太保：《基于"GIS/RS"技术的三江源地区
生态环境建设的研究》，《水土保持研究》2005 年第 4 期。

　　［80］师江澜等：《黄河源区玛多县土地利用时空格局分析》，《西北
农林科技人学学报》（自然科学版）2007 年第 5 期。

　　［81］四川省编辑组：《四川省凉山彝族社会调查资料选辑》，四川省
社会科学院出版社 1987 年版。

　　［82］邵侃、田红：《藏族传统生计与黄河源区生态安全——基于青
海省玛多县的考察》，《民族研究》2011 年第 5 期。

　　［83］邵侃、商兆奎：《历史时期西南民族地区自然灾害的时空分布
和发展态势》，《云南社会科学》2015 年第 2 期。

　　［84］沙占江等：《基于 GIS 和 RS 的黄河源区土地沙漠化探讨》，《盐
湖研究》2001 年第 1 期。

　　［85］沈渭寿等：《黄河源区生态破坏现状及保护对策》，《农村生态
环》2000 年第 1 期。

　　［86］《三江源自然保护区生态环境》编辑委员会：《三江源自然保护
区生态环境》，青海人民出版社 2002 年版。

　　［87］《三江源自然保护区正式成立》，《人民日报》2000 年 8 月 20
日。

　　［88］［美］史蒂芬·科尔：《科学的制造——在自然界与社会之
间》，林建成、王毅译，上海人民出版社 2001 年版。

　　［89］陶伯华：《人类文明演化的十大飞跃点》，黑龙江人民出版社
2003 年版。

　　［90］田红：《喀斯特石漠化灾变救治的文化思路探析——以苗族复
合种养生计对环境的适应为例》，《中央民族大学学报》2009 年第 6 期。

　　［91］田德生等：《土家语简志》，民族出版社 1986 年版。

　　［92］田圃德、张淑华：《水资源优化配置需要水权制度创新》，《水

利经济》2002 年第 1 期。

［93］唐晓明：《地方性知识构造》，《哲学研究》2000 年第 12 期。

［94］王艳、廖新俤、吴银宝：《环境温度和湿度对蛋鸡粪便含水率、氮素和 PH 的影响》，《中国家禽》2012 年第 4 期。

［95］汪国风：《两种不同文化类型的起源》，《山西师范大学学报》2006 年第 1 期。

［96］王明珂：《人类社会的三个层面：经济生业、社会结群与文化表征》，《青海社会科学》2011 年第 5 期。

［97］王根绪等：《黄河源区生态环境变化与成因分析》，《冰川冻土》2000 年第 3 期。

［98］王仕娣等：《浅议盐源县林业生态建设》，《四川林勘设计》2007 年第 3 期。

［99］乌审召草库伦编写组：《乌审召的草库伦》，内蒙古人民出版社1976 年版。

［100］威宁彝族回族苗族自治县民族事务委员会：《威宁彝族回族苗族自治县志》，贵州民族出版社 1997 年版。

［101］项英杰等：《中亚：马背上的文化》，浙江人民出版社 1993 年版。

［102］新吉乐图：《生态移民》，内蒙古大学出版社 2005 年版。

［103］谢景连：《少数民族传统生态智慧在生态灾变救治中的价值》，《怀化学院学报》2010 年第 4 期。

［104］先巴：《生态学视阈中的藏族能源文化》，《青海民族研究》2005 年第 3 期。

［105］徐明：《青海玛多县的生态问题及其对策》，《攀登》2002 年第 1 期。

［106］薛娴等：《高寒草甸地区沙漠化发展过程及成因分析》，《中国沙漠》2007 年第 5 期。

［107］［美］小摩里斯·N. 李克特：《科学是一种文化过程》，顾昕等译，生活·读书·新知三联书店 1989 年版。

［108］袁同凯：《地方性知识中的生态关怀：生态人类学的视角》，《思想战线》2008 年第 1 期。

［109］余宏模：《明代水西慕魁陈恩墓碑探证》，《贵州文史丛刊》1980 年第 1 期。

［110］尹绍亭：《文化生态与物质文化·论文篇》，云南大学出版社 2007 年版。

［111］尹绍亭：《人与森林——生态人类学视野中的刀耕火种》，云南教育出版社 2000 年版。

［112］姚孝友：《水保林涵养水源能力的计量分析》，《水土保持科技情报》1996 年第 4 期。

［113］杨牡丹：《生态移民工程与蒙古族文化变迁》，《内蒙古科技与经济》2008 年第 21 期。

［114］杨庭硕等：《生态人类学导论》，民族出版社 2007 年版。

［115］杨庭硕：《种薯的温床：彝族地区马铃薯高产的生产体系》，《中国社会科学报》2010 年 6 月 8 日。

［116］杨庭硕：《亟待深入探讨的研究空间——青藏高原的文化生态问题》，《青藏高原论坛》2013 年第 2 期。

［117］杨庭硕、杨曾辉：《彝族文化对高寒山区生态系统的适应——四川省盐源县羊圈村彝族生计方式的个案分析》，《云南师范大学学报》（哲学社会科学版）2011 年第 1 期。

［118］杨庭硕、伍孝成：《民族文化与干热河谷灾变的关联性》，《云南社会科学》2011 年第 3 期。

［119］杨庭硕、罗康隆、潘盛之：《民族文化与生境》，贵州人民出版社 1992 年版，第 116 页。

［120］杨曾辉、彭永庆：《生态人类学理论、方法和在中国的实践学术研讨会综述》，《民族研究》2011 年第 5 期。

［121］游俊、杨庭硕：《当代生态维护失误与匡正》，《吉首大学学报》2006 年第 6 期。

［122］云南省编辑组：《四川广西云南彝族社会历史调查》，云南人民出版社 1987 年版。

［123］赵运林、周仁超、杨通沂：《通道侗族自治县传统农业生态系统的类型及其效益》，《湘潭师范学院学报》（社会科学版）1996 年第 3 期。

［124］朱圣钟：《论历史时期凉山彝族地区农业结构的演变》，《中国农史》2008 年第 4 期。

［125］张世丰、袁晓伟：《三江源地区生态修复与环境保护初探》，《中国水利》2005 年第 19 期。

［126］张宝旭：《环境与健康》，科学出版社 2000 年版。

［127］周民良：《论民族地区经济发展方式的转变》，《民族研究》2008 年第 4 期。

［128］周立华、樊胜岳：《中国土地沙漠化的现状、成因和治理途径》，《中国地理》2001 年第 1 期。

［129］周红菊：《湿地净化污水作用及其机理研究进展》，《南水北调与水利科技》2007 年第 4 期。

［130］郑英杰：《中国少数民族伦理文化通论》，中国文史出版社 2002 年版。

［131］郑英杰：《中国少数民族伦理文化通论》，中国文史出版社 2002 年版。

［132］郑君雷：《西方学者关于游牧文化起源研究的简要评述》，《社会科学战线》2004 年第 3 期。

［133］中国科学院兰州冰川冻土沙漠研究所编辑：《沙地的治理》，科学出版社 1976 年版。

［134］［美］朱利安・H. 斯图尔特（Julian H. Steward）：《文化生态学》，潘艳、陈洪波译，《南方文物》2007 年第 2 期。

［135］Herders, Farmers, *Urban Culture*, *Proceedings of the International Meetingon Nomdeic Pastoralism*, Cambridge：Cambridge University Press, 1979.

［136］J. L. Machie, *The Subjectivity of Values*, J. P. Sterbaed, Contemporary Ethics, Prentice – Hall, 1989, p. 265.

［137］Victor M. Toledo, Ethnoecology：A Conceptual Framework for the Study of Indigenous Knowledge on Nature, In J. R. Stepp, et al. （Eds.）, 2001, *Ethnobiology and Biocultural Diversity*, The University of Georgia Press.

后　记

《草原游牧的生态文化研究》的定稿出版，是一件不容易的事。在南方要从事草原游牧生态文化的研究，有很多潜在的危险性。十年前我到内蒙古草原做田野调查，住在四子王旗的蒙古族牧民家里，第一次感受到了内蒙古游牧文化的博大精深，但也感受到四子王旗的苍凉与隐痛。我与同去的研究生们在牧民家里待了二十来天，听牧民讲述成吉思汗的故事，他们很自豪；听他们讲述当下的"网围栏"工程，他们很悲催。也许就是这样的自豪与悲催，才使我们有勇气与责任去了解草原游牧文化的根。

当地的学者说，你们是南方人，你们的话也许会引起当局的重视，因为这里的一切都与你们的功利无关，你们的研究应该更加公正。如果我们自己说，当局会认为我们带有特定的民族情结，不会理会我们的研究结论，比如说草原的退化不是因为牧民的"过牧"，而是市场驱使下"五畜并存"失衡的直接后果。你们登出这样的结论与我们得出这样的结论，其后果就会截然不同。也许是带有这样的学术情结，我们有更多的担当去深刻剖析草原游牧的生态文化。

我们为了对草原生态文化做更深入的理解，我们团队去了青海的玛多县、马曲来县，去了新疆的喀什、塔什库尔干，去了四川的昭觉、盐源，加之以前我们对贵州毕节、安顺、六盘水地区的田野调查，使得我们对草原游牧的生态文化有了较多的了解。在中国的草原游牧，可以明显区分为两大类型：一类是以内蒙古草原的以维度为线轴的"南北向"草原游牧；另一类是以西南高原（尤其是青藏高原）的以山体为线轴的"垂直向"草原游牧。当然，在这两类游牧中还可以细分出的游牧样式来，如在黔西北地区的高山与低地的嵌合式农耕游牧等。这样的认识，是我们在这些地区的田野调查中感悟出来的，对比分析出来的。

　　然而，这些游牧方式并没有什么高下之分，都是特定游牧民族对特定生态环境的文化适应与文化创造，都是在漫长的历史过程中，一方面加工改造了该民族所处自然与生态系统，使之获得了特定民族的文化内涵；另一方面通过民族文化对生态与自然生态系统的适应，不断地完善与健全了民族文化自身，最终使得民族文化与他所处的生态背景之间结成了相互依存、相互制约的耦合关系。其间各民族所建构起来的"地方性知识"具有不可替代的价值。这样的知识体系能够经受来自自然和社会两个方面变迁的各种挑战，而且具有对生态环境自我修复、自我完善与自我创新的潜力，具有维护民族文化和生态环境双重稳定的价值。

　　人类的社会行为始终受到各种知识系统的规约和引导，除了普同性知识外，各民族各地区的地方性知识，一直在潜移默化中规约和引导着不同人们群体的社会行为。一切民族文化的价值仅仅表现为对已有资源的高效利用和精心维护，而不可能替人类创造任何意义上的资源。青藏高原各种自然与生态环境的特异性，不仅仅是藏族文化可资利用的对象，也是藏族文化维护的对象。鉴于文化与它所处的自然与生态系统都是可以长期延续，而且都是具有生命属性的自组织体系，那么文化与所处生态环境之间，经过长期共存相互磨合、相互渗透之后，它们最终都能结成辩证统一的整体，这就是民族生境。

　　"民族生境"是由于民族生境是特定民族文化加工、改造和长期积累的产物，因而，对特定的民族而言，它是命根子，是生存的根基，是可持续发展的依赖，具有特定的价值。对该民族而言，它是无价之宝。失去了生境，相关民族文化必然会退变，必然会流失，这是靠外来的社会力量无法挽回的流失。为此，我们必须清醒地意识到，对生态环境要做出价值评判，只能针对民族生境而言，而不是针对纯粹的自然生态环境而言。

　　该著作的成文先后有十余年之久。其田野调查的时间也先后不一，甚至参加田野调查的人员也有很大的差异。然而，不论出于哪种情况，都是本人在培养研究生的过程中围绕生态人类这一学科而展开的，其学理基本保持了前后一致性，只是不断地拓展与加深而已。论著的有些章节或许是研究生与我作为单篇文章已经发表过，有的在国内外学术会议上进行交流过，但这样的作为只是就某一田野点的调查研究所形成的研究成果，不能全面呈现出我们团队对我国草原游牧的生态文化特征，当然，该著作也不可能详尽我国草原生态文化的研究，也只能是作为对草原生态文化研究的一种心得，或是一种研究概貌呈现给世人。

　　当然，我也希望通过该著作的出版，来呈现吉首大学生态人类学研究的基本范式。吉首大学身处武陵山，办在湖南湘西，是一所"平民大学"，这里没有城市的喧嚣，还算有点平静，让我二十余年只干这一件事——从事生态人类学的教学与研究。迈出吉首大学的校门就是大山，校园四周就是苗乡土寨，这里是民族学进行田野调查的乐土，我喜欢这块乐土。吉首大学的民族学二十余年来确实秉承"从田野中来，到田野中去"的学科理念，以"生态人类学"为学科主攻领域，聚集师生的力量，诱发师生的兴趣，激发师生的热情，在这个领域默默地耕耘。时至今日，这棵生态人类学小苗正在成长。将来这棵小苗是否可以长成参天大树，须看来日风情。

罗康隆

2016 年 12 月 16 日